七塔報恩叢書

棲心伽藍史料集

可祥 主編

上海古籍出版社

圖書在版編目(CIP)數據

栖心伽藍史料集 / 可祥主編. —上海：上海古籍出版社，2023.3(2024.7重印)

ISBN 978-7-5732-0621-3

Ⅰ.①栖… Ⅱ.①可… Ⅲ.①佛教—寺廟—史料—寧波 Ⅳ.①B947.255.3

中國國家版本館CIP數据核字(2023)第037408号

栖心伽藍史料集

可　祥　主編

上海古籍出版社出版發行

(上海市閔行區號景路159弄1-5號A座5F　郵政編碼201101)

(1) 網址：www.guji.com.cn

(2) E-mail：guji1@guji.com.cn

(3) 易文網網址：www.ewen.co

上海盛通時代印刷有限公司印刷

開本890×1240　1/32　印張13.625　插頁5　字數262,000

2023年3月第1版　2024年7月第2次印刷

印數：1,201—2,300

ISBN 978-7-5732-0621-3

B·1305　定價：79.00元

如有質量問題，請與承印公司聯繫

附：補録七則

請祖印老法師講經啓

（民國）圓瑛

伏以

法雲靉靆，覆世界之三千；

慧日圓明，照須彌于萬億。

妙悟大乘的旨，精通了義真詮。恭維祖印老法師，得正知見，具大辯才，解行雙圓，名稱普聞。爲法門之砥柱，作教海之津梁；啓聵發聾，直示楞嚴性定，指迷破執，洗蕩凡小物情。久仰道風，未沾法雨，恒切瞻依之念，時殷企慕之私。兹奉慈老和尚慈命，明夏廣啓獅筵，恭迎象馭，宣演《楞嚴經》，指示如來藏，其體則不變隨緣，其用雖隨緣不變，庶使法流彌漫甬江，慧炬騰輝七塔。惟冀默然允許，以慰下情，届期振錫光臨，不勝切禱之至！

——釋本性主编：《圓瑛大師全集》第六卷，宗教文化出版社，二〇一六年，第二三三三頁。王志遠主编：《圓瑛大師文匯》，華夏出版社，二〇一二年，第六七頁。

恭祝朝鮮佛教大會詞

（民國）圓瑛

娑婆世界，三千年來，誰稱大（覽）［覺］，惟我釋迦牟尼一人。破本末無明，得權實智慧。郎（朗）然大覺，超九界以獨尊；曠矣真慈，演五乘而普益。迨機薪既盡，應火潛輝，結集流通，分爲三藏，作迷津之寶筏，實巨夜之明燈。溯自漢代，聖教西來，迄於晉朝，慈光東照。朝日學者，乍被玄風，精研奥旨，信解修證，代不乏人。僧傳輝煌，國史備載。今則國家崇奉，日進昌明，嘉會宏開，曇花瑞現。圓瑛、仁山等，謹代中國全體佛教徒，同申頌祝曰：

我佛垂教，近三千年。漢傳中國，晉入朝鮮。燈燈續焰，法祚綿延。宏宗演教，代有高賢。爲如來使，作天人師。會通性相，廣運智悲。不捨方便，俯就機宜。振聾啓聵，拭翳指迷。禪教律净，真言諸宗。各出手眼，丕振家風。歸元無二，施化不同。扶世導俗，舉國景從。歲在己巳，嘉會宏開。一堂龍象，共展長才。政教協進，漪歟休哉。圓明佛日，永耀當來。

——寧波七塔寺圓瑛《恭祝朝鮮佛教大會詞》，《現代仏教》第七卷，總第六九號，東京：大雄閣，一九三〇年一月，第七六頁。

遊七塔寺誌

（民國）陳寶奇

寧波城外，有七塔寺，吾甬禪寺巨擘也，廣約數十畝，局度堂皇，陳設亦頗清雅，門前有七塔，因以爲號也。壬戌之春，余負笈甬濱，星期日，與同君陳學明震、吴君鳳仙偕遊，驅黄包車，出東渡門，經錢行街及老浮橋，約半小時而至。入門爲彌陀殿，旁列四大金剛。繼至大雄寶殿，僧人數百，正和南禮千佛懺。旋至藏經閣，佛經陳列，井井有條。他若地藏、雷祖、三官、觀音等殿，靡不香煙繚繞。最後有小花園、有放生池，顧監守綦嚴，遊人不得擅入。正躊躇間，忽聞有呼余小名者，回眸視之，即住持圓明也。寒暄甫畢，圓明邀余等作小花園之遊，爰相率入。初一衕，甚窄小，行數武，驟見天光，豁然開朗，還視四周，樹木蒼翠，百鳥飛鳴，兼夭桃正花，嫣紅若錦。既而圓明命僕購佳點至，款余甚殷勤。余等以腹飢，遂食其半。又遊放生池，池在園之西北隅，長六百餘丈，闊五百餘尺，池水澄清，游魚歷歷在可數，池底及四周均係青石築成，光滑可鑒。日向午，圓明邀余等午膳，余等堅辭，始相率返。及抵校，鐘已鳴十二矣。

——《大世界》，中華民國十三年（一九二四）一月三十一日，第二版。

寧波七塔報恩寺舉行禪觀静七得特殊功效者有數十人之多

寧波七塔報恩寺，其開山由明代普陀山僧避倭寇擾亂遷避創立，寺前有浮圖七座，因以是得名，實爲江浙有名大叢林。自昨溥常和尚住持以來，對於寺務，種種改進，而於大衆行持方面，亦異常認真，以是諸方前往參學者頗衆。昨聞該寺所舉行之禪觀静七，參加僧衆二百餘人，静坐一堂，虔心參證，其中忘餐廢寢深入定境，得有特殊功效者，竟有數十人之多，洵爲該寺各法會中稀有之勝緣云。

——《佛教日報》，中華民國二十五年（一九三六）一月二十日，第二版。

寧波七塔報恩禪寺講經通告

謹擇國曆七月十八日（古曆六月初一）起（每日下午一時開講），恭請圓瑛老法師宣講大乘《金剛經般若波羅密經》全部，伏願世界和平、人民樂業、佛日高照、法雨均霑。

本寺監院鉅鏞謹啓

——《佛教日報》，中華民國二十五年（一九三六）七月三日，第二版。

《蘇浙見聞録》所載七塔報恩寺（節選）

一

（一九一三年）四月三日……沿甬江順流而上，下午三點左右回到旅館（筆者注：旅館名中村旅館，時由日本人經營，在江天碼頭旁，今寧波江北老外灘城展館北側）。

回到旅館後，轎夫來候，故無空飲茶，急急行向城内，訪七塔報恩寺，與監寺（又稱當家）常西師會面，參拜諸堂。

——〔日〕來馬琢道：《蘇浙見聞禄·蘇浙尋訪·一日一信·其十六·寧波（一）》，東京：鴻盟社發行，一九一三年九月，第一二七頁。

二

此寺院殿宇今亦頗爲整備，特别像是寺院門前的七座佛塔，其外形雖然有趣，但塔與塔之間突兀地搭建了些像是茅棚之類的建築物，令人感到有點遺憾。

從門前進到門裏，看了鐘樓等建築。參拜好佛殿後，此時正好是法會，很多僧侣開始繞行，爾後我們進到客堂，與幾名僧侣會談，考察之後與之告别。關於此寺的起源等情況，雖然也有想諮詢的地方，但想着回頭翻檢書籍應該也能明白，就没有問了，結果回來後查閱了府志等書，卻發現根本没有記載。從現在的「敕建七塔報恩寺」寺額來看，這應該是清朝的稱名，其起源恐怕也是新近的。

——[日]來馬琢道：《蘇浙見聞禄·記事·天童育王及普陀參談·第四·寧波》，東京：鴻盟社發行，一九一三年九月，第八六頁。

圓瑛法師示寂

一

寧波七塔寺顯宗兩序等：

噩音驚悉圓公老法師西歸，禪林失一導師，祖庭失一法長，令人低徊不置！敝寺於明日擬陳靈筵，十五日起，敬於午刻禮誦普佛，並詣靈座上供回向三天；率全體僧衆參加，藉誌追思，並報老法師生前照顧常住之意云爾。身後治喪，請示詳細！何日起龕入塔？望見告以便來山致敬，專此奉唁。

——圓瑛法師紀念刊編纂委員會：《圓瑛法師紀念刊》，星洲（新加坡）圓通寺出版發行，一九五四年七月三十一日，第三八頁。

二

太白示歸真，秋雨秋風同感戚；

報恩失長老，大雄大力復誰依！

七塔寺住持法侄顯宗率兩序大衆敬輓

——圓瑛法師紀念刊編纂委員會：《圓瑛法師紀念刊》，星洲（新加坡）圓通寺出版發行，一九五四年七月三十一日，第六〇頁。

《栖心伽藍史料集》編委會

（以姓氏筆劃爲序）

序一

楊曾文

近日，寧波市七塔寺方丈可祥法師來訪，贈我新編《栖心伽藍史料集》書稿，希望爲之寫篇序。手頭待作之事雖多，還是答應了下來。

栖心伽藍，即栖心寺，是七塔禪寺古稱，爲浙東佛教四大叢林之一。唐代禪宗興起，以南嶽懷讓—馬祖道一和青原行思—石頭希遷兩大法系最爲興盛，後裔形成中國禪門五宗。據宋代道原《景德傳燈録》卷十記載，馬祖的嗣法弟子五泄靈默禪師門下有四大弟子，其中的明州（治今寧波）藏奂禪師（八一〇—八六六）即爲栖心寺開山祖師。據宋代贊寧《宋高僧傳》卷十二及相關資料，唐宣宗大中十二年（八五五）曾任江西分寧縣令的鄞水居士任景求舍宅爲寺，名東津禪院，慕名禮請藏奂禪師前來住持。翌年，裘甫反唐起義軍入寺，見藏奂禪師正在坐禪，「瞑目宴坐，色且無撓」，在示敬之後退出寺院。事後，州府奏請改額爲栖心寺。入宋，真宗賜額栖心崇壽寺，徽宗一度崇道貶佛，改寺爲神霄玉清萬壽宫，不久復舊。

中國佛教菩薩信仰有四大道場，其中聞名遐邇的觀音道場在舟山群島的普陀山（另稱寶陀山、梅岑山），緣自于唐末五代在此建立供奉來自五臺山的觀音聖像的寶陀寺。在歷史上，七塔報恩禪寺與普陀山也有一段因緣。自元代以來即侵擾劫掠中國東部沿海一帶的倭寇，至明初依然是中國嚴重的邊患。明太祖洪武二十年（一三八七），信國公湯和奉旨赴浙東加强防衛，設置五十九座衛所城，期間遷沿海居民于內地，將寶陀寺的殿宇加以焚毀，僅留鐵瓦殿一所，命寺僧奉觀音聖像前往明州栖心寺，辟地建寶陀寺供奉，同時復建栖心寺，不久兩寺合併，更名爲「補陀寺」，直至明孝宗弘治元年（一四八八），世稱補陀寺爲「小普陀」或「南海普陀」，成爲遠近民衆參拜的新觀音道場。

此後寺院幾經興廢，直至清末，經臨濟宗高僧慈運禪師主持復建，光緒二十一年（一八九五）得到朝廷賜額「七塔報恩禪寺」並《龍藏》一部。進入民國時期，七塔寺曾着力振興臨濟宗風，在傳戒、講經、弘法和興辦佛學教育等方面多有建樹。著名高僧、新中國佛教協會第一任會長圓瑛禪師（一八七八—一九五三）就是在七塔寺嗣法，並曾住持過此寺。

新中國成立之後，七塔寺曾被廢止挪用，經歷十年「文化大革命」，七塔寺已遭到嚴重破壞，直至進入改革開放新時期，黨和政府實行撥亂反正戰略決策，隨着宗教政策的貫徹落實，七塔寺纔得以恢復、修建和適應時代的發展。在月西（一九一五—一九九三）、可祥法師相繼住持和兩序大衆、信衆的共同努力之下，七塔寺呈現日新月異的變化，現在正堅定沿着佛教中國化的方向，實踐與社會主義社會相適應的人間佛法，在傳承優秀民族文化，加强包括信仰、道風、人才、教制、組織五個方面的自身建設，發展文教事業，面向社會信衆的弘法利生等方面，作出積極的貢獻。

現任住持可祥法師，福建寧德人，嗣法于月西法師，先後就學於中國佛學院南京棲霞山分院、南京大學佛教研修班，二〇一五年在中國人民大學哲學院獲得宗教學碩士學位。自從繼月西法師主持寺務，特別在二〇〇三年榮任七塔寺住持之後，遵循和配合黨和政府的領導，帶領全寺僧俗四衆，宣導「莊嚴國土，利樂有情」的人間佛教，在重修擴建寺院的同時，大力發展佛教教育和寺院文化建設，創辦《報恩》雜志、棲心圖書館，聯合學界舉辦學術會議，在兼任浙東佛教文化研究院院長、浙江省佛教協會副會長、寧波市佛教協會名譽會長等社會工作中，努力盡職盡責。

七塔寺原有民國時期住持溥常法師（一八六六—？）主持編纂的《七塔寺志》，二〇〇八年宗教文化出版社又出版了經住持可祥策劃、賈汝臻和黄夏年負責主編的《七塔寺人物志》，應當説爲世人瞭解七塔寺的起源和發展、歷代著名住持和高僧事迹、七塔寺在中國佛教史上的地位和社會影響等提供了很大方便，受到佛教界和學術界的重視。

現在擺在諸位面前的這本《棲心伽藍史料集》，收集了上述兩書編纂所依據的原始史料，並加入清末民國報刊的新見史料以及改革開放後寺院的碑記文疏等，彙編成「先覺」「法語」「文苑」「方志記載選録」「宗譜報刊之載」「伽藍教育」六章，爲國内外各領域的人們瞭解和考察寧波七塔報恩禪寺從創立到現任可祥住持爲止的歷史、歷代住持或過往七塔寺的高僧大德的言行事迹、有關寺院的珍貴文史資料、寺院教育概況等，提供了豐富的信息和寶貴的資料。

重視和借鑒歷史、盛世修史，是中華民族的優良傳統。寧波七塔報恩禪寺現在將此書整理編輯交付出版，既是寺院文化建設的盛舉，也是爲中國當代文化大發展大繁榮作出的貢獻。值此書即將出版之際，謹寫以上文字聊以爲序，也算是筆者對此書面世的祝賀。

二〇二一年三月十一日于北京華威西里自宅

（作者係中國社會科學院榮譽學部委員、世界宗教研究所研究員）

序二

黄夏年

佛教是文化的宗教，這是當代佛教界和學術界的共識。既是文化的宗教，就要有文化的内涵。文化的内涵靠什麽來支撑？筆者以爲是歷代佛教的歷史資料，如書本文字、圖畫照片，以及石窟造像、碑刻建築等等。

一座寺廟有没有文化内涵，要看這座寺廟有多久歷史和多少史料，例如禪宗初地少林寺，現在還有各種歷史碑碣六〇〇餘塊，這些碑及其文字，無疑就是少林寺文化内涵的支撑，是少林寺能夠永遠立世，不斷地受到人們注視的依據。

《栖心伽藍史料集》是七塔寺文化的内涵支撑。「栖心」是七塔寺初建的寺名。「伽藍」是寺院梵文的音譯，可知這本書就是七塔寺史料集。我對七塔寺的認識，就是通過查閲它的歷史資料而進入的。二〇〇四年通過無錫邱家倫居士的邀請，我到七塔寺。方丈可祥法師提出想做一本《七塔人物志》，因爲我對七塔寺的瞭解不多，不敢妄應没有把握的事情。通過閲讀《七塔寺志》，我的底氣增加了，認爲這本書可以承擔，於是我和賈汝臻、聖凱法師共同承擔這部書稿的撰寫，先後歷時四年，完成了此書的寫作。

上百萬字的《七塔人物志》將七塔寺歷史上的重要人物基本都做了傳記，當時寫作的時候窮盡了與七塔寺有關的資料。我以爲對七塔寺的歷史資料掌握到位，但是隨着大數據開發與數據庫建設，發現還是有少數資料没有見到。七塔寺方丈可祥法師認爲文化傳承是寺院命脈，從佛教角度來説，成、住、壞、空是事物生滅的重要規律，寺院建築早晚都會坍塌，壁畫碑碣終會毁壞，只有寺院文化在傳播後而得以保存記憶，乃至不失。有鑑於此，可祥法師發心編纂了這本七塔寺的史料集，希望盡可能爲七塔寺存留一份完整的歷史檔案，保存七塔寺的文化内涵，讓後代子孫與學者見到歷史原貌，也便於後來人研究與弘揚七塔寺文化。

可祥法師的這個想法我非常贊成，也是我多年來一直主張的：資料是研究佛教思想文化的重要依據。佛教文化性是佛教思想理論與現實存在的基礎，佛教文化内涵則是佛教思想理念精髓，並且一直貫穿于整個佛教文化歷史之中。缺少文化性，佛教則不可能長久流傳，没有佛教文化内涵則不可能表現出鮮明特色。多年來，我在做佛教文化研究過程中，首先要做的是查找資料和數據庫建設，只有掌握了一定數量的資料，有了數據庫，才能放手寫作。佛教資料庫是寺院的寶藏，有了這些基本資料以後，就可以寫作多種不同角度和不同文風的著述，例如除了上述《七塔人物志》外，還可以撰寫《七塔寺志》《七塔寺史》《七塔寺文化》，等等。

寺院文化研究，首先應該是資料庫建設，然後纔是其他學術研究與文化發展等重大問題。這就像種樹，先要有土壤、空氣和水，樹木才能成林成材。現在我們正在做的「佛教中國化」之重大課題，也是必須建立在已有的資料基礎上，纔能夠做出深入研究。「佛教中國化」之所以能在很短時間内就出現衆多成果，根本原因就是歷史上諸多祖師與學者給我們留下了豐富的文獻與碑碣，使我們能夠很快地進入角色，拿出成果。但是這個最基本的認識，至今還没有被一些寺院和一些人重視。有的寺院還在熱衷於做面子上的事情，有的人打着「可讀性、現實性、中國化、與時俱進」的口號去做一些空洞與空談文章。而歷史文化遺産正是培育文化自信的資源，充分挖掘這一寶貴財富背後的文化價值，將有助於深刻理解中華文明的精髓，更有助於增强民族凝聚力、民族自豪感。《栖心伽藍史料集》的編纂爲寺院文化建設提供了範本，希望有更多寺院能夠受到啓發，積極整理本寺的資料，完善寺院文化建設的基礎。

是爲序。

二〇二一年三月二十日

（作者係中國社會科學院世界宗教研究所研究員）

序三

可 祥

七塔寺自民國陳寥士纂修《七塔寺志》，距今已八十餘載。其間七塔寺歷經滄桑，衰而復盛，所出現的諸多新思想、新方法、新事物，彌足珍貴，值得載入寺史；一些在修志時被忽略的史料，隨着時間的推移，在當代顯示出其獨特的史料價值，需要重新審視而予以採録；而一些新發現的史料，更需要補録，使之完備。有鑑於此，我們計劃在修訂舊志的基礎上，吸納新資料，編纂出一部全面反映七塔寺沿革的新志。

爲此，我們求徵于專家學者。張風雷教授提出新修寺志應先從廣泛搜集、考訂史料着手，並建議：對一九三七年以後新增之史料，因晚近而繁多，貴在甄選；對一九三七年上溯至建寺之初前寺志未曾收録之史料，因時久多湮滅散佚，所存又多幾經傳抄，需鉤沉校讎。黄夏年研究員也建議，編志之首務，要在收集、整理史料，體例章節可日後再議，有了充足的史料，新寺志的修撰自易成功。遵從學者們的建言，經過三年的搜集和梳理，終於形成了現在的《栖心伽藍史料集》。

《栖心伽藍史料集》多爲新挖掘的史料，爲前寺志未曾利用。在編纂上，我們根據史料的性質，大致分類爲先覺、法語、文苑、方志記載選録、宗譜報刊之載、僧伽教育六個部分：「先覺」以七塔禪寺之高僧大德爲中心，依時間先後彙集文獻；「法語」爲依時間順序，輯入明代以降與七塔禪寺有關之高僧大德的各種形式之説法；「文苑」厘爲碑記像贊塔銘、酬贈詩遊記、序跋疏記、七塔禪寺楹聯匾額選輯、對外賀聯挽聯選録、對外賀電賀信選録、月西法師示寂唁電挽聯挽詩輯録七類，分類輯入；「方志記載選録」按分爲宋元、明清及民國兩個時期，録入相關文獻；「宗譜報刊之載」「僧伽教育」則收録清末民國報刊文獻以及報恩佛學院相關史料。

「栖心」之名越千年猶爲人們識記，如此一以貫之的文化認同有賴於豐富的文獻記載；「栖心」之故事在歷史嬗遞中演繹傳承，如此綿延不斷的文化傳承有賴於對散佚史迹的鈎稽比觀。在諸多文化的寬泛境域裏，生分別心，有自性，有自己文化的主體性才可謂認同；在興衰交替的歷史演進中，因時尚風骨之迴異，演繹故事的不同面向才可謂傳承。栖心造境綿延千年，認同與傳承不斷，記載與鈎稽相續。如今《栖心伽藍史料集》繼續文化認同與傳承，繼續着那片片歷史畫卷，即使「客觀」不可爲，語言設定、文化意義都先在於認知，史料集也力求在諸多形式中去把握思想的真實，至少是想象的真實，在想象中爲往聖繼絶學。

傳承文化傳統，是當代文化自覺意識之表現，是文化自强精神之表現，是文化興教意志之表現，七塔寺理應有所作爲； 而栖心圖書館多年所經營收藏，七塔禪寺檔案室之完整檔案保存，以及當代佛教類文獻數據庫的湧現，則爲我們的收集工作提供了極大的便利。簡言之，《栖心伽藍史料集》之輯成，實屬主觀之因與客觀之緣所成就。

史料集的彙編工作得到張偉教授、張凱副教授、徐爽博士、高亮碩士的指導和協助，在此表示由衷之謝忱。史料集中定有諸多待改進完善之處，懇請大家不吝指教，更希望得到廣大讀者之意見與建議，共同利益於此項工作之完善。

付梓在即，聊撰數言爲之序！

寫於栖心圖書館

二〇二三年一月十八日

（作者係七塔禪寺住持）

凡例

本書廣泛搜集自晚唐至當代與七塔禪寺有關的文獻資料，通過甄别篩選，分類輯録。在編纂過程中，主要遵循以下原則：

一、原文無標題的，在輯録時，根據文獻内容，重新設立標題，如《明智中立法師傳》《道階法師簡傳》，均爲此例，並在文下加「筆者注」説明。

二、引用文獻，保留原貌，斷句、標點後按原文録入。原文錯訛者，外加「（）」圈出，在其後用「［］」寫出正、補之字；原文缺字處，則用「□」替代。

三、凡對引用文獻需要作説明的，均注明「筆者注」，以區别于原文獻的作注。

四、中華人民共和國成立之前的文獻採用中國歷史紀年，同時括注公元紀年；中華人民共和國成立之後的文獻一律採用公元紀年。

五、所有引用文獻，條目下均注明具體出處，以便讀者查閲。

目録

第六章　僧伽教育……（三六一）

第一章　先覺

五泄靈默

唐婺州五洩山靈默傳

（唐）志閑

釋靈默，俗姓宣，毗陵人也。本成立之歲，悅學忘疲，約以射策登第，以榮親里。承豫章馬大師聚衆敷演。造禪關，馬師振容而示相，默密契玄機，便求披剃，若熟癰之待刺耳。受具之後，苦練行門，確乎不拔。貞元初，入天台山中，有隋智者蘭若一十二所，懸記之曰：「此地嚴妙，非雜器所棲，若能居此，與吾無異。」默因住白砂道場，經于二載。猛虎來馴，近林産子，意有所依。又住東道場，地僻人稀，山神一夜震雷暴雨，懸崖委墜。投明，大樹倒欹，庵側樹枝交絡，茅苫略無少損。遐邇聞旃，皆來觀嘆。後遊東白山，俄然中毒，而不求醫，閉關宴坐。未幾，毒化流汗而滴，乃復常矣。行次浦陽，盛化，有陽靈戍將李望請默居五洩焉。元和初亢陽，田畯惶惶。默沿澗見青蛇夭矯，瞪目如視行人，不動。咄之曰：「百姓溪竭苗死，汝胡不施雨救民邪？」至夜果大雨，合境云足，民荷其賜。屬平昌孟簡中丞廉問浙東，廢管内蘭若，學徒散逸，時暨陽令李胄狀舉靈山，許重造院。十三年三月二十三日，澡沐焚香，端坐繩牀，囑累時衆，溘然而絶。壽齡七十二，法臘四十一。

高僧志閑，道行峭拔，文辭婉麗，亦江左之英達，爲默《行録》焉。

——（宋）贊寧撰，范祥雍點校：《宋高僧傳》卷十，中華書局，一九八七年，第二三〇—二三一頁。參見《大正藏》第五〇册，第七六八頁下。

心鏡藏奐

心鏡大師塔銘

故禪大德藏奐和尚焚身，五色舍利三千粒。時咸通十二年（八七一）十一月四日，進上□，七粒入内道場。廿九日，唐勅賜謚號心鏡大師，塔額壽相之塔。勅奉爲睿文英武明德至仁大聖廣孝皇帝延慶節建造此塔，伏資景福。時咸通十四年，歲次癸巳六月甲午朔廿八日立。知造石塔僧惠中，知造舍利殿僧下缺

——藏七塔禪寺

唐心鏡大師碑

（唐）崔琪

釋氏之宗也，得了悟真機，則曠刼不礙。自釋迦去世，至曹溪已降，指心傳心，祖系綿續，下分萬派，不墜本枝，故得之者則迥超覺路，坐越三界。大師之道契，萬派之一流也。

大師諱藏奂，俗姓朱氏，蘇州華亭人也。母方娠及誕，常聞異香，則知兜率降祥，來從百億刼。幼懷貞慤，長契玄奥，松風水月未足比其清華，仙露明珠詎能方其朗潤？故以智通無累，神測未形，超六塵而迥出，隻千古而無對。爲兒時，嘗墮井，有神人接持而出。丱歲出家，師事道曠禪師。弱冠詣中嶽受具戒，母念其遠，思之輒泣，因二目不視。及歸省，其母即日而明。母喪，哀毁廬墓，徵瑞備顯。由是名聲翕然，歸敬者衆。因欲薙茅誅木，與禦燥溼，遽感財施充積，堂廡乃崇。院側有湖，湖有妖神，漁人禱之，必豐其獲。罾罿交翳，腥羶四起。大師詣其祠而戒之，鱗介遂絶。後挈瓶屨，以歷湖山靈境異迹。遊覽將畢，復詣五洩山，遇虚默大師，一言辨析，百契符會。噫！顯晦之道，日月之所然也，聖教其能脱諸？故會昌、大中，衰而復盛，唯大師居之，瑩不能惑，所謂焚之不熱、溺之不濡者也。洎周洛再構長壽寺，敕度大師居焉。時内典焚毁，梵筴煨燼，手緝散落，實爲大藏。故南海節度楊公典姑蘇日，請大師歸于故林，以建精舍。

大中十二年，分寧宰任景求舍宅爲禪院，迎大師居之。烮寇裘甫，率徒二千，執兵晝入，大師冥心宴坐，神色無撓，盜衆皆悸懾，叩禮逡巡而退。寇平，郡中奏請改禪院爲栖心寺，以旌大師之德。凡一動止，禪者畢集，環堂擁榻，堵立雲會。大師學識泉涌，指鑒岐分，詰難排疑之衆，攻堅索隱之士，皆立褰苦霧，坐泮堅冰，一言入神，永破沈惑。以咸通七年秋八月三日，現疾告終，享年七十七，僧臘五十七。先是，命香水剃髮，謂弟子曰：「吾七日在矣。」及期而滅。門人童弟，號擗泣血，乃窆于天童岩。弟子培墳藝樹，三載不閒。忽一日，異香凝空，遠近郁烈。弟子相謂曰：「昔奉大師遺囑，令三年之後，當焚我身。今三載矣，異香其啓我心乎？」乃定厥議，揭龕發壙，再覩靈相，儼若平生。以其年八月三日，禮法荼毗于天童巖下，祥風瑞雲，竟日隱現，獲舍利數千顆，紅翠交輝，白光上貫。十三年，弟子戒休賫舍利，述行狀，詣闕請謚。奉敕誄褒，謚曰心鏡，塔曰壽相。

嗚呼！菩薩之變通也，出顯入幽，示現無極，其可究乎？大師自童孺距耆耋，陳言措行，皆貽感應。復以證前生行業，知示滅之日時，苟非位躋十地，根超上品，孰能造於是乎？在長壽寺時，謂衆僧曰：「昔四明天童山僧曇粹，乃吾之前生，有墳塔存焉。」相去遼遠，人有疑者。及追念事實，皆如其言。景求將迓大師也，人或難之。對曰：「治宅之始，有異僧令大其門，二十年之後，當有聖者居之。」比大師至，止二十一年矣。初，大師將離姑蘇，爲徒衆留擁，乃以樱拂與之，曰：「吾拂在此矣，爾何疑焉？」及大師潛行，衆方喻其深意。又令寺之西北隅可爲五百墪以鎮之，衆曰：「力何可及？」大師曰：「不然，作一墩種柏五株，即五百墩也。」凡微言奥旨，皆此類也。至若辟玄關，諭生死，宏敷至賾，不可備論。咸通十五年，琪祇命四明郡，戒休以其迹徵余之文，遂直書其事，以旌厥德。銘曰：

空王設喻，煩惱無涯。惟大師心，照盡塵沙。大師降靈，吴之華亭。方娠載誕，厥聞惟馨。童蒙墮井，神扶以寧。母思眇目，歸省而明。漁人禱神，其獲豐盈。一戒祠宇，施罛莫嬰。象教中虧，貞葉斯隳。手集三乘，遺文可披。識羊祜環，知仲尼命。正色兵威，寄詞譚柄。我來作牧，空企音塵。琢兹貞石，庶乎不泯。

——（元）馬澤修，袁桷纂：《延祐四明志》卷十七，《宋元方志叢刊》（六），中華書局，一九九〇年，第六三七六—六三七七頁。參見（宋）張津等纂修：《乾道四明圖經》卷十一，《宋元方志叢刊》（五），中華書局，一九九〇年，第四九六六—四九六七頁；（清）董誥等編：《全唐文》卷八百四，中華書局，一九八三年，第八四五一頁上—八四五二頁下。

唐明州栖心寺藏奂傳

（宋）贊寧

釋藏奂，俗姓朱氏，蘇州華亭人也。母方娠及誕，常聞異香。爲兒時嘗墮井，有神人接持而出。丱歲出家，禮道曠禪師。及弱冠，詣嵩嶽受具。母每思念涕泣，因一目不視，迨其歸省，即日而明。母喪哀毁，廬墓間頗有徵祥，孝感如是，由此顯名。尋遊方訪道，復詣五洩山，遇靈默大師。一言辨析，旨趣符合，顯晦之道，日月之所然也。會昌、大中，衰而復盛。唯奂居之，(熒)[瑩]不能惑，焚不能熱，溺不能濡者也。洎周洛再構長壽寺，勅度居焉。時内典焚毁，梵夾煨燼，手緝散落，實爲大藏。尋南海楊公收典姑蘇，請奂歸于故林，以建精舍。大中十二年，鄮水檀越任景求捨宅爲院，迎奂居之。剡寇裘甫率徒二千，執兵晝入。奂瞑目宴坐，色且無撓。盜衆皆悸懾，叩頭謝過。寇平，州奏請改額爲栖心寺，以旌奂之德焉。凡一動止，禪者必集，環堂擁榻，堵立雲會。奂學識泉涌，指鑒岐分。詰難排縱之衆，攻堅索隱之士，皆立褰苦霧，坐泮堅冰，一言入神，永破沈惑。以咸通七年秋八月三日，現疾告終。享年七十七，僧臘五十七。預命香水剃髮，謂弟子曰：「吾七日在矣。」及期而滅。門人號慕，乃權窆天童巖，已周三載。一日異香凝空，遠近郁烈。弟子相謂曰：「昔師囑累，令三載後當焚我身。今異香若此。」乃發塔視之，儼若平生。以其年八月三日依西域法焚之，獲舍利數千粒，其色紅翠。十三年，弟子戒休賫舍利，述行狀，詣闕請謚。奉勅喪誄，易名曰心鑑，塔曰壽相。

奂在洛下長壽寺謂衆曰：「昔四明天童山僧曇粹是吾前生也，有墳塔存焉。」相去遼遠，人有疑者，及追驗事實，皆如其言。初任生將迎奂，人或難之。對曰：「治宅之始，有異僧令大其門，二十年之後，當有聖者居之。」比奂至止，果二十年矣。又奂將離姑蘇，爲徒衆留擁，乃以椶拂與之曰：「吾在此矣，汝何疑焉？」暨乎潛行，衆方諭其深旨。又令寺之西北隅可爲五百墩以鎮之。或曰：「力何可致？」奂曰：「不然，作一墩植五株柏，可也。」凡微言奥旨，皆此類也。刺史崔琪撰塔碑，金華縣尉邵朗題額焉。

——（宋）贊寧撰，范祥雍點校：《宋高僧傳》卷十二，中華書局，一九八七年，第二七六—二七七頁。參見《大正藏》第五〇册，第七七八頁下。

唐藏奂傳

（元）曇噩

生蘇州華亭之朱氏，方娠及産，人聞異香焉。爲兒時，嘗墮井中，若有物以舉而出之者。丱歲禮道曠禪師薙落，弱冠詣嵩山受具。母每想念，輒涕泣，因爾喪明。迨歸省，即能視如故。母喪哀毁，廬墓致禎祥，以孝名鄉里。見靈默大師於五洩山，獲悟入。涉會昌、大中教門盛衰之變，守道自若。及洛陽再造長壽寺，詔居之。手緝梵夾，以完大藏。嘗謂人曰：「吾前身，寔四明天童山曇粹也。宿緣且至，吾其歸乎。」會南海楊公收典姑蘇，建精舍迎奂，因東還。大中十二年，鄞檀越任景求，願悉捐其家奉三寶，慕奂行義，祈請爲開山第一世。衆擁留不聽往，奂以椶拂遺之曰：「此在即我在爾，尚何疑？」既説法，玄侶雲委。且爲築一墩西北隅，植柏五根其上，以表五百墩。曰：「此水地，吾以鎮之。」俄剡寇裘甫犯鄞。一日，其徒二千人盡執兵突入，奂瞑目宴坐堂上，賊臨以鋒刃，色不撓。賊悸懾，扣頭謝罪去。賊平，州上其事，詔賜寺額栖心，以旌奂德。而天童亦時所涖止也。咸通七年秋，示微疾，預戒弟子曰：「七日之後，吾且逝矣。可權窆天童巖，更三年而闍維焉。」八月三日終，壽七十七，臘五十七。十年八月三日，弟子遵遺命從事，獲舍利數千粒，色紅翠可愛。十三年，弟子(价)[戒]休詣闕請謚，詔謚心鏡，塔曰壽相。刺史崔琪撰文勒碑。

——（元）曇噩：《新修科分六學僧傳》卷七，《卍續藏經》第七七册，第一三一—一三二頁。

藏奂傳

（明）徐象梅

藏奂，俗姓朱，華亭人。丱歲出家，弱冠詣嵩嶽受具，遊方訪道。復謁五洩靈默大師，一言辯析，旨趣符合。會昌法廢，梵夾煨燼，奂手緝散落，實爲大藏。尋居鄞水之栖心寺，禪者雲會，拮難排縱之衆，攻堅索隐之士，一經指鑒，皆立搴苦霧，坐泮堅冰。以咸通七年坐逝，謚曰心鑑大師。

——（明）徐象梅：《浙江文叢·兩浙名賢録》第五册，浙江古籍出版社，二〇一二年，第一四八六頁。

明智中立

宋故明州延慶明智法師碑銘

（宋）晁說之

釋迦世尊鶴林滅度，法付聲聞，則維迦葉；其付菩薩，則有文殊；領受言教，則在阿難。既有是三，孰可闕一？迦葉之後，二十四傳至于師子，或曰二十八傳至于達磨。達磨在梁武時，始來東度，於六度中特以禪名。達磨壁觀，人謂七年，我知何日。雖曰頓示，有漸方便。初傳《楞伽》，後五六葉則尚《金剛》。既而南北分宗，蕩然同異。在迦葉傳十有三世曰龍樹大士，所著《大論》，譯傳東度。至北齊時，慧文禪師一見證入；以傳陳南岳慧思禪師，九十日而證；再傳隋天台智者顗天師，十有四日而證。於是乎備六度，融萬法，定而三止，慧而三觀。質其宗焉，一言之曰「具」，二言之曰「法性」。離數而有三千，即經而專觀心。經之宗曰「法華」，則「華嚴」「阿含」「方等」「般若」，終於「涅槃」，衆皆爲「法華」；其爲迦葉、文殊、阿難，皆吾祖師。天台實傳唐章安灌頂，章安傳縉雲智成，縉雲傳東陽慧威，東陽傳左溪玄朗。左溪爲達磨宗者二十年，乃自東陽傳荆溪湛然。至荆溪而後，智者之言畢載於書，智者之言悉歸乎正，其爲一大時教，不可得而加已。荆溪傳天台行滿，滿傳廣修，修傳物外，外傳梁元琇，琇傳周清竦，竦傳有宋羲寂。寂以上皆在天台。晚傳四明義通，通傳知禮，是謂「四明尊者」，亦曰「四明法智」。禀生知之上性，思義於童子之時，其於天台之門，猶諸荆溪。于時，斯教特盛，異同亦多，其人往往龍象重望，未易柔服。或始同而終異，或始異而卒同，一言之辯，勤乎十返，往來江山，綿亘歲時，非苟合者。如事理總别者，三千具造，不觀真心，惟觀陰入，至今稱四明尊者云。時有大禪德在雪竇，相與亦傾盡，具傳廣智尚賢。廣智初得於《净名》，最深乎性相，審知佛法爲境。其傳神智鑒文。神智破衆潰以澄法智之海，炎慧炬以緝廣智之明者。其載三智之美，可傳而不可朽者，有永嘉繼忠。其師神智而賢忠者明智中立，姓陳氏，明州鄞人，父榮。母朱初夢日入懷而生，夜不三浴，啼不止。初與群兒戲，兒輩怖之，因使出家。纔九歲，授經不再讀。嘉祐八年，試開封府得度。治平元年，受具足。戒依延慶廣智，廣異之，曰：「年少新學，能辨析如此。」廣智卒，遂師神智甚力。熙寧中，神智開幃設問，凡二百餘人，無有出師右者。爲延慶首座，代神智講。神智自謂不如。去，禮天台智者塔，遂謁忠于温州，周旋者二年。將歸，忠曰：「行必紹法智之席，予有私焉。嘗夢摩利、韋陁二天，幸爲位於延慶懺堂。」居有間，神智去延慶，師固辭不果，非特符忠之言，實慰遠邇士衆之望，二天位焉，後衆道場咸取以爲法。元祐間，高麗佑世僧統義天者，聰明瑰偉之士，初爲嘉興源公而來，纔際海岸，見師升堂，聞未嘗聞，咨嗟失色，且歎曰：「中國果有人焉！」既而義天接談，辯者累夕，傾其所學，欲折其鋒，竟不得毫髮。主客楊次公多之，爲師作真讚，以師爲玉池蓮中之人。蓋師每以浄土法門誘進學者，欲使人人知釋迦有浄土，彌陁來穢土，他時所志於心者，一日必矚於目。乃依《十六觀經》而出視之，爲彌陁大象以臨池，周之以十六觀寮，池蓮鳧雛，天風翱翔，觀士槁坐，人音斷絶。一涉其境，道心百倍，寧論信與不信，固自疑其身非聖非凡。其費巨萬，而施者却之愈來，工度累歲年，而落成不周歲。任其役者曰：「僧介然不勞不矜，若未嘗有所事。」蓋是境也，古未之有，今不知何爲而有。既二浙之所無，則天下之所無。唐支硎山遵公所建法華道場，其能勝此者，有兵部劉尚書晏等所請勑號爾。師一日辭去，衆留之不可，雖太守亦不得强，且曰：「待六十歲再來。」居隱學山棲真寺，衆方從之卒業，會僧職須才，復不能捨師，太守躬駕者五六。出住寶雲，實其祖師通公之道場。時寶雲頽圮，無一全椽，師復新之。咸曰：「師前日隆其三世之居，今又興其四祖之宅，孰謂像法之末哉？」先是，伽藍神腹中得願文一紙：「後更百年，肉身菩薩重興此地。」師復退白雲山，視隱學山爲遠，殆絶人迹。衆以師之來居，爲之築庵像寶雲院，凡四年，亦無一日不講。至《止觀·不思議境》，歎曰：「吾道極此矣！有不思議境，則有不思議心。」爲作《不思議境辯正》。又指五章之《裂大綱》曰：「寄果明因，以解成行，舉佛攝生，全生是佛。」作《止觀裂綱指歸釋疑》。太守俾令佐請師出住西山資教院，辭之。又請住延慶，不得辭，時六十歲。師之道業日厲於前，四衆依歸亦視前爲盛。政和四年甲午四月辛亥，師謂侍者法維曰：「吾嘗疾病，今聞異香，吾意甚適。」乃召十六觀寮長懺人出曰：「吾今與汝輩訣别。」各默坐久之。明日又告法維曰：「異香載聞。」悉召其徒至，曰：「各宜修進，再相見於諸佛會中。」趺坐面西而逝。越三日掩龕，顔色如生。享年六十九歲。塔在南城崇法院祖塔之東。師首度弟子十有四人，稟法弟子領徒傳道者百餘人，其往來登門者不啻萬人。

佛事中所謂歲懺者，行於江浙，盛於温、明，明之盛又在延慶。師率其徒數百餘人，七晝夜行道坐禪，歲復增盛。其在歲懺外，又擇其徒修法華懺者十年。一日懺終，禪觀中見大舟一，衆欲乘之不可，師獨以往來，自是慧解一發。其講《法華玄義》《文句》《止觀》《净名》《金光明經》凡數十過。師身不及中人，而望之凛然。其言平居殆不勝出口，而講雄毅，聳聽折心；或退接於室中，屈辯申談，雲興泉湧，不足爲喻。具與儒生言，則反質之曰：「此道在孔子如何？此語在詩書如何？」儒生不能對。師與申言之曰：「無乃其若是乎。」蓋師於周、孔、老、莊之書，亦無不究觀，翰墨詩章皆出人上。其誦《法華經》，平生以萬數，諸佛號不在數中。所著述曰《蛣蜣示迷》《裂網指歸釋疑》《不思議境辯正》各一卷，《南岳止觀科》二卷，又有《諸經題義》《諸文問荅》《門人授辭》《雜文義》四種未就卷第。師晚在延慶，爲衆置田數十頃，曰：「願以有限之田，爲無盡之供。」連年爲俱僧大佛會中，曰：「不作大因，焉得大果？」師之所爲，必兼本迹，而後得之。至於音聲之餘，呪誦之功，除民疾，却鬼魅，救旱災者，則又莫得而言矣。

師之高弟曰法中等，以説之頃歲宦游四明，庶幾知師者，乃以法維狀師行實，走東里，求説之爲之碑，義不得爲辭。

伏念智者之爲智也，異哉！龍藏之傳，身而覯之，固宜畢載。而三觀之外，復著乎《圓覺》；四行之成就，著乎《楞嚴》。智者言之於隋，其經譯之於唐，雖欲不信，其可得乎？所謂靈山親聞者，此亦其躅與？是故其教東及於日本，西返乎天竺，未之與亢也已。或曰教外別傳，不知教無等等，何外之有？傳授圓成，何外之有？韶國師者，故自斥之。當絶語言，不知此方以何爲佛事？或曰不立文字，不知文字非真亦非妄，乃以何者爲文字？嘗求乎其人矣：前乎智者而導其教者，曰梁傅大士、北齊稠禪師； 後來推極智者之教而尊之者，曰南山宣律帥。其餘達磨法門義同贊者，曰皎然禪師，晚則韶、壽二禪師； 其密弘而取證者，永嘉禪師； 雖異途而不敢不贊者，曰賢首藏師； 或叛去而竊用其意者，曰華嚴觀師； 有公而異同，而意自有所在，曰慈恩基師。唯是圭峯密弘用其言，而妄相排斥，專以四禪八定次第之學，何異兒戲以侮耆德。唐諫議大夫杜正倫嘗作《天台教記》，惜其不傳。善乎梁肅之言曰：「佛法以天台爲司南。」李華爲左溪言曰：「祇樹園内，常聞此經； 燃燈佛前，無有少法。」柳子厚爲無姓和尚言曰：「佛道愈遠，異端競起，惟天台得其傳。」又於永州龍興浄土院書《天台十疑論》于墻宇，使觀者起信。又爲龍安禪師言曰：「傳道益微，言禪散病。今之空空愚夫縱傲自我者，皆誣禪以亂其教，冒乎囂昏，放乎淫荒。吾將合焉，馬鳴、龍樹之道也。」唯是明智，其生既晚，異端益肆，積德於躬，無辯於彼，將自屈伏，我言則光。顧予何者，輒與斯事？竊少聞大道於圓照禪師，且有言曰：「他日勉讀經教。」其後三十年，果得明智於四明。視彼暗證禪魔、禪鬼定、文字法師乘壞驢車，無以正之，則不敢不自勉。謹爲明智序禪教之本末，而爲之銘曰：

佛道譯華，聖言彌彰。禍人以懼，仁人以昌。有來達磨，壁觀而止。傳失其序，竛竮之子。前是龍樹，五百年餘。傳乎迦葉，承乎文殊。著論既大，阿難所集。我道已圓，佛乘之一。慧文禪師，龍樹崔嵬。邃乎南岳，焕乎天台。惟我天台，法華三昧。昔在靈山，雨華同會。荆溪四明，先後有聲。一念三千，克一圓乘。山外山衆，孰如三智。立公昭昭，三德而四。既隆父席，亦興祖基。百界千如，非我而誰？彼大寶舟，獨乘而上。豈我敢私，諸佛所向。待絶滅絶，其然胡然？穢土不除，净土現前。法華净名，金光明觀。所未及者，涅槃緣断。儒生之來，有文可載。宴默何居，白雲油海。異端久出，矧我所逢。我不爾辯，冰泮於風。蠱神癘鬼，咸知尊事。雖曰盲俗，豈不思致。異香既聞，我將以歸。其歸有所，涕泗孰依？祖塔之東，琢此新石。以告來者，永敬修德。

——（宋）晁説之：《嵩山文集》卷二十，《四部叢刊續編》第三九八册，第一五一——一六八頁，商務印書館，一九三四年。參見《景迂生集》卷二十，文淵閣《四庫全書》第一一一八册，第三九六——四〇〇頁。上海古籍出版社，二〇一二年。

明智中立法師傳

神智文法師法嗣，廣智下第三世

（宋）志磐

法師中立，鄞之陳氏，賜號明智。母夢日輪入懷，遂有娠。夜不三浴，則啼號不止。九歲出家於甬東之栖心，受經一誦，永憶不忘。治平中，試經開封府，中選得度。初依廣智學教觀，及神智斷主南湖，復依之。熙寧中，神智開幃，設問答者二百人，無出師右，乃舉居座元。久之去，謁扶宗於永嘉，將歸，宗曰：「子行必紹法智之席。」及神智謝事，乃俾師爲繼。元祐初，高麗僧統義天遠來問道，甫濟岸，遇師升堂，歎曰：「果有人焉。」遂以師禮見，傾所學折其鋒，竟不可得。師令門徒介然始作十六觀室，以延淨業之士，已而辭去，曰：「吾年六十，當再來。」即退處東湖之隱學。數年，郡太守王公，勉主寶雲，一新棟宇，於伽藍神腹得願文云：「後百年，當有肉身菩薩重興此地。」聞者異之。後退隱白雲菴，日宣止觀，至「不思議境」，歎曰：「吾道至此極矣。有不思議境則有不思議心。」乃作《不思議辯正》，又指五章《裂大綱》曰：「寄果明因，以成解行，舉佛攝生，全生是佛。」作《止觀裂綱指歸釋疑》。文慧正師亡，郡請再主延慶，果符「六十再來」之言。嘗升座説法，慈霆無盡，下座問侍者曰：「吾適道何語？」侍者答以所聞，師曰：「吾覺身心同太虛空，殊不知語之所出也。」歲懺行江浙，延慶爲最盛，擇其徒修法華懺者。七年，行法將圓，禪觀中見一大舟，衆欲乘而不可，唯師坐其中以行。自是辯慧泉涌，超勝於昔。政和五年四月辛亥，謂門人法維曰：「吾聞異香，心甚適悦。」謂觀堂行人曰：「吾當與汝輩長別。」即面西坐逝，塔於崇法祖塔之東。講三大部，《净名》、《光明》數十過，誦《法華》踰萬部。與人除病却鬼救災旱，不能畢記其驗。孔老之書無不遍讀，其對儒士講説，則反質之曰：「此道在孔聖如何？在詩書如何？」儒士不知對，則援引委辯之，曰：「無乃若是乎！」聞者心服而退。師在永嘉，扶宗謂曰：「吾常見摩利支、韋馱於夢中求護法，他日幸於南湖懺室置其位。」及師主席，乃立像，自師始。陳瑩中嘗讚師曰：「嚴奉木叉，堅持靜慮；以身爲舌，説百億事。」（言戒、定、慧皆備具也）。

——（宋）志磐：《佛祖統紀》卷十四，《大正藏》第四九册，第二二〇頁中。參見志磐撰，釋道法校注：《佛祖統紀校注》卷十四，上海古籍出版社，二〇一二年，第三一八—三二〇頁。

筆者注：標題爲筆者所加

宋甬東栖心寺沙門釋中立傳

（民國）喻謙

釋中立，姓陳氏，鄞人也。髫齡出家於栖心，受諸經卷，過目不忘。治平中，試經得度。初依廣智學教觀，及神智繼主南湖，復依之，座下二百人無出其右者。神智謝事，立繼其席，常以浄業誘人。命其徒介然創十六觀堂以延浄士，已而謝去。未幾，重興寶雲寺。又退居白雲庵，日宣止觀法門，著述頗衆。後重主南湖，升席説法，開牖無盡，前後誦《法華》逾萬部，爲人祈禱輒驗。政和五年四月辛亥夕，忽謂門人曰：「聞異香否？」即集衆，含笑言曰：「吾往生期至。」西向而逝。

——（民國）喻謙：《新續高僧傳四集》卷四十一，《大藏經補編》第二七册，第三一五頁上。

覺雲智連

延慶覺雲講師塔銘

（宋）樓鑰

浮屠氏法盛于東南，而明爲最，蘭若相望，名德輩起。予固不能盡知其人，然採之公言，其間雖一代宗仰者，往往未免評議。至問覺雲師，則同然無異辭，余尤不能知也。嘗造焉，修幹古貌，丹唇碧眼，長松野鶴，無一點世間氣。與之語，愈叩而愈無窮，名下士，信不虚矣。師既以隆興癸未歲十二月十有八日化，叔祖居士語鑰曰：「士之難其全久矣。趙魏老猶不可爲滕薛大夫，矧釋氏事寂滅而不免于應世，二者冰炭，誰能一之？能使學佛者宗其教，交游者服其人，周旋酬酢，無一可議，殆鮮有覺雲如者。我與之方外交，既已叙其行事，汝銘之。」遂謹書而系以銘。

師諱智連，字文秀，覺雲其賜號也。俗杜氏，世家于明州鄞縣之寵山。（筆者注：《寶慶四明志》卷四九《叙人中・僧智連傳》作「龍山」）。孕有祥，生又不凡，故母山氏篤志竺乾法，令從禮寂公慧云爲師，肄業崇壽。年十八受具戒，明智目爲僧中鳳雛。圓照授以天台教義，後從智涌，頓悟圓宗。年登三十，適延慶，爲第一座，始開講席，辯才先放，落落風生，四衆聳服。靖康以來，更主五刹，惟妙音不及煖席而遷，餘皆碎于兵火。師一居之，卒化瓦礫爲寶所。圓辯重建延慶于煨燼之餘，功未竟而死，遺基廢礎，尚多有之，虚席曠歲，實難其人。天童宏智禪師以師爲首，衆議是之，遂徙居焉。經營十年，無有不備。施利山積，一毫不自奉，悉以資建立事。雲棟雪脊，傑然城隅，望之如崑閬間物，非大勤勞不易至此，而師未嘗足也。或資其新伽藍者四，當不媿智者。師曰：「此有爲功德耳，豈敢以此比迹前哲？深恐不能洪宣祖道，爲法門罪人。」故雖所至興建，而講學不少休。承學之徒，翕然向風，誠于祈禱，感應響捷。或欲記之，必痛以妄語爲戒。秘監姜公守四明，爲師作真贊，門人固請立石，師終不以爲榮。其不求名聞類如此，一時名士多樂與游。望之則毅不可犯，即之則和易温恭，久益敬之，終不得而親疏也。有達官與之劇談，貫穿禪律，纚纚不倦，驚曰：「師禪教並通？」師曰：「冰泮雪消，固一水耳。」又問：「《華嚴》《般若》似過于繁？」師曰：「支離所以爲簡易也。」于是肅然，尤敬異之。丞相沈公來鎮，以僧職處師，師以老疾固辭。丞相遺手札曰：「師當表正一方，紀綱諸刹，毋退避以自潔。」且迫于諸方勸請，始受命。謙退謹愿，不見有異。然主盟衆事，惟是之從。或有私請，雖大勢力、富檀那不能回也。時度牒再頒受戒者，僧吏邀取無藝。師爲立成規，省十之九，沙彌至于今德之，有不遠數百里求附壇者。所革宿弊，徐而不暴，□□□□。嗚呼！此皆人所難及者，然師之所存，心大而不密，體卑而道尊，恭而不伪，博而不雜，寂用之涯，不可得也。感疾既革，衆以藥進。師曰：「十方無礙人，一道出生死。」書偈畢，撫掌大哂，又以指彈屏風。或問之，曰：「我自幸至此，不覺喜樂，鐘鳴當往矣。」已而信然。師之所存，果易識耶？享年七十有六，僧臘五十有八。度弟子行丕等十有二人，登門者甚衆，傳道者三十餘人。即以十二月二十有八日葬于城南祖塔之側。銘曰：

舟不涂，車不川；離乎器，用必偏。惟寂滅，釋所先；惟應酬，世所虔。工與拙，必一焉；偉覺雲，幾于全。峻而通，周而專；得其得，悟獨圓。出緒餘，應世緣；識不識，無間言。教不吝，道以傳；建塔廟，崇人天。定生慧，無礙禪；融一理，逢其原。金而玉，嶽而淵；爲尊師，豈偶然。道既成，如蜕蟬；嗟後人，視銘鐫。

——（宋）樓鑰：《攻媿集》卷一百十《延慶覺雲講師塔銘》，文淵閣《四庫全書》第一一五三，第六七九——六八〇頁。上海古籍出版社，二〇一二年。

筆者注：「志連」又有作「智連」者。地方志多作「志連」，佛教典籍多作「智連」。故收録入本書依原文獻。

僧志連傳

僧志連，字文秀，姓杜氏，鄞之龍山人，賜號覺雲法師。年十八受戒具，時目爲僧中鳳雛。從圓照受天台教義，後從智涌，頓悟圓宗。年三十爲延慶第一座，始開講席，辯才宏放，落落風生，四衆聳服。更主五刹，類皆碎於兵燼之餘，卒化瓦礫爲寶所。在延慶十年，施利山積，一毫不以自奉。其所創立，雲棟雪脊，傑然城隅，望之如帝釋天宫。然每曰：「此有爲功德耳，要當洪宣祖道，張大法門。」故雖事興建，而講貫不休，一時名勝多樂與遊。丞相史越忠定王嘗與劇談，見其貫穿禪律，纚纚不倦，驚曰：「師禪律並通？」連曰：「冰泮雪消，同一水耳。」又問：「《華嚴》《般若》似過於繁？」答曰：「支離所以爲簡易也。」於是肅然敬異之，相與往來尤厚。丞相沈公該來鎮，謂可表正一方，紀綱諸刹，遂處以僧職。革易宿弊，徐而不暴，沙彌受戒，費省什九，至今德之。隆興癸未十二月十八日示寂，葬城南祖塔之側。參政樓公鑰時爲永嘉學官，評之曰：「師之所存，心大而行密，體卑而道尊，恭而不勞，博而不雜，寂用之涯不可測也。」

——（宋）胡榘修，方萬里、羅濬等纂：《寶慶四明志》卷九《叙人中·仙釋》，《宋元方志叢刊》（五），中華書局，一九九〇年，第五一一一—五一一二頁。

智連法師傳

智湧然法師法嗣，神照下第五世

（宋）志磐

法師智連，字文秀，錫號覺雲，四明鄞邑杜氏。受業栖心崇壽，年十八受具戒。古貌修幹，有長松野鶴之態。明智見之曰："僧中鳳雛也。"初從圓照學於南湖，晚依白蓮智湧，頓悟圓旨。及歸鄉，代講延慶。建炎後，歷住五刹，皆兵燬之餘，化瓦礫爲金碧，出於指顧。時圓辯重興延慶，未就而逝。師適訪宏智，同登千佛閣，智曰："聞四明談空中有相，是否？"師曰："然。"智以手指云："太虚本無一物。"師指山川樓閣曰："此諸物象復是何物？"智大服其言，歎曰："南湖之任，非師而誰？"即薦於郡。領事十年，講無虚日，而衆宇畢成。太師史真隱佚老於鄉，每過從問法要。真隱曰："師於禪律亦貫通耶？"師曰："冰泮雪消，固一水耳。"又問："《華嚴》《般若》似太支離？"師曰："支離所以爲簡易也。"（《揚子》：何經之支離？曰：已簡已易，焉支焉離。）真隱肅然服。郡師丞相沈公屈居僧職，以老病辭。公手札勸之曰："師行業清修，力荷宗教，自宜表正一方，紀綱諸刹。幸勿固辭，自潔其志。"師即領命，諸方服其清整。一日感疾，謂侍人曰："'一切無礙人，一道出生死。'（《華嚴經》偈）復撫掌大笑曰："我自幸至此，鐘鳴吾逝矣。"時隆興元年十二月十八日，火浴得舍利，葬骨於崇法祖塔之旁。得法上首月波則約。

太師真隱居士贊曰：瞻彼連師，色粹而温。禮義是習，詩書是敦。雖精止觀，實祖儒門。鶴飛寥廓，蟬蜕塵氛。遂令聽者，去縛解紛。五住大刹，藉藉有聞。晚居延慶，其道彌尊。伊惟台教，垂裕後昆。前有法智，後有覺雲。意此幻影，與法常存。（石刻在月波山）。

論曰：聖賢應世之迹，非世情所能測識也。夫覺雲一代明教之師，其於亡日，如知所歸，出生入死，固非常人所可擬倫。然則託形儒相之家，居相位二十七，考中外靖安，其勳業盛大矣！而又能大護佛法，尊敬僧寶，是蓋大權施化、示現宰官者之所爲也。釋迦本時，或爲儒林之宗，或居輪王之位。聖寺沙彌爲齊文宣，回向寺僧爲唐明皇，近則五祖戒師爲蘇文忠，瑯邪山藏僧爲張文定，庸詎知回機轉位，不爲佛不爲祖耶？良渚謂撫掌自笑，宜得所歸。而復來此土，位極人臣。以兹爲疑者，其未善論事若此。

——（宋）志磐：《佛祖統紀》卷十六，《大正藏》第四九册，第二三一頁上。參見志磐撰、釋道法校注：《佛祖統紀校注》卷十六，上海古籍出版社，二〇一二年，第三五九—三六一頁。

智連傳

（宋）宗鑒

智連，字文秀，鄞人。杜姓，母山。幼師叔父惠宗於崇壽，十八進具，明智目爲僧中鳳雛。初從圓照光。年三十，依智涌，頓悟圓宗。修幹古貌，丹唇碧眼，若長松野鶴，無一點塵俗氣。與之談，愈扣而愈不窮。代講延慶，講才宏放，落落風生。靖康後，更主五刹，惟妙音遽退，餘皆兵火之餘，化瓦礫爲寶坊。圓辨起廢延慶，未竟而逝。天童宏智舉師經營，十年衆宇悉備，真俗竝行。有達官問法，師劇談禪律，官曰：「師禪律談通耶？」師曰：「冰泮雪消，固一水耳。」又問：「《華嚴》似繁？」師曰：「佛加被四大菩薩，兼彼次第，説圓融法，所以浩博。若據佛意，支離所以爲簡易也。」官肅然。感疾，衆以藥進。師曰：「十方無礙人，一道出生死。」偈畢，拊掌大哂，指彈屏風。或問之，曰：「我自幸至此，不覺歡歎悦，鐘鳴吾逝矣。」隆興癸未十二月十八，火浴。二十八，葬祖塔旁。樓參述銘。壽七十六，臘五十八。弟子行不等十二人，得法三十六人。嗚呼！死生亦大矣。若覺雲連之敏鋭，宜無憾焉！其啓手足不明言所證，又不以豎升兜率，横截清泰，的示後昆，而惟歡悦自幸，亦無乃大瞞頇籠統也。夫世或以往來幻迹推之，知其復來此位極人。以師之自幸，無乃悞耶。嗚呼！死生亦大矣。

——（宋）宗鑒：《釋門正統》卷七，《卍續藏經》第七五册，第三四三頁中。

僧志連傳

志連，字文秀，鄞人。學於圓照梵光。嘗與宏智登千佛閣，智曰：「聞四明講教，言空中有相。」師曰：「誠然。」智以手指太虚，曰：「本無一物，其相安在？」連指山川樓閣：「此諸物象，復是何物?」智服其言。後居南湖,史太師與師遊,問曰:「師於禪律能貫通耶?」連曰:「冰泮雪消,同一水耳。」又問:「《華嚴》《般若》若何支離?」連曰:「支離所以爲簡易。」號覺雲師。隆興元年十二月十八日逝。明年正月,太師生子彌遠,將就蓐,見連入室,因名之曰「覺老」。樓鑰評之曰:「心大而行密,體卑而道尊,恭而不勞,博而不雜,寂用之涯不可測也。」

——(元)馬澤修、袁桷纂:《延祐四明志》卷十六《釋道考上·釋》,《宋元方志叢刊》(六),中華書局,一九九〇年,第六三六一頁。

僧智親

僧智親傳　明州親法華

（宋）宗曉

僧智親,俗薛氏,鄞縣萬齡人。丱歲出家栖心寺,從師授蓮經,誓以背讀。紹興初,國朝開場策試,中選爲僧,自爾偏學教律,開發本心。已而歸隱舊所,杜門一室,絶去名利,日持一部爲率。時城東集衆誦習此經,願請師爲教授,師不獲已,力爲主之,其號「曇華社」,至今猶存焉。晚年加功進行,日宣兩部,或至于三。師十科供職,無忝講持,時多禪講,遂播爲聲。詩積三十家，亦一時盛事，弟子法侔猶藏真墨。今撮其要，庶幾傳遠。

滄洲禪師慧普首唱曰：「舌上青蓮噴異香，功成萬部可揄揚。未嘗安寢長精進，箇是僧中真棟梁。」蘿月禪師曰：「經簾終日對爐香，流水清聲自抑揚。有道只應生間世，高僧不獨在齊梁。」慧耘師曰：「密室蓮芳遠透香，三周大事廣敷揚。茆茨下有擎天柱，大廈高堂空棟梁。」智心師曰：「竺墳供課飽聞香，舌卷潮音徧舉揚。鵲鼎有懷熏浄凡，鸞泥無復涴雕梁。」

——（宋）宗曉：《法華經顯應録》卷下，《卍續藏經》第七八册，第五三頁中。

瘂女古佛

瘂女古佛

（宋）志磐

志磐頃過甬東，栖心元妙得舊文於書篋，念瘂女古佛，世無知者，因爲述《戒香維衛古佛記》。既而元妙以遺寺王（主）師亮，俾刻石寺中，以題名勝。案藏經，維衛或稱毘婆尸，此翻勝觀，所謂以勝妙三觀，觀一切諸法，無非三諦之理也。

——（宋）志磐：《佛祖統紀》卷四十六，《大正藏》第四九册，第四〇八頁下。參見志磐撰，釋道法校注《佛祖統紀校注》，上海古籍出版社，二〇一二年，第一〇六七頁。

筆者注：標題爲筆者所加。

法師戒度

戒度傳

（宋）志磐

戒度，習律受業栖心，晚住餘姚極樂。病中作遺書，别士夫道舊。命衆誦觀經，至法身觀，厲聲念佛，加趺而化。

——（宋）志磐：《佛祖統紀》卷二十七，《大正藏》第四九册，第二八一頁上。参見志磐撰，釋道法校注：《佛祖統紀校注》卷二十八，上海古籍出版社，二〇一二年，第六〇七頁；（清）瑞璋輯《西舫彙征》卷上，《卍續藏經》第七八册，第三七一頁上。

元餘姚極樂寺沙門釋戒度傳

（民國）喻謙

釋戒度者，不詳所出。初脱白時，投栖心寺，學《四分律》，操持謹嚴，兢兢罔懈。晚居餘姚極樂寺，一意西歸，嘗和陶淵明《歸去來辭》以見志。病中作書别士大夫，命衆誦《觀經》，至法身觀，厲聲號佛，凝然坐瞑。

——（民國）喻謙：《新續高僧傳四集》卷二十七，《大藏經補編》第二七册，第二三〇頁上。

天下維那

天下維那

（宋）志磐

［孝宗乾道三年二月］日本遣使致書四明郡庭，問佛法大意。乞集名僧對使發函讀之。郡將大集，緇衣皆畏縮，莫敢應命。栖心維那忻然而出：「日本之書與中國同文，何足爲疑？」即揖太守，褫封疾讀，以爪掐其紙七處，讀畢語使人曰：「日本雖欲學文，不無疎繆。」遂一一爲析之，使慚懼而退。守踴躍大喜曰：「天下維那也。」

——（宋）志磐：《佛祖統紀》卷四十七，《大正藏》第四九册，第四二七頁下。參見志磐撰，釋道法校注：《佛祖統紀校注》卷四十八，上海古籍出版社，二〇一二年，第一一三一—一一三二頁。

筆者注：標題爲筆者所加。

法師允澤

允澤法師傳 剡源先師法嗣

（明）佚名

字立翁，自號雲夢，越之剡溪人，俗姓求氏。師生時，伯父夢神人東下，輿服導從非常。明日瑞彩充幃，異香滿室，乃娩。在襁褓，神氣冲裕。齠齔類成人，不茹世味。年十四出家于報恩寺，投剡源妙悟法師得度。明年稟具，習《法華》《楞嚴》《楞伽》諸經，悉通大義。妙悟時主浙東西名刹，從學者常數百人。師侍巾瓶，盡得其道，一心三觀之旨洞然無疑。年二十九出住崇壽，如新發硎，上慢退席。繼遷廣福，起廢歸侵，刻石猶在。復升延慶，講席大啓，樓殿昪新，粥魚齊皷，歲入有加。孤山以玄門廢，師起而寺復，開山之席乃成遠襲。國清以禪宗革，師出而論定，雨華之壥乃授同門。基故宮以創興源，而規畫之，而闡揚之。相形勢以恢演福，而指授之，而振起之。下至姚園五百羅漢寺，日崇且闢而綱維之。余山建報恩爲退處之地，龍井創安養爲十方學子之歸。剡之報恩，則又追崇其師之鄉也，一皆崇以棟宇，入以土田，慈恩之報意亦勤矣。師凡再詣闕庭，世祖神功文武皇帝召見，問佛法大旨，賜齋香殿，授以紅金襴大衣，錫佛慧玄辨之號。璽書屢降，光被諸方。使教之冠於禪者，實師之功也！翰林伯淳張公苾爲「權實之教魁，圓頓之宗碩」者，殆非虚語。大德丁酉七月十六日，留偈示寂于南竺演福。越八日，門人奉遺骨塔于龍井之安養。春秋六十有七，僧夏五十有三。得法弟子志安、元浄、性澄、浄真、宗渠等四十餘人。師歷名刹七，復道場二，被璽書三，其道德之隆重，考槃之輝赫，一時王公大臣交致問法，宗工碩士北面服膺者，亦有所自矣夫。

——（明）佚名：《續佛祖統紀》卷之一，《卍續藏經》第七五册，第七四二頁中。

法師善繼

故文明海慧法師塔銘

（明）宋濂

至正十七年化

能仁氏之教流入中夏，愈傳愈熾，於是諸師各有所建立，譬如一燈分爲十燈，燈之用雖殊，而光明則一也。天台四教，法、性、觀、行之宗，自南嶽以來，開空、假、中三觀，丕闡三千性相，百界千如之妙，一念之間，具足無減，其説尊勝宏特，縱歷百千萬劫，洸洸乎，皦皦乎，不可尚已。

某竊怪方袍之士，幸得與聞其教，多視爲空言，卒局於小智之域，良可悲也！其真見實踐有若文明海慧法師者，某安得不喜談而樂道之哉？

法師諱善繼，字絶宗，族婁氏，越之諸暨人。考某，妣王氏。嘗有妊，夢神人授白芙蕖，法師乃生。始能言，見母舉佛號，合爪隨聲和之。年稍長，季父客授山陰靈秘寺，從治《春秋》經。稍竊窺三藏諸書，喟然嘆曰：「《春秋》固佳，乃世間法，欲求出世間，非釋氏將疇依！此身不實，有如芭蕉，穹官峻爵，縱因書而致，寧得幾何時耶！」大德乙巳，投其寺僧思恭祝髮。明年，受具戒。從西天竺大山恢公習天台教觀。大山甚器重之，每言數百人中唯繼上人爾。暨大山遷雲間延慶，法師復往南天竺從湛堂澄公，湛堂器之如大山，間問之曰：「入不二門，屬何觀法？」法師曰：「三種觀法，屬對三部，此文既與止觀同成，觀體的是從行。」湛堂又問：「諸經之體，爲迷爲悟？」法師曰：「體非迷悟，迷悟由人，顧所詮經之旨何如耳。」湛堂喜溢顔色，曰：「法輪之轉，他日將有望於斯子乎！」宗周文公時住集慶寺，艷法師之學，延主賓朋，尋領其懺事。湛堂復速法師還，俾居第一座。南天竺素稱教海，法師提唱宗乘有聲，絶出於四方。會湛堂遷上竺，而玉岡潤公來補其處，仍留法師居其職，學徒四集，無不涵腴飲醇，充足而後去。天曆己巳，法師出世，主良渚大雄教寺，日講《金光明經》，感法智見夢，謂之曰：「爾所談經，與吾若合符節，惜乎所踐猶未逮其言耳！」法師遂益篤精進之行。至正壬午，浙省平章高公納璘兼領行宣政院，移住天竺薦福教寺。某甲子，左丞相朵兒只公繼領院事，陞主天台能仁教寺。法師凡三主伽藍，執經座下者多豪俊之士，弘闡《法華》玄義文句，朝講暮解，五章四釋，奥義昭晰，且策勵之曰：「吾祖有云：《止觀》一部，即法華三昧之筌蹄；一乘十觀，即法華三昧之正體。須解行並馳，正助並運，則圓位可登，而不負吾祖命宗之意矣！」蓋法師抉剔經髓，敷繹祖訓，如山川出雲，頃刻變化，而雨澤滂然四施，若諸草木，纖洪短長，無不霑焉。識者咸謂慈雲神照之再世云。辛卯之春，俄謝事，超然獨往。時薙落師與湛堂歸寂已久，法師既於靈祕葺舊廬以奉祠事，又往居南山明靜院灑掃湛堂之塔，其報本之念尤惓惓也。曾未幾何，兵難洊作，其高弟是乘請法師東還。華徑池深水寒，法師驩然就之，且以無常迅速，嚴修浄業，繫念佛名，晝夜不輟。一夕，集衆而言曰：「佛祖弘化，貴乎時節因緣，緣與時違，化焉托乎？吾將歸矣！」遂索筆書偈，端坐而逝。時丁酉歲七月二十二日也。世壽七十有二，僧臘六十又三。火化，牙齒及舌根弗壞，舍利累累然滿地。其徒以某月日斂骨塔於靈祕之西坡。所度弟子三十二人，嗣其法者，則靈壽懷古、延慶自朋、崇壽是乘、廣福大彰、雷峰浄昱、演福如玘、報忠嗣璉、車溪仁讓、香積曇冑也。

法師氣局衍裕，行履淳固，台家諸書無不精徹，而大江東南恒推爲教中之宗。講演《妙法華》、《金光明》諸部經凡若干會，主修法華、浄土懺凡若干期。所感靈異，不一而足。是乘嘗請著書以淑後人，法師曰：「吾宗本離言説，不得已而有言，爲彰授受也，是故意以至章安結集之後，不過代相緘授而已，其間或有斥邪衛正者，亦豈好辨哉？今大經大法，粲如日星之懸，汝輩宜修習不暇，奚俟予言？」聞者咸服。其一時士大夫若趙文敏公孟頫、黄文獻公溍、周内翰仁榮、李著作孝光、張鍊師天雨，皆結法師爲方外交，時相唱和於風月寂寥之鄉。晚與黄、張二公欲結樓（修）［煩］浄社，未果，而法師歿。當没之日，叢林中皆相哀慕，曰：「吾宗法幢仆矣！」後十七年，演福件繫法師梵行，徵濂爲塔上之銘。濂嘗游文獻公之門，聞公談法師之德之盛，以爲無讓古人，恨不得映白月而濯泠風。今法師不可見矣，幸其嘉猷茂行猶得聞其梗概。此無他，遺光之所照者，尚有人言之。後三十年則言之者鮮矣，又後三十年則誰復知之者？此金石之勒，不可不致謹也。因從演福之請，歷叙而鋪張之，千載之下，有來讀斯文者，儼然如見法師於定慧光中，其有不蹶然興起而惕然自厲者乎？銘曰：

性具之正宗兮，一念具三千。三千即一念兮，不後亦不先。
正依及假名兮，各含空假中。攝歸於一妙兮，互具而互融。
七祖既善闡兮，諸佛復靈承。洞照六合内兮，日月行大清。
慧命之攸寄兮，文明得其宗。摠攝大化機兮，正受究始終。
法輪左右旋兮，晝夜如環循。隨其利鈍根兮，導入不二門。
開權以顯實兮，懇懇爲敷辭。一多暨小大兮，非即亦非離。

明暗色空相兮，事法皆寂然。真勝在妙圓兮，非可以言詮。
談辯析玄微兮，人天皆共聽。幽通於至神兮，現夢顯祥徵。
三坐大道場兮，手執青楊枝。灑物了無迹兮，物得卷其私。
結期修靈懺兮，瑞異駢然臻。吾法本無作兮，有作即爲塵。
商飆一朝興兮。吹仆正法幢。清浄大海衆兮，盡然爲增傷。
繼續幸有子兮，龍象方駿奔。建塔爲西坡兮，庶以表化源。

——（明）宋濂：《宋文宪公全集・故文明海慧法師塔銘》，四部备要本。

善繼法師傳

（明）佚名

字絶宗，族婁氏，越之諸暨人。母王氏，當有妊，夢神人授白芙蕖乃生。始能言，見母持佛號，合掌隨聲和之。年稍長，季父客授山陰靈秘寺，從治《春秋》經。竊窺三藏諸書，嘆曰：「《春秋》乃世間法，欲求出世，非釋氏將疇依？」即投其寺僧思恭，祝髮授具戒。從杭之興福大山恢公習天台教觀。時大山遷雲間延慶，師復往南竺演福從湛堂澄公，間問之曰：「《十不二門》，屬何觀[法]？」。法師曰：「三種觀法，屬對三部，此文既與止觀同成，觀體的是從行。」又問：

「諸經之體，爲迷爲悟？」師曰：「體非迷悟，迷悟由人，顧所詮經之旨何如耳。」湛堂喜溢顔色，曰：「真法輪將！它日有望於子矣。」宗周文公時住集慶，豔師之學，延曲賓師，尋領懺事。湛堂復招師，居座端。南竺素稱教海，師提唱宗乘有聲，絶出於四方。會湛堂遷上竺，而玉岡潤公來補其處，仍留師居其職。學徒四集，無不涵腴飲醇，克足而後去。天曆己巳，出往良渚大雄，日講《金光明經》，夢法智謂之曰：「汝所談經，與吾若合符節，惜乎所踐猶未逮其言耳。」遂益篤精進之行。至正壬午，高公納麟爲宣政院使，移住天竺薦福。丙戌，江浙行省左丞相朶爾只公領院事，陞住天台能仁。凡三主名刹，執經輪下者多豪俊之士。開闡《法華》妙玄文句，五章四釋，奥義昭晰，且策勵之曰：「吾祖有云：《止觀》一部，即法華三昧之筌罤；（十）［一］乘十觀，即法華三昧之正體。須解行並馳，正助兼運，則圓位可登，而不負吾祖命家之意。」未幾，兵難荐作，其高弟是乘請師还華經，歡然就之。且以無常迅速，嚴修浄業，繫念佛名，晝夜不輟。一日，集衆而言曰：「佛祖弘化，貴乎時節因緣，緣與時違，化將焉托？吾其歸矣。」遂索筆書偈，端坐而逝。時丁酉七月二十二日也。春秋七十有二，夏六十三。火化，齒牙及舌根不壞，舍利纍纍然，斂骨塔于靈秘之西坡。嗣其法者：靈鷲懷古、延慶自明、崇壽是乘、演福如玘、能仁浄昱等。

師氣局衍裕，行履固純，山家諸書無不精徹，大江東南推爲教中之宗。講演《法華》《金光明》凡若干會，主修懺期所感靈異不一。是乘嘗請著書，以淑後人。師曰：「吾宗本離言説，不得已而有言，爲彰授受也。是故章安結集之後，不過代相緘授，其間或有斥邪衛正者，亦豈好辨哉！今大經大法粲如日星，宜修習不暇，奚俟予言？」聞者悦脱。

——（明）佚名：《續佛祖統紀》卷之一，《卍續藏經》第七五册，第七四六頁上。

法師弘道

弘道法師傳

（明）佚名

宗竺隱，存翁其别號也。世居姑蘇吴江之澄源里，沉姓。初有異人過其居，言：「它相當出高僧。」既而師生，甫及晬，能稱佛名。母没，鞠於嫂氏。始就外傳讀書，日記數千言。厥父以青鎮密印寺慈公有行業，遂命出家。其庭忽生竹五竿，因命其軒曰「五竹」而藏修焉。十九落髮，進受具戒。聞西湖雷峯魯山文法師講授有程，遂往從之。天台諸部，一聞即了，靡不淹貫。會我庵由延慶遷上竺，一見若有宿契。問曰：「吾宗部味教觀權實之旨爲曾聞耶？」師曰：「然。」曰：「即文字而求之耶？離文字而求之耶？」曰：「不即不離。」遂命掌書記，由是聲動湖山。未幾，我庵示寂，去從絶宗於薦福，與大璞、大徹輩研窮考覈，其業益精。圓覺雲外慶公延師表章其衆，時增修教苑清規，師秉筆多所更定。天巖曜公退席車溪廣福，舉師自代。洪武初，湖郡守請住慈感，勉副其意，即憣然而退，乃築室於潦源，額曰「無爲舍」，雕造千手眼大悲像，昕夕禮誦，爲終焉之規。洪武三年，詔天下僧道問鬼神事，師建議爲多。杭人以天竺靈山久廢，郡諸山力請，乃起重建光明懺堂。從是，懺法復行十年。有旨箋註《楞伽》等三經，師與具庵等同註。頒行，上親製竺隱説賜之。十五年，陞住上天竺。有詔開設僧道衙門，師領杭郡都僧綱。明年，起師爲僧録司左善世。勑命有曰：「昨勑見任僧官，於萬百千中求同佛心者。汝爲衆所推而至，出萬百千中之上，是爲希有，特命爾爲僧之第一。」掌教九年，慈恕清慎，宗教賴焉。廿四年春，師以年老告聞，許之。其年七十七也。明年秋，天禧夢觀請師爲後學講妙宗，至三輩往生觀文，忽示疾，曰：「吾世緣當謝焉，能效悠悠輩作四句辭世偈耶？第以山林之質，受聖上深恩異遇，不能報効，而此心常拳拳也。」言已即泊然而逝，實洪武二十五年九月三十日也。夢觀爲治喪盡禮，荼毗烟燄有光，得舍利無筭。至謨等奉靈骨，歸葬於檜峯雲隱塔。春秋七十八，夏五十九。

師四坐道場，所至緇白景從。興建善事，而靈山懺堂爲功最鉅。居官爲郡綱，杭僧以安，長教府三宗有依怙焉。嗣法者慈感道立、演福浄盟、崇壽浄珠、靈山如珪。

——（明）佚名：《續佛祖統紀》卷二，《卍續藏經》第七五册，第七五〇頁上。

石霜爾瞻尊禪師塔銘

（清）錢光繡

四明於海内稱禪窟，不第天童、育王、大梅、雪竇諸方老古錐敷座説法，燈燈相接，如江如海，其郡邑所産尊宿行化他方者，亦復接踵比肩，未易枚舉。故自岳林布袋、戒香啞女應化現身外，牧庵明心要於水磨，石窗悟經旨於風椶，保寧建大法於金陵，祖鏡擲鷂鶿於廣座，葶藥謝世緣於冷灰，枯木乳峰示息心於青山，白雲野堂辨風幡於俊鶻，金毛大圓洞諸佛於狸奴，白牯詎非，山水鍾靈，泱泱乎表東海也哉！明季，語風雪大師，亦吾鄞朱氏子，機鋒迅捷，品更瀟灑不群，自是再來古佛。乃繼語風而起者，則爾瞻禪師其人也。

師諱達，尊號爾瞻，祖籍寧波之鄞縣，俗姓唐，父某，母某氏。襁褓甫離，皈心三寶。每嬉戲，輒作佛事，家人怪之。稍長，不喜事生産，痛身世無常，時作厭離想。父母不許出家，欲爲議婚，師再三力拒乃止。家近補陀寺，朝夕入寺瞻禮金容、展翫梵筴以爲常。一日早出門舍，傍有人遺棄蒲團、戒衣諸道具，師諦觀久之，佇立道左以俟，竟無至者。竊喜曰：「天授我也。」攜入福泉山，禮圜明師求剃度。父兄輩訪至，見師志已決，愀然太息，舍之而去。明因爲落髮。服勤三閱歲，念生死茫然，何乃久羈於此？聞先密祖主天童法席甚盛，首造焉，禮拜次。祖提起香信，云：「者箇從甚處得來？」師云：「何得當面諱卻？」祖云：「道什麽？」師擬進語，祖便打。是冬，圓具戒，則崇禎乙亥也，年已二十有八矣。親炙年餘，復往參金粟乘公、弁山雪公、南澗問公諸名宿，後至東明，見鈍叟際公，言下了然，遂矢志親依。圍爐次，公舉僧問夾山：「撥塵見佛時如何？」山云：「直須揮劍，若不揮劍，漁父棲巢，汝作麽生會？」師云：「太費力生。」公云：「是夾山費力，是者僧費力？」師云：「一任分疏。」公云：「情知你不會者話。」佛成道日，師問：「今日請師安名？」公良久，師禮拜起，收具。公云：「名甚麽？」師轉身進云：「道即不辭，恐違師意。」公云：「遲了三刻。」一日，公又問：「古者道：賓主穆時全是妄，君臣合處正中邪。作麽生會？」師云：「太平本是將軍致，不許將軍見太平。」公云：「恁麽會又爭得？」進云：「師意如何？」公云：「何不道鴛鴦繡出從君看，不把金鍼度與人。」師瞥爾契悟，便禮拜。蓋真大地平沉境界，從前礙膺，立時冰釋矣。未幾，際公因事出山，如失怙恃，追蹤尋訪，相值百丈山中，復隨上衡山，縛茅擲鉢峰下者數載。師執勞既久，欲別圖静養。公因作伽陀送之，云：「侍吾經五載，契合在機先。從上宗乘事，透徹已無言。此去居空谷，刀耕火種便。鄭重堅志操，慧命賴持傳。」公出世有年，鉢囊囑付，僅師與謙師、芻師等，披沙揀金，眼光爍破，非近日偷心稗販艸艸放行者可並提而論也。後繼住緑蘿，公復致書相勗曰：「名山大澤往來者衆，無論賢愚，當以至誠平等待之。」故師出世，爲人稟承師訓，簪紱輿儓，愚癡伶俐，一目等視，勿岐高下，數十年如一日。乙酉，際公避亂潭州，示寂南源，師迎靈骨歸衡嶽，建塔瘞焉。養生送死，一身兼荷，了無遺憾。順治丙戌，瀏陽、石霜、本豁等請主院事，芒鞋竹杖，行李蕭然。其陞座法語云：「行一步踏斷微塵，諸佛命根唾一唾。唾破從上列祖巴，鼻自贊則又云怒。罵不常峻嚴自得，向來不順人情説。甚要津把斷倒拈，白棒據當軒莫謂。」石霜無法説親言，出親口均匪謾語也。石霜屋老僧殘，林寒澗肅，觸境悲涼，師處之泰然。不踰旬，而衲子趨風，屨滿户外，從此全提正令，弘闡宗猷，瞬目揚眉，雷轟電掣，真切相爲後學，寔有大過人處。始信臨濟道出常情，際公非苟焉，阿私所好也。庚寅，躬詣浙西，求本師塔銘于南澗問公。戊戌，山中偶有齟齬，輒拂衣，出爲古唐離垢居士所留結宇寺後以居。己亥秋，豁監院懇請還山，堅辭執事。師乃舉老成衲子十二人，鬮定甲乙鱗次掌院務，衆皆悦服。庚子春，重修圜祖塔落成，耑使請記於我本師弘覺老人。老人嘉其焜耀祖宗，有功法苑，爲作記，勒之貞玟，以垂不朽。且細閲石霜前後語録，離情絶識，直截諦當，不覺擊節嘆賞，曰：「此龍池幻老人下行字法嗣中，第一翹楚也！余蓋得之親承提命者。」時有當道欲爲營建土木，師慮爲居民擾，力卻之，卒之。僧堂、方丈洎應供堂，相繼修復，咸藉親依弟子成褫之力，間有外緣，亦出自然，不屬勉强，誠有如老人所稱：寶坊巖嵲，窣堵嵯峨，莫不從钁頭邊湧出者耳。

師天性樸茂，不事緣飾，禔躬極嚴，自奉極約，忘身爲衆。遇人無少長，方便接引，奪食驅耕，抽釘拔楔，不徹不休，復能推赤心置人腹中。故衲子相從一二十年，備嘗艱苦，無纖毫猒怠容，且深恥攀緣奔競之習。住山十八載，未嘗出入朱門，干謁豪貴，秖恪守一日不作、一日不食之規，與衆胼手胝足，栽田博飯而已。余惟石霜圓祖軒懸毒鼓，機劈箭鋒，濟上洪濤，復瀾翻震蕩於湘江、潭水間。師繼席石霜，雖道有隆污，時分今古，而其出處行業，寔約略似之。師嚬笑不假，氣宇如王，何異圜祖之秀目連眉、頎然豐碩也；師駒讖磬山，薪傳南嶽，何異圜祖之親見汾陽、中興臨濟也；師魔佛生擒，人天驀按，何異圜祖之吼震西河、鉤垂劍水也。圓祖跅弛不羈，龍象蹴踏，非驢所堪；師亦一意孤行，絕無依傍。圓祖爲時所欽，屣迎李尉，衽斂譚公，師亦望重紳儒，諸方手額。圓祖運丁多難，易廝養衣，竄名火隊，師亦坐臥鋒刃，在險不驚。道出一揆，後先輝映，詎非末法中，一大平等寂滅光明幢哉！康熙癸卯，營壽塔于祖塔之右，工甫舉而疾作。示寂前一日，手書遺訓，惟丁寧弘護祖庭，丕揚大法，無一語他及。九月朔，始不進食，亭午復作書，遣僧告别曉菴昱公，囑以後事。亥時，跏趺而逝，梵籍之外，囊無長物，一衆如喪考妣。逮昱公促裝馳至，在定已七日，顔色如生，左右皆聞異香。荼毘日，雨霧昏迷，起龕倏爾開霽，經三日殮骨，竟復大雨，衆咸駭異。遂于十月初九日，奉靈骨入塔，緇白送者數千指，遠近悲號，聲震林谷，非師道力所感，能若是乎？師世壽五十六，僧臘三十一，有語録若干卷行世，嗣法弟子某某若干人。

余昔年浪遊京口，邂逅師于竹林禪院。詢及同鄉，一見如舊相識，善氣迎人，至誠動物。別後，時迴環胸臆間，聞師順世，盡有餘慟。茲其門人入微恢等，將我同門法兄遠菴僼公，命倩余爲作志銘。余既與師有一日縞紵之雅，且復忝再從壎篪之誼，爰不辭蕪陋而爲之銘。銘曰：

於爍明州，三佛肇隆。彌天釋種，聲光熊熊。或舞太阿，或擊毒鼓。山川孕靈，如龍如虎。有明末葉，復産英流。伽黎天授，善來比丘。跰足東明，鵝王擇乳。飛衛紀昌，箭鋒相拄。緑蘿南嶽，五載巾瓶。依依孺慕，罔替死生。晦養衡湘，刀耕火種。爰長聖胎，天龍所重。石霜敷座，洞示真源。牙如劍樹，口似血盆。衲子趨風，銅頭鐵額。有大法王，拍几叫絶。幻泡利養，傳舍殿堂。虻蛇戀窟，實可哂傷。機類玄沙，風高道信。萬偈河懸，千身月印。寶坊窣堵，雲涌霞蒸。钁頭邊出，鼛鼓勿勝。同居垂誡，貴真操履。不競不緣，無嗔無喜。法幢俄倒，雨泣大千。紅輪掩霧，皓魄埋煙。我昔與師，邂逅京口。千里同風，面目如舊。西河獅子，親見汾陽。後先一揆，媲美聯芳。拜手颺言，莫罄厥軌。萬祀千春，令聞不已。

康熙丙午上巳日，同邑法小弟本秀錢光繡聖月氏合十拜譔。

——（清）釋爾瞻达尊：《爾瞻尊禪師語録》卷下，《嘉興藏》（新文豐版）第二七卷，第五八二頁上。

瀏陽石霜爾瞻达尊禪師

（清）僧超永

四明鄞縣唐氏子。襁褓甫離，皈心三寶。稍長，不喜事生産，痛身世無常，時作厭離想。父母不許，欲爲議婚，師再三力拒乃止。一日早起出，舍傍有遺棄蒲團、戒衣諸道具。師諦觀，竊喜曰：「天授我也！」携入福泉山，禮圜明求度。父兄輩訪至，見師志已決，愀然太息而去。明爲落髮，服勤三載。首參天童悟祖，悟舉香信曰：「者個從甚處得來。」師曰：「何得當面諱却。」悟曰：「道甚麽？」師擬進語，悟便打。是冬圓具戒，則明崇禎乙亥也，年已二十有八矣。親炙年餘，復參金粟乘、弁山雪、南㵎問諸名宿。後至東明，見鈍叟際，言下了然，遂矢志親依。圍爐次，際舉僧問夾山：「撥塵見佛時如何？」山曰：「直須揮劒。若不揮劒，漁父棲巢，汝作麽生會？」師曰：「太費力生。」際曰：「是夾山費力，是這僧費力？」師曰：「一任分疎。」際曰：「情知你不會者話。」一日，際又問：「古者道：賓主穆時全是妄，君臣合處正中邪。作麽生會？」師曰：「太平本是將軍致，不許將軍見太平。」際曰：「恁麽會又争得？」師曰：「師意如何？」際曰：「何不道鴛鴦繡出從君看，不把金鍼度與人。」師瞥爾契悟，從前礙膺，立時冰釋矣。執勞數載，而受記莂焉。繼住緑蘿。

至順治丙戌，出主石霜。示衆：「石霜有路白雲間，淺草蛇横毒熾然。賺却阿誰親觸著，血流直濺梵王天。掃慈明祖塔，親見汾陽，滅却臨濟。起黄龍必死之疾，遺害將來；縱神鼎倒握之機，有甚憑據。千古少叢林，眼空無諱忌。全身入定草離離，別有佳聲動天地。」便禮拜。示衆：「一夏已過半，底事如何判。過去已過去，未來亦莫算。現在本無住，十方俱坐斷。信手拈來不是塵，堂堂日用隨機變。不用更躊躕，急須著眼看。」驀擲拄杖，曰：「是甚麽？三十年後，莫教孤負石霜。」晚參：「尋牛須訪迹，學道貴無心。迹在牛還在，無心道易尋。古人一期方便，言不虚發。既是無心，且作麽生尋？」良久曰：「到得深山最深處，豈知無計避王徭。」晚參：「今朝正月二十，日暖風和時節。頭頭海印發光，因甚守著驢橛。」示衆，僧問：「語默涉離微，如何通不犯？」師曰：「君山點破洞庭湖。」乃曰：「石霜無法説，抽釘要拔楔。撩起即便行，早已遲八刻。」驀拈拄杖曰：「你有拄杖子，與你拄杖子。你無拄杖子，奪你拄杖子。」顧左右良久，喝一喝，擲下拄杖。上堂：「打破大唐國，覓一個不會佛法的人難得。」且道：「不會佛法的人，有甚長處？夜來曲臂支頭睡，不怕人來偷枕頭。」上堂：「日可冷，月可熱，衆魔不能壞真説。諸人要知真説麽。塞却耳根，分明聽取。」上堂：「諸佛出世，龜背刮毛，祖師西來，兔頭截角。一大藏教，拭瘡疣故紙。明眼衲僧到者裏，口似磉盤，諸禪德合作麽生。劒閣路雖險，夜行人更多。」上堂，僧出，師便打曰：「道道。」僧禮拜，師復打，乃曰：「道是常道，法是常法。一句截流，萬機寢削。楊岐一頭驢，只有三隻脚。」喝一喝。晚參：「即今休去便休去，欲覓了時無了時。古人恁麼道，已是作死馬醫了也。汝等諸人，更擬討個甚麼。」以拄杖趂散。開爐示衆：「諸方聚衆，悉假外來。石霜住山，槩從内辦。内辦的不通水泄，截斷天下衲子脚跟。外來的錦上鋪花，横穿香積如來鼻孔。祇如『不涉内外，覿體無私』一句，作麼生道？紅爐爆出鐵烏龜。」僧辭師，師問：「甚處去？」僧擬議，師劈脊棒曰：「者守古塚鬼。」僧罔測師打，趂出。僧參，師曰：「未到此間，與汝三十棒了也。」曰：「那裏見得。」師便打僧參。師問：「路逢達道人，不將語默對。將甚麼抵對？」曰：「盋盂峰頂浪滔天。」師拈棒，僧擬議，師打出僧參。師問：「久不見汝，因甚鼻孔缺了半邊。」僧擬議，師喝出，問一口氣不來時如何？師曰：「今日冷如昨日。」僧請益，師曰：「汝曾見甚麼人？」曰：「見石奇和尚。他道雪竇有棒不打某甲。」師便打。曰：「會麼？」曰：「不會。」師又打。曰：「他後辜負雪竇即得，莫辜負老僧石霜。」

屋老僧殘，林寒澗肅，觸境悲凉，師處之泰然。而衲子趨風，屨滿户外，真切相爲後學，實有大過人處。重修圜祖塔，請記于弘覺忞。忞閱師石霜録，擊節歎賞曰：「此龍池幻老人下行字輩中，第一翹楚也。」即序而傳之。時有當道欲爲營建土木，師慮爲居民擾，力却之卒之。僧堂、方丈洎應供堂，相繼修復，咸藉親依弟子成褫之力，間有外緣，亦出自然，不屬勉强。康熙癸卯，營壽塔于祖塔之右。工甫舉，而疾作。示寂前一日，手書遺訓，惟丁寧弘護祖庭，丕揚大法。無一語他及。九月朔。始不進食。亭午，復作書，遣僧告别曉菴昱，囑以後事。亥時，跏趺而逝。昱促裝馳至，在定已七日，顔色如生。荼毗日，雨霧昏迷，起龕忽爾開霽，經三日斂骨，竟復大雨，衆咸駭異。遂于十月十九日，奉靈骨入塔。世壽五十六，僧臘三十一，有《語録》上下卷行世。山茨際嗣

——（清）僧超永：《五燈全書》卷八十一《瀏陽石霜爾瞻達尊禪師》，《卍續藏經》第八二册，第四四一—四四二頁。

祖芳道聯

祖芳聯禪師塔銘

（明）胡濙

正統五年庚申秋八月，浄慈寺住持宗静介僧録司右覺義崇遠，謁余南宫芝軒，以其先師聯禪師示寂，而塔前之石未刻，狀其行業，屬余爲之銘。

按狀，禪師道聯，字祖芳，别號拙逸叟，四明鄞縣陸氏子也。自幼英敏不凡，讀書過目成誦，父母鍾愛之。稍長即好内典，慕出世法。甫十四歲，往遊西浙，禮崑山薦嚴悦堂顔公得度。久之，受具足戒於鄞之五臺寺。復還崑山，則薦嚴已更主席，物先義禪師一見器之，遂留侍室。而

祖芳篤意禪學，廢寢忘飧，惟務明心見性，用志精專。由是，智藏豁開，詞源湧出，隨機問答，辯若懸河，同袍無出其右者。洪武九年丙辰，隨侍佛心住持靈谷禪寺，名即震京刹。天界覺源曇公重其才識過量，延居記室，聲譽益著，一時湖海尊宿，若穆菴康公、恕中愠公、木菴聰公咸相與忘年，往復酬唱，激揚宗旨，莫不服其解脱。遂出世台之廣孝，繼遷紫籜時湖之道場，竺芳聯公尤敬慕之，禮聘之居第一座。復主麻峪景山，遷明之補陀，越之能仁，杭之淨慈。所至法席鼎盛，策勵學徒，隨機開示，各極歸趣，緇素向化，道譽爲禪林之冠。洪武壬申，淨慈燬於回祿，師首捐衣鉢，檀越樂施，不數年間，殿宇堂室，金碧交輝，非德化宏敷，曷克臻此？先是，兹寺困於賦役，師白上官，散田去税，徭役蠲除，衆賴以安。既而舉任僧録，以疾固辭。蜀王聞而賢之，遣使賜以衲衣、盂鉢。永樂四年丙戌，朝廷纂修大典，徵師爲釋總裁。以其博學通經典，纂輯有方，深沐恩寵。事畢，還山築室於寺左山麓，西湖之濱，名「藕花居」，以爲終焉之計。五年丁亥，寺之僧徒擅自披薙，逮及住持，例謫五臺。禮部尚書趙羾，以師名聞奏。驛召至京，上加慰勞顧問，至再奏稱旨，勅住五臺大佑國寺。未及陞陛，忽語左右曰：「吾世緣殆盡。」後三日，沐浴更衣，跏趺而化。事聞於上，驚愕嗟悼，勅工部備龕，命僧録司闍維。其徒奉靈骨，歸瘗藕花居之陰，而建塔焉。

師生於至元[至正]丙戌六月二十八日，示寂於大明永樂己丑七月初三日，世壽六十四，僧臘五十。性坦夷，貌嚴重，博綜典籍，洞徹宗乘，勇於荷法。凡六坐道場，闡揚宗乘，利益羣生，以道自負，不俯仰於人，而人無不敬服。禪定之餘，游戲翰墨，有《拙逸語録》行世。今宗静來京師，徵銘於余。余以爲祖芳物故已久，而嗣法者不忘，尚圖發其幽潛，欲垂示不朽，誠可謂難也矣。弟子嗣法者若干人，各闡化一方。静公今纘師之道於浄慈，咸曰師有後哉！祖芳雖亡，猶爲存也！用是，悉取狀所述而銘之。銘曰：

禪宗之學，來自達磨。明心見性，力不同科。惟師洞徹，熾談揚波。道場六座，天雨四華。策勵後學，不假撝呵。隨機開示，辯若懸河。纂修赴召，編著功多。王恩雜沓，聖澤滂沲。辭榮託疾，道譽靡加。能事云畢，奄忽結跏。嗣法弟子，雲布星羅。我銘其塔，永奠山阿。

——（清）釋際祥：《敕建浄慈寺志》卷十二，《中國地方志集成·寺觀集專輯》第八册，上海書店出版社，二〇一六年，第二〇三—二〇五頁。

杭州浄慈祖方道禪師

（清）超永

四明鄞縣陸氏子。年十四，禮崑山薦嚴悦堂顔得度。秉戒於鄞之五臺。還，侍物先義於薦嚴，有所造詣。明洪武丙辰，侍佛心住靈谷，天戒[界]曇延居記室，穆菴康、恕中愠、木菴聰咸作忘年交。後出世台之光孝，遷紫籜，及麻峪景山、明之補陀、越之能仁，末主浄慈。壬申，浄慈厄熒惑，師爲一新。蜀王賜衲衣、鉢盂。永樂丙戌，朝廷徵師爲釋教總裁。嗣還，築室湖濵，曰藕花居。丁亥，以事赴召至京，上令住五臺祐國寺。未幾［及］陞陛，忽語左右曰：「吾世緣殆盡。」後三日，沐浴更衣，跏趺而化，當己丑七月三日也。歸葬藕花居之陰，世壽六十四，僧臘五十。有《拙逸語録》行世。

——（清）超永：《五燈全書》卷五十七，《卍續藏經》第八二册，第二一九頁中。

祖芳道聯禪師 薦嚴義嗣

（清）潮音通旭

師諱道聯，號祖芳，四明鄞縣陸氏子。年十四，禮崑山薦嚴悦堂顔得度。秉戒于鄞之五臺。還，侍物先義于薦嚴，有所造詣。洪武丙辰，侍佛心住靈谷，天戒［界］曇延居記室，穆菴康、恕中愠、木菴聰咸作忘年交。後出世台之廣孝，遷紫籜，及麻峪景山、明之補陀、越之能仁，末主淨慈。壬申淨慈厄熒惑，師爲一新。蜀王賜衲衣盂鉢。永樂丙戌，朝廷徵師爲釋教總裁。嗣還，築室湖濵，曰藕華居。丁亥以事赴召至京，上令住五臺祐國寺。未及陞陛，忽語左右曰：「吾世緣殆盡。」後三日沐浴更衣，趺坐而化。當己丑七月三日也，歸塟藕華居之陰。世壽六十四，僧臘五十。有《拙逸語録》行世。

——（清）潮音通旭：《普陀列祖録》，《卍續藏經》第八六册，第六五六頁。

岐昌宏蓮

岐昌和尚行述

（民國）若嚴

師諱宏蓮，字岐昌，一字水月。本鄞縣錢氏子，以前清咸豐四年十月十五日，年八歲，從永豐庵剃落，爲安法禪師再傳弟子。安公愛師聰穎，令兼習儒學。同治九年，復從銘律師受具足戒，嚴浄毘尼，並銓空慧，間作詩歌，不求甚工，其精到處，亦入元白之室。初汽船未通，寧商以帆船杭海，懋遷於渤澥兩半島間者，曰北號；其遵太平洋而南至閩粤者，曰南號。特航路未習，恃舵爲進止。直巨風怒浪，生命財物，每託神力呵護。當發船及回櫂時，必倩僧侶虔誦《妙法蓮華經》。以安公戒行竺至，求誦者最夥，而庵亦以是裕。安公即世師之上人，正修禪師繼之。遂以歲入所餘，購置田産。迨師主庵事，以爲釋家充饒，非所以示後，凡募齋募工者，悉如量以予，而已則率其徒屬，敝衲粗糲以自給。以是方内外人，咸信重之。是時，湘潭寄禪、慈雲兩尊宿方主天童、七塔兩名刹，寄公以詩名，而慈公以道行。慈公年八十有四，先寄公二年圓寂，授衣鉢者四十九人，强半飭行敦學，貫澈教相，而雅量弘度，容接世出世間，和夷無逆，與本師相心印。能趾前烈者，則咸以師稱。慈公之興七塔寺也，或遭齮屹，必招師解釋。師既以其上人所置田三十餘畝資寺中爲齋糧，或復有匱乏，又藉師使通有無。光緒季年，學部定僧教育會章程，知府所轄，得設分會，寄公爲寧波長興學校設會所，出納之款以屬師。是兩尊宿刱始之事，師實爲之助。慈公示寂之次年，師嗣席七塔寺。其年冬，共和初建，改僧教育會爲佛教總會，分會爲分部。寄公長總會，羣推師長分部。凡兩尊宿未竟之業，師又爲之繼。六年冬，僧校改辦佛教孤兒院，師與慈谿陳公屺懷當選爲院長，收養七十餘名孤兒，施以教育，其經費悉由院籌集。師嘗叩於鉅商碩士之門，得數百金，以活孤兒焉。時師年六十有四。又應諸山長老請，立三寶經房，流通佛經，任師以總裁職。惜未諳商務，爲偷漏者十有八九，坐是虧款頗鉅，致嬰疾病圓寂，實舊曆屠維協洽之歲，八月二十三日。世壽六十有六，僧臘五十有八。

師初主七塔寺，寺外之浮圖七，自燬於咸同兵燹以後，尚未復舊觀。至是，師募金重興之，使古迹巍然長存於人間。四方善男信女之來禮拜者，方祝師壽無疆，而師遽入涅槃，輒爲哀悼不置云。師有法徒十八人，法孫十六人，剃徒二人，徒孫三人。及圓寂，永豐庵法徒善定爲治喪事，偕待仗、成法、常静、念性等奉龕權厝於鄞南麗山之麓，俟擇向利入塔。師性亢爽，喜與學士文人交，縱論今古事，永朝夕不少厭。好遊，之楚之蜀之吴越，足迹半天下。晚年又偕其門人太虚適台灣演講教乘，東京人士聞風來聽講者，日有百數人。師之德行，入人之深，於此可推知矣。師所著作，如《崇壽語録》《水月詩稿》《永豐文集》均未刊行。

當師與陳公之創辦佛教孤兒院也，若嚴適卒業師範，遂命助理籌備諸事。及成立，以若嚴主任教育。若嚴方感知遇，孰料師竟溘然西逝。自今而後，若嚴與七十孤兒，當惟陳公是賴矣。謹就所知者，爲述行次如右。

——若嚴：《岐昌和尚行述》，《海潮音》一九二〇年第二期，第一〇—一二頁。黄夏年主編：《民國佛教期刊文獻集成》，中國書店出版社，二〇〇八年，第一四七卷，第三二〇—三二二頁。

寧波七塔寺岐昌老和尚八十冥壽徵詩文啓

（民國）太虚

寧波七塔報恩崇壽寺岐昌老和尚，爲太虚之授經師。本年夏初，展禮授經故居永豐寺，距師圓寂垂十年矣。寺由師再傳法徒妙安住持，已焕然一新，求師之手迹遺文而不可得，爲悵然久之！頃師之法子七塔寺方丈本舟和尚等，以本年十二月二日（即古曆十月十五日）爲師八十冥壽之辰，將於七塔寺禮佛稱慶。顧太虚雖以八指頭陀之介，親炙於師者幾二年，亦祇識得師無疾言，無遽色，温文爾雅，恭穆淵懿之品德而已。於師生平事迹，殆茫然其未有知。無已，姑摭采所傳聞者以述之。

師鄞縣江東錢氏子，幼作沙彌於永豐寺，讀書塾中，與故邑紳董淡生等同窗，咸歎爲弗如。詩文學六朝而能端莊，書法趙松雪而委媚中有蒼勁氣，故甬中文學士靡不推重。具戒後，與八指頭陀閑法師等爲友，乃於宗禪教理亦深入玄奥，尤擅音聲佛事。遜清光緒間，川、湘、蘇、皖遥及晉、冀之修建水陸道場者，皆禮聘師爲内壇正表，師以之遍遊長江、黄河流域，朝四峨、五台，登覽衡、匡、金、焦諸勝。若夫普陀、雪竇、天台、天竺、天目、天童之近在浙東西者，更不待言。因此遐邇識與不識，皆慕水月法師名，水月乃師之别號也。全國知名佛教緇素之詣四明者，必造訪師居。師乃能潛隱斗室中，遍參當代之善知識，德望亦以日隆。

師一生功業之犖犖大端：首爲輔佐且繼承慈運老人之中興七塔。舊名栖心，明時分南海之燈，曰補陀寺，至清季頹廢已久。師既嗣法慈老，以慈老自天童、雪竇退而住持七塔，新立叢林規制，僧衆雲集，饔餐維艱。師既慨然斥永豐寺所有田充七塔齋糧，於是七塔寺始稍有恒産，漸蔚成與天重、育王鼎足而三之一大刹。宣統二年，慈老示寂，顧其時，内既絀財而外又多故。慈老嗣法數十人，咸以非師不足繼承慈老以竟中興鴻業，師不獲辭，撑柱其間者數年，遂安奠七塔之基石，迄今蒸蒸日上而未已。次爲輔佐且繼承八指頭陀獲弘佛教。光宣至民初間，八指住持天童，適值全國提僧産興學校之風起時，各地設僧教育會，爲護持教産弘揚佛化之圖。八指身任全甬、全浙以至全國之重，而根據地之寧波則多藉師臂助。民元，八指辭世，寧波之僧教育會改組爲中華佛教總會分部，既舉師爲之長，凡七八年。今甬中佛寺僧業之盛冠全國者，師與其力。而寧波之佛教孤兒院及三寶經房，亦師之手創而垂續迄今者也。師詩筆俱富，而書札尤精妙，身後盡蕩然無存，使今日已無可徵録以傳後者，斯則最堪遺憾者也！第師之學行粹美，德業俊瑜（編者注：俊瑜，《太虚大師全書》作「後瑋」），固昭然照耀丹山赤水間，常與如來寂光同其金剛不壞，豈惟足以壽世而已哉！

民國二十二年十月二十五日，受經學人太虚拜撰

——《觀宗弘法社刊》，一九三四年第二四期，第八七—八九頁。參見太虚大師全書編委會：《太虚大師全書》第三三卷《雜藏·文叢三》，宗教文化出版社，二〇〇五年，第二〇五—二〇七頁。

岐昌退居之祭文

（民國）圓瑛

唯民國八年歲次乙未，九月己酉朔，越十三日辛酉，乃迎龕之辰也。弟宏燦洎法眷大衆等，謹備齋筵香茗燭帛之儀，致祭於本寺退隱岐昌蓮公法兄老和尚之靈龕前。曰：

明州鬱鬱，甬方洋洋；古稱佛地，法化彌彰。
我兄應迹，慧日輝煌；童真入道，戒定芬芳。

入報恩室，心印舒光；得正知見，解行翼張。
慈悲作室，智慧爲糧；方便普濟，宏願難量。
佛教秋晚，波旬逞狂；與吃閣黎，協力贊襄。
悍勞忍苦，降魔伏怨；興學衛教，濟物有方。
利生念切，普駕慈航；何期一旦，哲人云亡。
神棲安養，托蓮花鄉；法幢頓折，緇素感傷。
法門今後，孰爲金湯；興念及此，涕淚成行。
慈雲西返，虔爇瓣香。
伏惟尚享！

——釋本性主編：《圓瑛大師全集》第六卷，宗教文化出版社，二〇一六年，第三四六—三四七頁。王志遠主編：《圓瑛大師文匯》，華夏出版社，二〇一二年，第一四三—一四四頁。

岐昌傳

岐昌，字水月，邑錢氏子，自幼剃度于永豐庵。庵産頗豐，歷來主者取以自私，至岐昌主庵事，改祖傳爲法傳，并割良田百畝與七塔寺充給衆僧之粮，尤稱高德。性沉潛，善持精修法典，不形言語。爲稚僧時，常从江東董氏塾讀書。書法工整，詩亦清正，一時有才僧之目，然不自多，灑然遠俗，勿爲名累。其主天童、七塔，也能繼敬安、隆安遺志。敬安嘗云：「甬上真和尚，岐昌一人而已。」其爲長德推重如此。寧波之佛教孤兒院創議自敬安，成立之功則岐昌爲多云。

——（民國）張傳保修，陳訓正、馬瀛纂：《鄞縣通志》五十一編《文獻志一》，民國二十四年（一九三五）至一九五一年寧波鄞縣通志館鉛印本。《天一閣藏曆代方志彙刊》第三〇〇册，國家圖書館出版社，二〇一七年，第六二七頁。

道階宏戒

道階老法師頌

（民國）諦聞

法師道高德隆，資深望重。緇林耆宿，白社高賢，南山而後，罕有倫匹。承天台之家法，傳三觀之妙諦。辯如羅什，學似玄奘；說法則天花亂墜，談經則頑石點頭。苦行卓越，道俗咸欽。講筵數十次，皈依者萬人。中興法源古寺，重振北刹宗風。育僧才，衛教産。衆生無盡，我願無窮。以古稀之年，猶爲法宣勞。拄杖一條，百重煙水；參禮佛迹，搜訪遺經。天不慭遺，中途遽逝；功雖未圓，願堪謳頌。頌曰：

衡山蒼蒼，湘水泱泱。法師之風，山高水長。

——諦聞法師：《諦聞塵影集》，炎黄文化出版社，二〇〇八年，第四三—四四頁。

道階法師星洲宏法之盛會

（民國）寬度

道階法師提倡大乘法

建議創辦星洲佛教圖書館

星洲晉江會館蕭志來、莊丕唐、李應楠、劉維卿諸君，以此次北平法源講寺住持和尚道階老法師赴仰光開世界佛教大會，路經星洲候船，即召集諸善信人士，在晉江會館開佛學演講會。聽講者達三百餘人。首由莊君丕唐摇鈴開會，推轉道老和尚致歡迎詞，並翻譯泉州話，王巖濤居士翻譯廣府話。法師早已於提前一日，草一篇講題大綱，付印一千張，當場分贈諸聽講人士。

佛理本微妙高深，法師只隨機説法，闡明釋迦牟尼佛所以能爲三界導師、四生慈父，具萬德莊嚴，爲世出世間稱爲世尊者，因其學説見解高超，勝于一切科學哲學萬萬。（記者謹按：菩薩當於五明盡學之五明，即内明、因明、工巧明、聲明、醫方明。已包括世間萬有科哲諸學）而佛法有大乘法、小乘法之差别，自釋迦世尊談經三百餘會，度衆恒河沙數後，西天東土歷代祖師菩薩善知識之宏宗演教，皆注重於大乘法之灌輸。立四宏誓願，修六度萬行，以冀證四智菩提果，則不特人類獲和平安樂之福慧，且可超凡成聖，得究竟快樂也。法師對與孫中山先生之學説，亦喜爲稱述，以其有犧牲精神，建設願力。又甚注意星洲人士，能創辦一佛教圖書館，俾大衆明了人生觀和宇宙之真諦，并希望此行到仰光、錫蘭、印度諸勝地，所倡設之佛教圖書館，能早日實現於世，使大地衆生皆得佛學，離苦得樂，轉迷成悟，而各種慈善、各種公益事業，亦日臻完善。凡演講兩小時之久，聽者皆大歡喜。閉會後，肅來賓登二樓用茶點，致十點餘鐘，乃盡歡而散。

——寬度：《道階法師星洲宏法之盛會》，見黄夏年主編《民國佛教期刊文獻集成》，中國書店出版社，二〇〇八年，第一七二卷，第二七四—二七五頁。

道階法師簡傳

（民國）圓瑛

道階（一八七〇—一九三四），近代僧人。俗姓許，湖南衡山人，别號八不頭陀。幼年聰明過人，童年即茹素。二十歲時，禮衡州智勝寺真際和尚剃度出家。此後又于永興龍角山修學。一八九五年首次開講《法華經》，旋山寺住持。一九〇二年起，先後在寧波天童寺、七塔寺等開講《楞嚴》《法華》《彌陀便蒙鈔》等。後復周遊世界，到過印度及南洋各地。一九一一年冬任北京法源寺住持。一九一二年秋任中華佛教總會首任機關部理事長。一九二〇年主修《續高僧傳》。一九三四年圓寂於南洋怡保三寶洞。著作有《注心經玄義》詳略各一卷。

——明暘主編、照誠校訂：《重訂圓瑛大師年譜》，中華書局，二〇〇四年，第一一頁。

筆者注：標題爲筆者所加。

圓瑛宏悟

《圓瑛大師年譜》節録涉七塔禪寺事

釋本性

一九〇六年　丙午　清光緒三十二年　二十九歲

六月，在寧波七塔報恩寺[1]，拜謁慈運老和尚，親承法印，傳臨濟正宗爲第四十世，法名宏悟。

[1] 圓瑛法師接法傳臨濟正宗第四十世，傳承法系：

寧波七塔報恩寺

正法源流

夫求法者，不可以身求，不可以心求。不從佛求，不從法求，即無所求，即無所得，是爲正求，是爲正得。教外立旨，天人罔測。迦葉微笑，如來印可，西天四七，東土二三，皆默契而得，百千法門悉從此出。恒沙功德，本自具足。恭唯我本師釋迦如來，昔在靈山會上，拈花示衆，衆皆默然，唯迦葉尊者，破顔微笑。

世尊曰：吾有正法眼藏，涅槃妙心，實相無相，微妙法門，不立文字，教外別傳，付囑於汝。是爲西天第一代祖也。由是心心相印，燈燈相續，二十八傳至菩提達摩大師航海而來，是爲東土初祖。祖于少林，面壁九年，法傳慧可大師，可傳僧燦大師，燦傳道信大師，信傳弘忍大師，忍傳惠能大師，能傳南嶽讓，讓傳馬祖一，一傳百丈海，海傳黄檗運，運傳臨濟義玄禪師。玄爲臨濟正宗第一代。

義玄傳興化存獎，獎傳寶應慧（順）［顒］，（順）［顒］傳風穴延沼，沼傳首山省念，念傳汾陽善昭，昭傳石霜芝圓，圓傳楊岐方會，會傳白雲守端，端傳五祖法演，演傳圓悟克勤，勤傳虎丘紹隆，隆傳天童曇華，華傳密庵咸傑，傑傳臥龍祖先，先傳（經）［徑］山師範，範傳雪岩祖欽，欽傳高峰原妙，妙傳中峰明本，本傳千岩元長，長傳萬峰時蔚，蔚傳高藏普持，持傳東明慧昰，昰傳海舟普慈，慈傳寶峰明瑄，瑄傳天琦本瑞，瑞傳絶學正聰，聰傳月心得寶，寶傳禹門正傳，傳傳密雲圓悟，悟傳林野通奇，奇傳無礙行徹，徹傳紀安大經，經傳悟性源達，達傳界清遠信，信傳雲光化正，正傳純經導琇，琇傳普洽英皓，皓傳慈雲靈慧。慧傳：

我今將此正法眼藏傳汝宏悟爲臨濟正宗第四十世法嗣，汝當善自護持，毋令斷絶，聽吾偈曰：

一九〇六年六月吉旦

林野奇祖法派

行大源遠　化導（化）［英］靈　弘戒定慧　宗正傳燈　真如法界　本無所能　了空妙悟　菩提心生　光揚祖道　有德同賡　千賢萬聖　永繼培增

寧波七塔報恩寺

慈運法師(一八二六—一九一〇)號靈慧，又號皈依。湖南湘潭朱氏子，兄弟三人，法師次仲。十八歲于福田庵出家爲僧，受具足戒。道光年間至浙江，謁普陀觀音大士。咸豐時至四明，居接待寺。同治癸亥，遷萬善寺。後傳雲龍寺廣潔皓公之法，爲臨濟宗第三十九世。甲戌主天童寺，逾三年，仍還萬善寺。最後主寧波七塔寺，自光緒庚寅迄宣統庚戌，凡二十年。宣統二年八月廿九日圓寂，遺骨葬于天童玲瓏岩下，享年八十四歲，僧臘六十六。法師終身宣臨濟之教，主持名刹，培育僧材，弟子中以玉忠等四十八人著名，宗風遠播海外。今四明天童、育王、雪竇等寺主事僧多師之門弟子也。

慈運老人嗣法門人：

賢兆　轂菴　道亨　蓮生　道階　覺圓　玉忠　果如　介石　妙宗　常西　悉凡　岐昌　達光　體賢　錦西　行規

青幹　圓瑛　甫照　月波　本來　自真　顯慧　慧源　智圓　嵩晙　薙徒　甫陰　友法　了善　静修　龍海　樂道　如意

了埃　甫融　蓮芳　澄溪　續源　道清　光明　溥常　僧晉　一禪　演化　法光　父海　蓬萊

慈雲慧傳　第四十三支

報恩堂上第二代正宗四十世，

字圓瑛，名宏悟，號韜光。

法嗣：

一、義明戒智　二、靈光戒寂　三、法源戒定　四、頌萊戒定

五、善悟戒本　六、慧源戒法　七、煉成戒珠　八、明暘戒先

圓瑛題。

——釋本性主編：《圓瑛大師全集》第七卷，宗教文化出版社，二〇一六年，第一二—一五頁。參見可祥主編：《栖心圖書館聚珍輯刊（第一輯）》（上）《七塔報恩寺宗譜·正法源流》，上海古籍出版社，二〇二〇年，第二七一—二七二頁。

一九〇八年　戊申　清光緒三十四年　三十一歲

夏，大師以某寺財産糾紛，開罪寧波官府，被拘禁於縣衙。太虚致函寄禪和尚，仗義執言，怪其不爲營救，語涉過激。寄老接信後很生氣，即來七塔寺，對太虚面施呵責。

秋，與太虚、棲雲①同襄助寄禪老法師，大師輔佐寄禪長老，力拒伊藤賢道，呈文浙江巡撫聶仲芳，請自興僧學，組織僧教育會，此爲我國有僧教育會和僧學校之始。寧波（府屬）僧教育會②。

①棲雲：俗姓李，湖南人。弱冠出家，嘗從寄禪參學，歷數年。後去日本留學，加入同盟會。

②戊戌變法後，清廷廢科舉，興學堂。各地教育部門，每藉口經費無著，提僧産充學費，假僧舍作學堂。日僧水野曉梅、伊藤賢道等人乘機來我國，鼓吹中國寺僧受其保護，杭州三十餘寺歸投真宗之本願寺，（通）［遇］事即由日本領事館出爲維護。事發，清廷乃有保護佛教，僧衆自動興學，自護教産，另立僧教育會之明令。浙江之寄禪、松風、華山，江蘇之月霞，北京之覺光等人，遂有先後興學之創舉。

——釋本性主編：《圓瑛大師全集》第七卷，宗教文化出版社，二〇一六年，第一七頁。

一九一〇年　庚戌　清宣統二年　三十三歲

三月，於寧波七塔寺講《金剛經》①。

五月，寄禪長老到接待寺，勸大師回天童。因作《接待寺納涼感舊，並促圓公還天童二首》②。

① 圓瑛寧波七塔寺上堂講《金剛經》，法語見《住持禪宗語録》。

② 寄禪《接待寺納涼感舊，並促圓公還天童二首》：

到此清涼境，能消熱惱心。如何明月夜，勝我碧松蔭。

品竹思前事，聞蟬憶舊吟。卅年一彈指，兩鬢雪霜侵。

圓公吾舊侶，曾掩萬松關。一別玲瓏石，長辭太白山。

岩花空自笑，莳草共誰删。便欲運神力，攜君天際還。

——釋本性主編：《圓瑛大師全集》第七卷，宗教文化出版社，二〇一六年，第一八—一九頁。

一九一九年　己未　民國八年　四十二歲

九月十三日，岐昌法師圓寂，是日撰《岐昌退居之祭文》③。

③圓瑛《岐昌退居之祭文》，見《一吼堂文集》。

——釋本性主編：《圓瑛大師全集》第七卷，宗教文化出版社，二〇一六年，第二八—二九頁。

一九二〇年 庚申 民國九年 四十三歲

十月，在寧波七塔寺講《無量壽經》。

——釋本性主編：《圓瑛大師全集》第七卷，宗教文化出版社，二〇一六年，第三一頁。

一九二九年 己巳 民國十八年 五十二歲

四月，當選爲寧波七塔報恩禪寺①住持。作上堂法語②。又作《寧波七塔報恩禪寺進院二首》以勉衆僧③。

①寧波七塔報恩禪寺，位於浙江寧波市江東百丈街，地處寧波市内，爲浙東四大叢林之一。始建于唐大中十二年（八五八），由唐代任景求舍宅爲寺，名東津禪院。敦請天童寺心鏡禪師主持。不數年，有軍卒白晝闖入，禪師安坐自若，神色不變，衆軍卒驚懼，作禮而退。群紳旌表師德，故名曰栖心寺。宋大中祥符元年（一〇〇八）再賜名崇壽寺。明洪武二十年（一三八七）將昌國寶陀寺内遷，改寺名爲補陀寺。清康熙二十一年（一六八二）建造寺前七浮圖，故俗稱七塔寺。光緒十六年，慈運法師住持本寺，重修殿堂，梵宇一新。一八九五年慈運法師進京請藏經，蒙賜額七塔報恩寺。慈運長老弘傳臨濟宗，有四十八法嗣，遍及全國。太虛、弘一等大師均曾蒞寺駐錫講經。七塔寺大雄寶殿所供奉千手觀音像，爲明代湯和内徙普陀山寶陀寺時，

將原寺的觀音像迎請於此。七塔寺現存古迹文物還有：唐心鏡禪師之塔，北宋時一大銅鐘、南宋嘉定十一年鑄大銅鐘各一口，明代古槎一座，清光緒二十年湘刻五百羅漢，清龍藏一部等。

②圓瑛《寧波七塔報恩禪寺上堂法語》，見《住持禪宗語録》。

③圓瑛《寧波七塔報恩禪寺進院二首》，見《一吼堂詩集》。

——釋本性主編：《圓瑛大師全集》第七卷，宗教文化出版社，二〇一六年，第五九—六一頁。

一九三五年　乙亥　民國二十四年　五十八歲

是年爲籌組寧波僧伽救護隊，大師莅寧波七塔寺。時七塔寺報恩佛學院主講諦(閑)［聞］法師與方丈指南和尚不睦，諦(閑)［聞］法師欲提辭職。學僧見到老院長惠臨，人人欣喜若狂，堅邀講話。大師一進教室，滿面笑容謂諦(閑)［聞］法師云：「莘莘學子孜孜學習，爲佛門未來棟樑，此爲汝園丁辛勤勞動之成果，余代表學院向座下致敬。」全體學僧熱烈鼓掌。諦閑［聞］法師之怨氣，頓時消釋。學僧請老院長講故事。大師云：余以《四書》爲題，《四書》有成語，每句均有先生兩字：「先生何爲出此言也？先生以仁義，先生之志則大矣。先生以利，先生之號則不可。從先生者七十人，未見其與先生並行也。」老院長正説至此，衣鉢侍者入教室，請衆齊集法堂用齋。于過堂時，仍請老院長續講，大師拿起筷子，指桌面云：「有酒食，先生饌，待先生如此其忠且敬也，先生將何之？」妙語如珠，引起滿堂大笑。方丈與諦（閑）［聞］法師亦均莞爾，芥蒂遂除。

——釋本性主編：《圓瑛大師全集》第七卷，宗教文化出版社，二〇一六年，第九五—九六頁。又見明陽主編，照誠校訂：《重訂圓瑛大師年譜》，中華書局，二〇〇四年，第一二五頁。

一九五〇年　庚寅　七十三歲

十月，大師與妙真、志恒等人於《弘化月刊》發表《爲維護四明名刹天童、育王、七塔寺修法設位籌募道糧啓》①。

四明爲佛法興盛之地，而天童、育王二寺，蔚爲浙東名刹。千載以還，代有高人。禪堂講席，暮鼓晨鐘。經樓靈塔，精藍名勝，夙爲我佛教同人所景仰嚮往者也。七塔寺亦重要十方叢林，近一年來，以地鄰舟山，兵災特重。除育王房舍毁損較多外，所幸殿宇古迹，均尚無恙。僧侣多係數十年往山清修之衆，勞動修持艱苦維持之狀，言之至堪動人。天童除七八十齡之耆德四十餘人專精修養外，余均分任農作、樵采、運販三組，辛勤力作，而不廢早課晚禪。任勞作者得一餐乾飯，余均三餐薄粥而已。如此刻苦勞動，僅得一半開支因尚未分得自耕之田，目前自種者僅三十

① 圓瑛、妙真、志恒等《爲維護四明名刹天童、育王、七塔寺修法設位籌募道糧啓》，見《弘化月刊》。

餘畝，而樵薪所得甚微故也。目前天童住僧二百三十餘人，育王一百五十人，七塔一百六十人。預計須待半年後，土改完成，均得從事農作，及希工商各業好轉時，則可自給自足。此半載中，須補籌白米三百石，則此三大叢林五百餘衆，庶克刻苦清修，勉度難關。此其實際情況也。

同人等竊思：欲期佛教昌明，正法久住，則於名山道場之維護，清修僧伽之供養，自是當務之急。況此三大名刹，馳譽遐邇，自昔聞風景仰，遠道朝禮者絡繹不絕。今則目睹其辛勞終日，不得一飽之艱困，而有不慨施浄資供養維護者乎？凡吾同道，固多布金輸粟之士，即景仰名山心懷嚮往者，亦必能節朝禮之資，用作當機福田之施也。用特披陳實情，發起籌募，仰祈海内同倫，共培勝因。務期香積早充，道量無虞。三寶紹隆，四生普佑，法界衆生，同增福慧！

發起人

李思浩　方子藩　釋妙真　樂慧斌　釋圓瑛　董杏生　釋志恒　趙朴初　黄涵之　鄭頌英

等同謹啓

——釋本性主編：《圓瑛大師全集》第七卷，宗教文化出版社，二〇一六年，第一九〇—一九一頁。

國内佛教界悼念簡訊·寧波（一九五三年九月）

寧波：七塔報恩寺爲追悼圓公，於農曆八月十五日，由顯宗法師領全寺僧侣禮誦普佛，並在蓮座回向三天。

——釋本性主編：《圓瑛大師全集》第七卷，宗教文化出版社，二〇一六年，第二三三二頁。明暘主編，照誠校訂：《重訂圓瑛大師年譜》，中華書局，二〇〇四年，第三〇三頁。

一九五三年　癸巳　七十六歲

九月，國内佛教界悼念簡訊·寧波：七塔報恩寺爲追悼圓公，於農曆八月十五日，由顯宗法師領全寺僧侣禮誦普佛，並在蓮座回向三天。

——釋本性主編：《圓瑛大師全集》第七卷，宗教文化出版社，二〇一六年，第二三三二頁。明暘主編，照誠校訂：《重訂圓瑛大師年譜》，中華書局，二〇〇四年，第三〇三頁。

指南戒利

指南大師塔銘 傳臨濟正宗第四十一世看經中興指南利公藏真舍利之塔

（民國）奉化王宇高敬

師名戒利，字指南，又字仲法，邵陽李氏。年十九出，從志高上人學佛，受其戒。與尊美指月、無凡高安、豁生邇西諸長老游，講貫經論，參證禪理，日夜静勤同懈，尤以戒律之高，爲湘衡僧衆欽爲。清宣統初，自江而下，渡海來四明，止乎七塔報恩寺。時慈運老人方主七塔，一見器之，師遂留。相寺事凡八載，首座僧晉以法印傳之。民國五年，住持普照看經寺，自被火，敗漏不可居久矣。師發大誓願力，勤興造，凡二十載，殿宇像設，凡舊之所有者，罔不具其莊嚴，且倍過古初，於是稱爲鄞南名刹矣。二十五年，主席七塔，日汲汲以飭寺規、治佛學院者凡三載。嘗自戒，唯恐一息少懈，有負本師傳法之教也。既者，退居看經，會東夷入侵，淪胥之禍，民不堪命。師憫之，出養老及塔塋之貲，爲糜粥以食餓。鄰有孤兒，一周姓，一蘇姓，收而育之，寺中誨教尤勤，俾有就立。三十六年二月二十日，師含笑圓寂，年壽六十二，爲僧蓋四十有四歲。爲適三載，其徒觀成輩，始克營塔于鄞東童岱之庚山嶺，以遵師遺命也。初，師興造看經寺，既畢功，以寺舊有徐畹所編志稿未完成，且殘蝕貽盡矣，乃屬余增編續之。余因是數數造寺，爲放其故。師之生平行誼，余亦熟知，而益重之。然余自背離鄉井入蜀，不得歸十一載矣。今方歸，觀成以師之遺命，屬銘其塔來告。嗚呼！余方念師，師乃竟已先逝矣，復何敢辭而不爲之銘哉。遂銘曰：

空而不空自有真，起殘興廢萬古新，庚山松柏簇如春。

中華民國三十八年四月　日

法徒明峰、浄蓮、悟道、妙安、智度、碧峰、瑞滄、曉峰、觀成

法孫野棲、清智、覺品仝敬立

胡熙敬書

——塔銘存賔同村庾山嶺庾山寺七塔禪寺塔院

指南老和尚之像贊

（民國）仁山

德大體豐，言謙行實。恥時人之競名貪利，故甘隱居有蘭若之静室。世事空花，早已洞悉；衆生蠢擾，覷同褌蝨。惟道是謀，不矜不術；三業清修，冰霜其質。濁世之優曇鉢花，樂園之彌陀輔弼。問師終日何爲？屏息諸緣，一心念佛。

——仁山：《指南老和尚像贊》，黄夏年主編：《民國佛教期刊文獻集成》，中國書店出版社，二〇〇八年，第一六五卷，第一〇七頁。

佛教之根本辦法

（民國）指南

居今日而言佛教，如重病人只存軀壳而已。有志之士，靡不曰人才缺乏，紛紛設立佛學院、研究社，及普勸學佛念佛，爲救濟之惟一方法，意誠善矣，然究非根本解決之道。如醫師治病，只得病源之一部分，未得病之絶大根株。諸方並進，一部分非不似起色，而種種病根，潛滋内伏，究未能盡起沉疴。須知今日佛教，有三種極重病根，起源於罷免僧試，流入濫收徒弟，濫傳戒法，實爲佛教腐敗之基。其餘小病，如患疥瘡，偏體蔓延，無從醫治。既知病根所在，非對症服藥，萬不能恢復健康，爲强有力之身體。三種病根之内，最難治者，莫過於濫收徒弟。爲今之計，先將難治者設法治之，餘病自可迎刃而解。我國大小庵廟，不計其數，莫不忻忻然以徒屬衆多爲榮。一見有人出家，不問其宗旨、學問，抱定來者不拒之心，爲常住興隆之計，一經披剃，即送往求戒，師之責任，遂告於了，從此任其所之，成龍成蛇，概不復問。今一旦禁勿濫收，談何容易！惟有借重考試，以杜倖進之機。考試之法，先於各省各縣設立佛教會，首都設立佛教總會，集合全國住持，議定開壇傳戒叢林，每省不得過三處以上，依《梵網》律儀，重訂傳戒規章。通令各縣佛教會，轉知所屬庵廟，求戒弟子先送縣會，定期聚集考試經、律兩學，是否得有根底，分别去留。送請全國總會，嚴加甄别，果能及格，給予求戒證明，持赴求戒叢林，求受戒法。無總會證明，未得總會送交者，不准收授。戒期至少一年，必使新進通曉律法，以植根基；再赴佛學院，或研究社，學習經典五年以上。嗣後宏化自修，分工合作，坐道場以問世。學有淵源，既自利而利他，功歸實際。斯時佛教之病根已去，全國無不學僧伽，社會人士將對於佛徒，恭敬之不暇，更何能卑鄙薄視，恣爲無禮之談？佛教之興，可操左券。倘不亟起直追，徒作呻吟狀態，危險即在目前。我佛教有力諸公，盍其興起！

——《觀宗弘法社刊》，一九三二年第一九期，第六—八頁。黄夏年主編：《民國佛教期刊文獻集成》，中國書店出版社，二○○八年，第二二卷，第二四—二六頁。

月西祥麟

月西法師塔銘

張秉全

師諱月西，温嶺高氏子，生於一九一四年十一月。年十一，從蘇州定光寺静安上人披剃。十四歲，入厦門南普陀佛學院就讀，十九歲畢業。翌年，依温州護國寺萬定和尚受具。廿三歲，任慈谿金仙寺監院。師與亦幻上人籌措藥品糧食，支援抗日義師，不遺餘力。三十一歲，任寧波延慶寺監院，卓有茂勣。一九五五年，寧波佛教協會成立，師任會長，領導全市僧尼，創辦佛教布廠、佛教縫紉工廠，衆多僧尼，賴以自給。一九五七年，師任延慶寺方丈。十年動亂，師處逆境，信念彌堅，創設四明紙盒廠、五星被服廠，領導僧尼共度患難。撥亂反正後，師重修七塔寺，宵旰忘倦，積功十稔，千年唐刹，重恢舊貌。一九八四年八月，師任七塔寺方丈。百廢俱興，其修寺之功，堪與中興七塔寺之慈運慧祖，先後輝映，並垂不朽！建國以還，師歷任省市政協委員、中國佛協常務理事、浙省佛協副會長、寧波市佛協會長，愛國護教，功德巍巍。癸酉年二月初八圓寂，世壽七十九，戒臘六十。銘曰：

愛國護教，志篤行剛，重修七塔，殿閣輝煌，吾師功德，百世流芳。

菩薩戒弟子四明張秉全撰　張性初書

——碑存五磊山月西法師塔墓，一九九三年立。

第二章　法語

拳石沃

寧波七塔補陀拳石沃禪師 摘録

（清）超永

揚之通州葛氏子。僧問：「如何是你有拄杖子，與你拄杖子？」師曰：「光影俱忘仔細看。」曰：「如何是你無拄杖子，奪却你拄杖子？」師曰：「別有靈光照膽寒。」曰：「恁麽則『富嫌千口少，貧恨一身多』也。」師曰：「你作道理會那。」（浮石賢嗣）

——（清）超永：《五燈全書》卷七十七，《卍續藏經》第八二册，第四〇三頁中。

釋迦文佛 摘録

（清）迦陵性音

補陀沃云：「者魔王具什麼眼，敢恁麼道？」

——（清）迦陵性音：《宗鑑法林》卷一，《卍續藏經》第六六册，第二八〇頁上。

自天育

明州補陀自天育禪師 摘録

（清）超永

晚參：「薄福住補陀，家常事事無；　僧堂名不二，少炭漫開爐。不用煖處商量，貴在當陽拋出。」且道：「火種在甚麼處？」驀舉拂子曰：「喚作火燒殺你，不喚作火凍殺你。」示衆：春回大地雪漫漫，莫作尋常景致看；　指出箬山頭已白，人間疑是玉龍皤。顧左右曰：「莫受人瞞。」退院示衆：千丈巖前浪潑天，三山雲接箬山連；　海門風急潮回晚，收拾絲綸過别川。横擔拄杖，下座。（拳石沃嗣）

——（清）超永：《五燈全書》卷九十七，《卍續藏經》卷八二册，第五六三頁上。

虚雲古岩

《虚雲和尚自述年譜》摘録

光緒二十四年（一八九八年）戊戌　五十九歲

春初在阿育王寺。因寧波七塔寺鑄大鐘，（歸）［皈］依老和尚、本來和尚請默庵法師講《法華經》，來阿育王寺請予附講，遂往寧波七塔寺。經畢，往宜興銅棺山，結茅蓬過年。

——虚雲：《虚雲和尚自述年譜》。見浄慧主編《虚雲和尚全集》第五册，中州古籍出版社，二〇〇九年，第二九頁。

七塔寺佛誕日請上堂 光緒二十四年戊戌在寧波崇壽寺

升座，拈香畢，斂衣就座。上首白椎云：「法筵龍象衆，當觀第一義。」執拂子云：「年年有個四月八，人人盡道生悉達。惹得雲門不肖兒，白棒無情要打殺。且道釋迦老子過在什麽處？雲門意作麽生？衆中還有檢點分明者麽？」

僧問：「世尊畫蛇添足，雲門雪上加霜，未審和尚如何？」師便打。

進云：「正是雪上加霜。」

師云：「擔枷過狀。」

問：「佛未出世時如何？」

師云：「一鏃撩天。」

進云：「出世時如何？」

師云：「四楞著地。」僧擬議。

師打云：「天上天下，惟吾獨尊。」隨云：「覿面風雷白浪翻，滿盤璀璨寶珍珠。當機托出難酬價，終不和沙賣與人。」

上首白椎云：「諦觀法王法，法王法如是。」下座。

七塔寺講經期齋主請上堂

釋迦如來，此時此刻在柱杖頭，放光動地，宣説《大佛頂首楞嚴經》，即今諸仁者還見聞麽？若道有見有聞，未離常情；若道不見不聞，又成斷滅。且道如何出此斷常二見去？若會得此事，隨緣度日，任運逍遥；若其不然，借柱杖子通個消息。門前七塔，元是《楞嚴》；千手觀音，全身佛頂。三聖妙相，豈離密因？正恁麽時作恁麽生？若道有見，《楞嚴》、佛頂、密因，是何相貌？若道無見，七塔、觀音、三聖，俱在目前。將恁麽出得有無二見去？會得即今講經期，主伴交參，盡是修證了義；崇壽寺中，經行坐臥，無非萬行真因。方能上報不報之恩，下化不化之德。

今有三寶弟子某來寺進香，遇此開經良辰，植福延齡，請法飯僧。且道慶贊一句，作恁麽道？良久云：梆聲高唱三輪寂，鉢色全含五觀心。

七塔寺講律聽衆設齋請上堂

拈柱杖云：

佛慈垂化示三身，開權顯實露天真。若能言下契斯旨，何必添泉月入瓶？所以昔日盧行者薙發，受智光律師滿分戒，正謂富嫌千口少；高沙彌知這般事便休，所謂貧恨一身多。今日崇壽七塔寺，四衆雲集，聽講戒經。須知戒性如虚空，持犯非言道。如天普蓋，似地普擎。富者得之而不驕，貧者得之而無乏。向這裡直下知歸，穩坐没底船，直達菩提岸。如或不然，五篇三聚從頭説，黄葉金錢君自看。今諸學戒上座等，設齋請法，爲祈戒根清净。且道即今慶贊一句，作恁麽道？良久云：清净本然，周遍法界。

浙江寧波崇壽寺惟一請上堂

寒食來三天，清明去二日。去時爲萬有，歸來復唯一。萬有斯支蔓，唯一乃真實。寧波橋報恩七塔僧堂前，都與上座相見了也！賓頭盧老比丘，往北俱盧洲抄化，也趨回應齋；没尾猢猻，無位真人，各受一分饅𩜾。適來雙角麒麟，趁個五蹄白馬，在法堂走一趟。汝等諸人若不見信，問取惟一大師，自然與汝道破去也！良久，擊拂子云：誰料金毛獅子子，爪牙不靈甚希奇。

示某居士

涅槃心易曉，差别智難明。所以善財童子五十三參，初見文殊，領得根本智，經歷百城煙水，末後參彌勒，彈指樓閣門開，見彌勒與十方諸聖，談唯心識定，差别智慧，現受用身。須知無明實性即佛性，幻化空身即法身。然法身無相，借色身而顯現。如當人一念差别，便落諸緣。諸緣不昧處，佛眼亦難窺。佛眼既不能窺，且道根本智與唯心識定，又在什麽處？若向這裡見得，説什麽善財五十三參，大法功圓，文殊受記，總不出老僧掌握中。參！

——凈慧主編：《虚雲和尚全集》第一册，中州古籍出版社，二〇〇九年，第三—五頁。

圓瑛宏悟

寧波七塔報恩禪寺進院 民國十八年四月

大山門，舉拄杖指山門云：「這個不二法門，一切聖凡，無不從此出入。山僧今朝到此，且道如何始得？」卓拄杖云：「不向他人行處行，一超直入如來地。」便進。

彌勒殿，拈香畢，合掌云：「現居兜率，果證當來。寬懷大肚，笑口常開。且道笑個什麽？」顧左右云：「時時示時人，時人不自識。」便拜。

韋陀前，拈香畢，合掌云：「萬劫巍巍獨立人，三洲感應顯威神。當年親受靈山囑，故現將軍護法身。」便拜。

大雄殿，拈香畢，合掌云：「本來清淨法王身，無去無來亦無住。若從色見與聲求，未免昧理而著事。且道作麽生始得呢？」少頃云：「若見諸相非相，即見如來。」便拜。

三聖殿，拈香畢，合掌云：「西方極樂淨土，本來不出自心。果然欲見三聖，切忌向外追尋。如何見得呢？」喝一喝云：「一念回光便現前，覿面相逢只這是。」便拜。

伽藍殿，拈香畢，合掌云：「一寺權衡歸主宰，當年佛敕久欽承。惟祈輔佐施威力，永令法門得振興。」便拜。

監齋殿，拈香畢，合掌云：「職掌雲廚司火部，大權示現護僧伽。全憑助道因緣力，護命資身德可嘉。」便拜。

祖師堂，拈香畢，合掌云：「獅子窟中無別獸，一哮一吼盡獅兒。從上宗乘第一義，豈離吐氣與揚眉！」便拜。

方丈室，執拄杖云：「不入虎穴，焉得虎子？今朝但把令來行，痛棒一枝手中舉。有人棒下忽知歸，盡道西來意如此。」

參法座，拈香，三拜畢，執拄杖指座云：「這個法王獅子座，天龍八部常護持。今朝進院親登演，豎拂拈搥好設施。」卓拄杖便登。

升座，拈香云：「此一瓣香，根盤實際，體即真如。爇向爐中，專申供養，十方三寶，歷代祖師，用報護念之恩。」又拈香云：「此一瓣香，不居三際，可遍十方。爇向爐中，端爲祝延，中華全國各族人民共用和平之福！」又拈香云：「此一瓣香，體具一真，用舒萬有。爇向爐中，專申祈禱，爲黨爲國，文武官僚，完成革命之功。」又懷中取香一瓣云：「此一瓣香，懷中取出，一塵不染，衆氣具足。爇向爐中，專申供養，本寺堂上，得法本師上慈下運慧老和尚，用報法乳之恩。再申供養，鼓山堂上得戒本師上妙下蓮華老和尚，用酬傳戒之恩。再申供養，梅峰堂上，剃度本師，上增下西山老和尚，用報接引之恩，並及諸方知識、同學、上座，用酬提攜之德。」撩衣就座。維那白椎云：「法筵龍象衆，當觀第一義。」

卓杖云：「今離一吼堂接待講寺方丈堂名，來住七塔寺。好與諸同參，舉揚第一義。若論此事，須向山僧，未進院以前，薦取始得。若至升座拈香，早已落二落三。更待摇唇鼓舌，何止白雲萬里！古德云：妙高頂上，從來不許商量；第二峰頭，諸祖略容會話。圓瑛自愧，少參少學，今日忝主法席，信口横吹無孔笛，未免識者見笑。其餘且置，現前升座一句，又作麽生道呢？」卓拄杖云：「直截根源佛所印，摘葉尋枝我不能。」下座。

——釋本性主編：《圓瑛大師全集》第六卷，宗教文化出版社，二〇一六年，第五—七頁。王志遠主編：《圓瑛大師文匯》，華夏出版社，二〇一二年，第四—六頁。

七塔寺彌陀法會上堂

「西方殿内鳥和鳴，演説摩訶般若音。料亦彌陀所化作，令人聞解證無生。諸上座，西方衆鳥，晝夜六時出和雅音，其音演唱根力覺道，能令聞者，悉念三寶。而此方衆鳥，從來未演法音，何故我言亦演摩訶般若之音？豈不聞，古德聽鶯聲而悟道，聞鵲噪而明心，溪聲無情，尚瀉空王之偈，況鳥音乎？只在當人善會與不善會耳。若向根中悟明音性無生，即得親證法忍。今者護法特請上堂，舉揚此事，且道作麽生説呢？」卓拄杖云：「音聲性動静，聞中爲有無；無聲號無聞，非實聞無性。」

——釋本性主編：《圓瑛大師全集》第六卷，宗教文化出版社，二〇一六年，第五六—五七頁。王志遠主編：《圓瑛大師文匯》，華夏出版社，二〇一二年，第四二頁。

七塔寺彌陀法會圓滿上堂

「今朝法會已云周，正好從聞起正修。但把自心念他佛，自他本不隔毫頭。諸上座，西方過十萬億佛土有世界，名曰極樂，其土有佛，號阿彌陀。當知吾人心性，本自竪窮横遍，即極樂之依正莊嚴，亦非心外别有。故修浄業者，以即佛之心，念即心之佛；不住有念，不落無念，有無雙遣，全歸中道，雖屬持名之行，可達實相之理。昔有一僧云，忽然起念念彌陀，平地無風自作波；念念消歸無念處，豈知無念亦爲多。若向這裡見得親切，自可不離娑婆，誕登極樂，生則決定生，去則實不去矣。今者護法善人敦請上堂，指陳個事。且道如何始得呢？」良久云：「感應道交不用疑，法門殊勝有誰知。娑婆信願持名日，正是蓮池結蕊時。」

——王志遠主編：《圓瑛大師文匯》，華夏出版社，二〇一二年，第四二頁。

七塔寺金剛法會上堂

「今朝般若法筵開，妙性靈台絶點埃。諸相本來同夢幻，要從非相見如來。《金剛般若經》云：『凡所有相，皆是虛妄，若見諸相非相，即見如來。』如來法身究竟清淨，不可以有相見，不可以無相見。若能雙離有、無二見，自可親見法身，與諸如來把手共行，同一鼻孔出氣。且道如來在何處見呢？」舉拄杖云：「請看，諸佛如來，向諸上座，眼根出現了也。會麽？」

——釋本性主編：《圓瑛大師全集》第六卷，宗教文化出版社，二〇一六年，第五九頁。王志遠主編：《圓瑛大師文匯》，華夏出版社，二〇一二年，第四三頁。

七塔寺戒期上堂

「七塔寺中法會開，善男信女一齊來。爲求無上菩提戒，脱却凡胎入聖胎。當知聖凡，只在一轉念間，前念迷則爲凡，後念覺則爲聖。凡聖雖有二名，究竟本無二致。譬如覆掌翻掌，原只一掌。今有求戒弟子，敬設如意大齋，特請上堂，舉揚此事。試問，有一人不可以凡聖名，且道是什麽人，會麽？」良久云：「剔起燈來是火，歷劫無明照破。」

「昨夜臨壇教授，今日上堂説法。若問向上一著，佛祖無言可答。臨濟大闡宗風，機鋒八面玲瓏。當陽振威一喝，令人三日耳聾。達摩教外别傳，少林面壁九年；不立語言文字，是曰最上乘禪。世尊拈花示衆，迦葉破顔含笑，默契涅槃妙心，衣鉢真傳克紹。此皆宗乘向上一著。今有戒弟子，昨受比丘戒，今設上堂齋，欲明如是事，可謂爲善哉。諸上座，且道宗乘戒律，畢竟是一是二？若道是二，未免兩歧；若道是一，未免籠統。即今作麽生指陳呢？」卓杖云：「寒梅破臘戒香清，消息何須旁處尋。一念不生乘戒急，菩提佛果自圓成。」

「狂心若歇即菩提，此事分明不用疑。一念回光時便得，何須向外去賓士。尼弟子寂光慧照，既發上品心，欲求上品戒，當知上品戒者，即金剛光明寶戒。此戒汝本具足，由來堅固不壞，故名金剛。耀古騰今，本有光明，奈被妄想蓋覆，遂使非失似失。果能慧照現前，自然無得而得。聽吾偈曰：吾有半偈值千金，汝今當要仔細聽。照空妄念成真念，轉得凡心即佛心。」

「一念不生，萬慮寂滅；一機乍動，萬境紛紜。于清凈本然中，忽生山河大地，以及衆生；譬如華起翳睛，無中生有，一一無非虚幻。若能了知，空原無華，翳病爲咎，但求除翳，不必滅華，庶幾於道相近。今有求戒弟子，特請上堂，舉揚法要。且道作麽生道呢？」少頃云：「眼若不睡，諸夢自除；心若不起，萬境如如。」

「佛語心爲宗，無門爲法門。無門之門，即是大陀羅尼門，總一切法，持無量義，所有一切方便門、解脱門、慈悲門、精進門、三昧門、智慧門，一一無不從此一門，而得建立。即今一門在哪裡呢？」顧左右云：「五眼覷不到處，四辯説不及處便是。請參看！若能參透這一門，則八萬四千法門任從出入，無不自在。其或未然，待向第二峰頭，再爲旁通一線消息。今者求戒弟子，爲求上品浄戒，特請上堂，指陳法要。且道作麼生説呢？」卓杖云：「一心湛寂自性戒，不垢不染本真常。三聚五篇皆具足，只於直下要承當。」

「心爲諸法體，法是一心用。體用本一如，迷人多自昧。當知稱體起用，體在用中；攝用歸體，用不離體。《楞嚴》所謂，一爲無量，無量爲一。《法華》有言，是法住法位，世間相常住。若明此旨，則頭頭是道，法法皆真。今有本壇求戒弟子，敬設如意大齋，敦請舉揚法要。且道作麼生説？」良久云：「要識水波同一性，莫將雪月混梅花。」

——釋本性主編：《圓瑛大師全集》第六卷，宗教文化出版社，二〇一六年，第六四—六六頁。王志遠主編：《圓瑛大師文匯》，華夏出版社，二〇一二年，第四七—四八頁。

道慈法師

三聖殿、法堂暨藏經樓修繕工程竣工慶典佛供法會主法

道慈大和尚慶贊法語：

三堂新煥法王城，寶相金姿迥出塵；十地光明千佛現，琉璃世界印全真！

七塔叢林乃我大士顯真之地，靈應非常！棟宇巍峙，法幟高標，緇素瞻拜欽仰。前因三聖殿、法堂、藏經閣三堂鍵户繕修，工期經年，復見輪奂！今日三堂重啓，嘉祥瑞應，鳴螺伐鼓，海衆雲臻。佛菩薩歡喜讚歎，非十方協贊之功，安有今日盛大之會？爾等檀越，修無上之慧，植無量之福，妙得蓮品高升！應常住之邀，山僧作贊一偈與衆共慶：刹竿扶起龍象力，人天共轉大法輪！

二〇一九年三月二十一日

——《報恩》，二〇一九年第二期，第六四頁。

可祥法師

晉院升座法語

山門前法語：

東津禪院唐朝建，明代號稱小普陀。報恩七塔光緒額，香煙不絕四時多。（卓杖云）淨地何須掃，空門不用關。開！

彌勒前法語：

兜率天宮補處尊，化身布袋坐山門。袒胸豎膝開顔笑，一片慈心布聖恩。

韋馱前法語：

擐甲頂盔童子身，手持寶杵鎮魔軍。三洲感應威靈廣，永作山門護法神。

圓通寶殿法語：

觀音大士妙金容，感應周遍法界中。因地反聞聞自性，耳根證得勝圓通。

三聖殿法語：

彌陀一句意如何？全顯唯心月印波。心想佛時心即佛，圓融直截出娑婆。

祖堂法語：

心鏡禪師道行隆，驅龍鎮蟒顯神通。東津禪院勞開闢，舍利猶供寶塔中。

法堂拈香法語：

（拈香云）此一瓣香，即真即俗，大相無爲。爇向爐中，專申供養，十方常住，無量三寶；西天東土，歷代祖師。伏願佛日增輝，法輪常轉，慈風普被，惠澤常流。

（又拈香云）此一瓣香，不離當處，普遍十虚。爇向爐中，專申仰祝：國家昌盛，四海升平；世界和平，人民幸福。

（又懷中取一瓣香云）此一瓣香，從秘密藏中拈出，三德總備，萬用具含，爇向爐中，專申供養：本寺開山始祖上心下鏡禪師，用酬開創之恩；　再申供養：本寺中興祖師上慈下運老和尚，用酬中興之德；　再申供養：本寺報恩堂上上月下西剃度恩師，用酬成就之德；　再申供養：寧波天童堂上上明下暘老和尚，以報法乳之恩；　再申供養：江蘇焦山定慧堂上上茗下山老和尚，用酬傳戒之德。並及諸方參學、受教知識、本寺前輩、耆舊老人，以報開示之恩。

升座法語：

若將祖意問僧家，吃飯穿衣與喝茶。無住生心全體顯，才興一念被雲遮。

諸上座、現前大衆：報恩七塔，唐代開山，歷經興衰，香煙不熄。恭逢盛世，佛日重輝，党恩國恩，如沐春風，法運國運，如日之升，仗三寶威神加被，十方檀信助力，乃有今日山門之輝煌也。

拙衲不才，幸蒙政府當道信任，諸山長老提攜，公推當七塔住持重任，自愧德薄能鮮，難孚衆望。唯願兩序大衆同心，十方檀信鼎力，使臨濟禪刹，觀音道場，不墮宗風，香火永興。其餘且置，即今升座一句，又作麼生道呢？

愛國愛教繼傳統，振興七塔獻丹心。

——《寧波佛教增刊·可祥大和尚升座特刊》，二〇〇三年六月，第二六—二七頁。

七塔禪寺鼓樓上樑法語

今朝菊月，剛逢黄道，日吉時良。鼓樓高建，佳木爲梁，紫微拱照，報恩重光。一根安向頂額上，覿面相呈不覆藏。且道現前上樑一句，又作麽生道？以杖指梁上舉云：「向上一條千聖路，豈容擬議與思量。」高聲云：「升——」

二〇〇二年十月二十九日

——（七塔禪寺）《檔案》卷四三，二〇二〇年，第一册。

第三章　文苑

第一節　碑記像贊塔銘

重修文昌宫記

（清）張世訓

同治六年八月十三日禮部奏，奉諭旨飭下各省督撫，不列祀典之祠宇，業經燒毁，不准創議修建。行文至浙，由省而府而縣，欽遵在案。於是，吾鄞甬東隅四啚地方曰七塔寺者，格於令甲，無得而建。而寺西偏故有屋五楹，别爲文昌宫，其神、其祀以嘗著之秩宗，勒在會典，非可一聽其廢，使與例禁寺廟同類而概視。里人王學録寶善，爲率同志，是營是葺，勉復向者之舊焉。其時中興底績，文治以光，薄海士庶益思所以致禮於神者，以一快其翔舞文教之意，而文昌宫宇至徧及之陬壤之遐僻。甬東爲鄞都會，家詩户書，蔚有人文。雖舊無其祠，固將鼎構創築以崇奉之。建復之頃，則宜瞻拜多人，咸肅然於威儀之重見，以時祠祭勿懈而益虔也。年來承平久，禁綱稀濶，禪門僧家不復知有例案；寺日層廠，梵唄響答，漸且位佛宮下，而容行腳打包者之榻其間，神座上下因之改觀，丹桼金碧之施所在亦剝落殆盡。榆社父老迺復有事於繕修，起頹斥廢，裒集諸好義之佽以爲之，而白金之縻爲數蓋壹千有奇。工告竣，吾師陳明經先生以曩學録之末及聲之石也，命碑其事，謹爲記文以永之。

竊維文昌之祀，自國朝而加崇。嘉慶之中，既以相國朱文正公之請，詔升中祀。咸豐八年復增郡縣，歲祀金與關帝廟等。斯其作，草野洞屬之心爲奚似也。至寺廟創建之禁，又不始自同治時，順治十一年，康熙五十年，故嘗歷奉諭訓矣。備援而謹識之，以復吾師用爲理董諸君正告焉。

大清光緒二十二年丙申四月吉旦

里人張世訓撰文

吴錫祚篆額

江義修書丹

吴晉祺檢校上石

——碑存七塔寺

七塔寺琉璃會碑記並題名碑

竊維六度妙行，布施爲先，十供良因，燈光最勝。若夫琉璃燈者，能除怖畏，善破無明，度長夜之迷津，開昏衢之覺路。在昔藥王身燈，照十方佛土，佛讚善哉！是名真法供養。而今檀護資財，購勝妙福田，福利不漏，永成般若光明。自此寶殿之燈光不夜，鐵城之幽暗頓消。如此功勳，豈云小善！會立恒産，事希玉成，宜勒石於現前，列芳名於永遠矣。

楊門陸氏福壽助洋七十二圓正。

楊寶善仝室胡氏妙德率男梅卿同弟杏卿共助英洋壹百零八圓正。

許莊氏法高助洋百元。

楊汝舟　楊汝棠　劉焕文　屠有恒　屠義貴　蔣雙林　羅昌壽　余德鑑　黄禮祥　林瑞義　趙孝寶　楊學懷　湯賢榮　張安財　袁金來　王順生　胡善修　董宗法　蔡永濟　馬祥壽　陳小書　虞封寸　洪富慶　王賢宏　陳紹明　潘宏槐　高繼生　邵松海　徐翠英　徐孝英　鍾三伙　王阿炳　林世德　董茂溶　鄭祖壽　徐永慶　吴鴻澤　吴鳴澤　王予甸　王予高　王全義　蔡學章　姜錫榮　錢惠春　任耕仁　王春來　李懷玉　馬成集　史久蓀　李功房　史陳氏宗定　李朱氏善道　盧張氏明貴　王鄭氏善林　周鄭氏德清　李龔氏善蓮　吴胡

氏妙法　章李氏化誠　潘袁氏善心　陸祝氏善祥　陳邱氏妙蓮　陳陸氏靜蓮　施沈氏福蓮　唐桑氏善福　張胡氏智忠　洪楊氏蓮德　唐桑氏蓮英　戎金氏全福　張董氏善吉　聞水氏佑福　蘇戴氏妙蓮　陳徐氏福德　余陳氏靜修　余錢氏福慶　余袁氏善表　董余氏長壽　張馬氏善正　戴烏氏善緣　王陸氏全福　姚李氏妙修　張楊氏英如　余屠氏福全　馬王氏善照　蔡馬氏善福　吴馬氏善蓮　蔡邵氏蓮福　徐邵氏全福　王俞氏淨修　謝應氏善存　錢吴氏定慈　徐陳氏善祥　張五氏善修　李邱氏成福　徐盧氏雙全　楊陶氏全福　屠柳氏善壽　包王氏淨蓮　楊樓氏明秀　任施氏長壽　畢陳氏福慶　鍾俞氏福緣　王殷氏覺壽　史王氏善照　劉陳氏佛緣　施張氏金福　徐吴氏明華　金虞氏善明　方尹氏慧蓮　胡鄭氏正願　繆余氏妙蓮　錢張氏福慶　劉陳氏永康　李氏福壽　戴李氏性悟　李王氏善和　李郭氏妙相　馬王氏善照　史孫氏善蓮　徐林氏蓮舫　吴陳氏善根　王戎氏福善　張周氏善慶　張王氏福緣　王華氏善宗　柳沈氏靜修　金王氏蓮法　金李氏福壽　錢朱氏健生　史陳氏善根　孫林氏善福　鐘鄭氏善高　應胡氏福善　徐桑氏善根　沈車氏永生　袁胡氏雙福　李夏氏佛緣　吴茅氏善福　湯汪氏普佛　汪何氏善林　李夏氏靜緣　王畢氏寶福　陸李氏求福　王朱氏福山　顧張氏善蓮　林徐氏祥福　沈王氏善性　李董氏果圓　張李氏全福　應李氏雙福　蔡陳氏善慶　嚴蔡氏願蓮　陳李氏善月　李陳氏善貴　衛朱氏清光　姚方氏妙法　俞朱氏善根　董史氏善

仁　張鄭氏善蓮　張虞氏善安　錢應氏心蓮　邱胡氏蓮元　夏陳氏善剛　康沈氏善明　胡徐
氏明道　包任氏淨蓮　鮑陳氏佛緣　李周氏明法　張徐氏善光　鄔呂氏修蓮　顧何氏福壽
虞沈氏妙道　林陳氏福壽　曾毛氏善德　戴應氏善慶　陳袁氏斐全　余錢氏福慶　陳江氏福
盈　秦鄭氏永齡　董包氏蓮性　戴趙氏普感　羅周氏善福　陳朱氏福元　梁楊氏善光　朱王
氏增福　嚴張氏定安　嚴盧氏善照　潘鄭氏善祥　陳謝氏圓福　王葉氏吉慶　蔡何氏全福
徐雷氏善道　劉錢氏善悦　張虞氏善緣　王何氏静修　陳何氏全福　李紀氏善慎　姜張氏光
福　沈李氏正行　翁袁氏本清　俞徐氏善心　盛袁氏全福　陳王氏明月　徐王氏善宗　陸葛
氏正和　湯柴氏善明　袁邱氏貴修　楊范氏蘭緣　王趙氏永慶　殷陳氏妙蓮　任王氏蓮妙
陳徐氏佛光　陳唐氏善法　唐楊氏善福　唐林氏永福　陳任氏佛緣　仇畢氏善蓮　陳丁氏福
緣　王郭氏静修　顧陳氏斐福　陳胡氏福緣　任張氏善福　畢陳氏善明　吴茅氏善修　方吴
氏妙蓮　張李氏善光　徐林氏善德　徐林氏善德　胡嚴氏修福　徐李氏茂福　何施氏心地
吴周氏聞見　王李氏妙蓮　陳林氏善芳　李徐氏修慶　聞羅氏吉祥　周張氏善祥　袁屠氏如
貴　周孫氏福壽　楊鍾氏静善　胡宋氏善寶　嚴王氏淨智　顔王氏長壽　李楊氏福慶　汪王
氏普慎　戴應氏佛緣　孫趙氏金鳳　周王氏妙成　陳周氏慶蓮　章王氏福緣　章周氏安福
張李氏善緣　史徐氏善光　茅張氏福壽　李周氏善祥　董洪氏善生　周鄭氏德清　徐王氏善

宗　徐王氏福壽　俞徐氏善心　陳張氏宏德　李鮑氏福緣　趙唐氏善照　陳朱氏善福　朱邱氏長壽　施張氏全福　李蔡氏蓮福　史蔡氏全福　仇董氏佛福　唐孫氏寶運　李楊氏靜修　陳徐氏福德　張李氏慧蓮　費邵氏寶光　李孫氏善德　李陳氏善貴　李洪氏善貴　李柴氏善安　柴張氏松齡　鄒孫氏妙清　張董氏香潔　徐應氏寶蓮　樓童氏永福　周馬氏普照　孫俞氏普陀　鄒方氏善祥　郭王氏善性　王趙氏吉慶　李柳氏靜修　張氏普安　陳氏福齡　羅氏善德　洪氏善慧　柴氏明心　方氏妙慶　劉氏宏修　陳氏寶蓮　周氏秀高　孫氏富壽　王氏蓮福　何氏全福　成氏清静　張氏修根　徐史氏明戒　李俞氏　馮尹氏　劉任氏　章孫氏福蓮　袁氏修德　張氏興隆　邱氏善慧　陸氏善芳　尚蓮師太　張門寶雲　蘇氏寶福　陳氏吴趙氏　潘王氏　楊范氏　楊鄭氏　章杜氏　鐘周氏　柳蔡氏　范蔡氏　胡陳氏　楊馬氏阿洪　俞明亮　俞張氏　陳其芳　錢金水　朱刘氏善祥　干王氏妙祥　□□氏妙蓮　信士高

以上每名各助英洋六元。

七塔報恩寺住持慈運勸衆捐資，購得民田叁注：叁，原作「陸」字，後改拾畝零，其田則土名、細號悉載契據，兹不枚録。

光緒二十八年春王月吉立

——碑存七塔寺

鄞縣公署江東七塔報恩禪寺公議條規佈告碑

永垂不朽

鄞縣縣公署布告第一四八號

爲布告事。案江東七塔報恩禪寺住持僧了悟、監院僧唯□呈稱：竊本寺係累朝古刹，四明叢林，載在志乘，歷歷可考。無如法運迍邅，竟罹洪楊之刼，莊嚴紺宇化作塵埃，清浄叢林□□。孰意勝緣將熟，否极泰來。至前清光緒十六年，由先法師慈運老和尚住持法席，發願中興，秉拂開堂，掛單接衆，歷十餘稔，克復叢林規制。嗣席住持遂以法派相傳，安住衆僧，不分□□□□。法師圓寂後，繼席諸法兄欲竟先人未竟之志，推廣舊址，增置産業，法度綦嚴，規模齊備。僧等伏思：法門人衆，難免日久弊生，若不預訂規條，何以維持秩序？由是邀集法派，并□□□□□□妥議，按照管理寺廟條例定为法派選賢叢林，雖仍習慣加以變通，而被選舉權推及十方僧衆。被選後，嗣法進院，既以開闢賢路，依然維持法門，併訂善後條規十五則，以清□□而□□□为此增具條規，呈請審核，備准公示、勒石。嗣後如有僧俗人等藐法違規，准予指禀拘究，庶足保持叢林以垂久遠，實爲德便等情。並送公議條規一紙到署，據經批令，將所擬□□□□□爲修改□行□候核辦。去後，兹據修正條規，呈請備案。給示前來，除批示准予備案外，合亟抄録條規，布告該寺僧衆及十方僧俗人等，一体遵守辦理，以垂久遠，毋得故違，致□□□。切切！

特此布告

計開

江東七塔報恩禪寺公議條規

一議本寺定爲法派選賢叢林，方丈資格分爲三種：一、法派中道學雙優者；二、寺内十方職僧功行卓著者；三、諸方禪德參□具足者。均得被選爲方丈，但十方僧被選後，必□□□本寺法□。

一議選舉時間定以現住方丈第三年，值慈老和尚誕辰預日，函請退院和尚、本寺法派及四寮執事量才投票公選五人，書鬮向韋馱神前覆選，以先拈出三次者爲當選。□□□□□代□送啓書恭請，擇期進院。

一議選舉方丈須用記名投票，惟師長不得投徒眷之票，徒眷亦不能投師長之票。但法派叔姪輩有合格者，不在此限。

一議方丈以三年爲一届，□□□如意。

一□安衆五日内，由退院方丈令監院、副寺開列賬目清單，並簿據、契券、法物等件，請新方丈暨監督公同檢閱。俟檢閱畢，再將原物仍交庫房監院寮收存，以清交替手續。□□方丈退院後，不得在常住，住退院寮，以免流爲子孫房頭等弊。諸方故事，足爲殷鑒。

一議方丈原有剃派法派徒弟不得委任首領權職，在任選舉時，該徒眷本屆無被選之權，免致流爲子孫叢林。

一議公□退居方丈及法門□正直幹練者四人爲監督，任期與方丈同。倘方丈職僧有不正當行爲者，得秉公監督。或方丈恃强不理，得邀請退居方丈及法門首領等公□□，或□□□□□守□規者，當責成方丈撤换之，並不許共住，以符法規。

一議寺内除方丈外，無論何人，不許收授信徒。但方丈遇有求法之人，亦秖能於退院時傳授一次，以昭慎重□。

一議寺□□□□有傳授□者，亦必揀擇賢能方可傳授，並須向常住禮祖供衆登記，方爲有效。

一議銀錢、簿據、契券等物，概歸庫房監院副寺掌管，方丈領衆焚脩，祇得監督審查，不必分□□□□□□。堂各□職必須委任賢能，不得偏袒。

一議常住公事達百元以上者，須由四寮公議。若遇有辦理大工程時，必先籌鉅款，然後興工。倘方丈監院好大喜功，當由本人負責，不得□□□□□。

一議常住産業，衹許加增，不得有變賣及抵押情事。如有盈餘之款，必擇妥莊存放生息，以備置産，不得私行挪借。監院交卸時，所有銀錢、契券、簿據等物，當由方丈及監督公同檢閲，如有損失，責令賠償。

一議正月、七月兩期，當請監督及首領職事清算賬目，併雲集大衆，向韋馱神前上供告香，以資警策。

一議本寺係前朝古刹，慈老和尚中興，並無山主檀越等。□□方丈職僧，不得依藉□□欺壓大衆，外界之人□不得妄加干涉。

一議□院方丈及常住遇有大事邀請時，必須到寺□議公決。倘方丈任期未滿有事離寺時，亦得公請退院方丈代行其職，以免虚懸法位。

中華民國十一年十一月九日

知事　姜若

——碑存七塔寺

雪竇澮禪和尚塔銘

（民國）金山法海洞僧仁山

有魁梧奇偉之姿，必具經論拔萃之行。故我佛釋迦相好無倫，而説法利生，亦不可思議，證之歷祖，比比皆然。法華深譚，莫過十如，而首揭桀，即曰如是相也，以是解之，形好一端，蓋可忽乎哉？澮禪和尚者，即俊偉大人之相也。諱宏緒，别號寂道人，定海金藏薛氏子。母孕師時，夢行脚僧託宿。師誕之後，志行邁於常兒。七八歲時，蜎飛蠕動微生之物，悉知爱護。間有僧侶過門，師必牽踞弄袖，樂與攀談而莫能釋焉。有識者知師性之所近，目曰：「此兒非薛氏之千里駒，乃佛門之大龍象也。」年方志學，見東隣少婦染病忽卒，即慨然曰：「世相無常，一至於此，吾若不他謀，將何異於是耶？」棄俗之心，由是決之。哀白於母，母憶其託胎之朕，知有夙根，遂允許焉。詣里中普濟寺乞度，松公上人窺其六根端秀，形貌異常，他日必法器，欣然諾之。薙髮之後，佛前執掃，誠慤端莊，如事生佛。繼爲授戒，聞闍黎訓悔律範，有戒殺等條，始恍悟幼時護生厭殺，及母老人言夢僧投胎，蓋有由矣。師秉戒後，洞識開遮，精持梵行，秋霜冬雪，無以喻之。雖多年耆宿，一見而敬且憚焉。未幾松公圓寂，衆遂公舉住普濟寺。經營未久，山門增輝，遠近善信，翕然嚮化。頃聞雪竇慈公爲當代宗匠，卓錫甬江，棲神七塔，法輪大轉，海陬馳名，羡道之心，油然勃發。遂躡屩擔簦，趄趨百里，一至席前，即叩道要。慈公知爲不凡品也，語多激發，命入禪堂而參究焉。師精進心現，晝夜不懈，一日聞擊板聲，豁然有省，始識慈公之道越尋常，名不虛也。次日陳述所見，慈公笑而頷之，曰：「住、行、向、地，同悟此體，而位位修證，功用相差，不啻天淵，縱如大鵬，一舉九萬，而中間尋尺，亦自歷然。爾宜深修証，莫作得少爲足人也。」遂授心印，録副寺事。無何，慈公入滅，及門諸子，惟師道貌，兩俱逾恒，顧命繼席雪竇。師面承屬授，銘感殊深，力擴前規，大興土木，而舉世絶無之説法堂，輝輝煌煌，嶐嶐崗崗，高矗雲際，有若與天人而争麗也。前後殿廊，凡稍圮者，次第重建，巍然爲一代中興主焉。厥後如京師，請大藏，供奉崇樓，以表一寺三寶具足。清皇嘉悦，特賜紫衣。人中之荣，法中之盛，至此殆蔑以加矣，嗚呼偉哉！八年仲夏，驟示微疾，語諸子曰：「吾機薪已燼，應火當亡。爾等宜知，人命無常，出息不保，努力加修，資粮備足。吾一生修造太多，緣念過甚，到此風刀解體之時，定力缺乏，頗有不自由。爾等及早圖之，莫作墮宗風人也。」言訖，奄然而逝。世壽五十八秋，僧臘四十餘夏。師一生大事因緣，臻此不無有月落雲停之慨矣。

余曩遊名山，一涉雪竇，初到法堂，驚未曾有，再覩師像，拍案稱奇，問諸凈侶，曰：「斯堂即斯人造也。」嗚呼！殆所謂貌行相符者歟。至若師之遊藝，工行草，精點染，緇白得寸縑尺素，重若拱璧，不關道要，可無録焉。是年某月日，寺衆瘞師於寺之東南若千步。門人朗雲、性菴等，均余舊好，以師之行狀相屬，余不敢以譾陋辭，謹將師之犖犖大者，詮其次第，勒諸貞珉，光耀未來云爾。銘曰：

雪山千仞兮，中有至人；瑰貌琦行兮，罕與其倫；精持梵綱兮，皎若冰霜；悟道甬江兮，毛骨清涼；法堂崇隆兮，高若天隣；三藏供奉兮，尊越七珍；末後垂範兮，如遺瓊漿；藻翰遊戲兮，寶逾旃香；衰世孰頑兮，單鳳隻麟；吁嗟茫茫兮，誰知師因。

——仁山：《金山法海波瀾》，一九二九年第一期，第四二—四四頁。

中興大士閣普濟寺玉忠老和尚塔銘

（民國）徒孫妙瓏

縱觀古今豪傑之士，有戡亂之才，而不能治心；有拔山之力，而不能出世。其能解生死綱、遺金剛體者，非宿種深根，具大願力，烏足與言斯乎？妙瓏敬閱師祖手澤，而有所感焉。祖諱聖傳，號玉忠，安徽桐城人也。俗姓王氏，生而倜儻不羣，兒時即喜效僧侶作佛事。父識其爲法器，甫六歲，送於本邑定安寺，依性源和尚祝髮學佛，俾擴充其夙好。祖軀幹魁梧，願性柔和，見者傾心。經史百家，靡不畢究；詩書文翰，落筆驚人。一時士大夫皆樂與之游。年十九，忽有感，歎曰：「人生過隙駒耳，斷斷於無謂之糟粕，何以出家爲？」即發大心求受淨戒。尋遊青陽九華山，六時精勤研究《楞嚴》《法華》諸經。歷四載，雖未若智者之親見靈山，而諸經奧旨，已洞悉矣。時甘露寺法源老人西歸，兩序請祖主席。歲閱一稔，復慚見聞寡陋，欲遍謁名山諸善知識，了己躬大事。於是遊普陀，過天童。皈依長老一見奇之，命充首職。烘爐鍜練，心光頓露，識取本來面目。復返九華，見山麓林壑幽邃，有宋代無相寺，殿宇久爲狐鼠所憑，遂誅茅以居。自念福慧未足，功行欠圓，設水陸以拔幽冥苦惱，修茶亭以解行人焦渴，凡屬公益，均殫精竭力爲之。道聲日隆，海内釋子，無遠弗届。居不能容，乃創建殿堂僧寮，歷六載落成，巍然可觀。祖鑒末法教綱滅裂，禪道晦盲，因曰：「佛設三學，戒爲根基，根基不固，定慧何依？」由是開壇傳戒，三度弟子四百餘人。一日至大通，見往來僧伽，無息肩所。溯古有大士閣，頽廢雖久，舊址尚存，遂茅蓋以結緣焉。桐邑善士姚君明盛，慕祖名，特詣問道，心忽相印，喜施鉅資，督工修造。十方聞風樂助，曾不一載，殿宇重新，顔曰「普濟寺」，遂成叢林。祖廣施法雨，緇素獲益者，不可以數計。是年戒場圓滿，弟子有請開示者，祖曰：「吾隨幻緣力宏大法，恒以生死未了爲念，今衰老將不久於人世，學者總以究心爲要，徒播弄唇吻者，非真佛子，汝輩當自勉，吾言畢矣。」居無幾，示微恙，危坐三日，寂然而逝。時光緒己丑臘月二十三日也。祖生於道光己丑年，世壽六十有一，僧臘四十有二。厝缸五年，有孫善人朝山息此，夜見金光湧地而起，曰：「祖必菩薩應身，非同凡體，金剛之軀，諒無滲漏，請開瞻禮。」爰集衆啓缸，見祖道貌如生，儼然趺坐，不傾不倚，髮甲如常，衣服鮮潔，白綾坐褥，及絨串數珠，皆若新附者然。一時觀者，無不頂禮贊嘆。倘非大士應身，胡能有此奇異？四衆弟子，固請範金祀之，於是供奉殿後觀音之右。祖生平行履，專以平等大悲攝化衆生，非佛言不言，非佛行不行。佛囑末世護持正法者，依波羅提木叉。祖實精持而力行之，得度弟子甚衆。領受衣鉢振興宗風者，家師法幢也。隨侍不變操守者，師伯法會也。始終相依勞苦者，監院妙香也。像供十有九年，近鑒海内多故，徒孫妙性、妙證等，擬擇吉地藏祖全身於塔。妙瓏自愧鈍根下劣，不能克紹家聲，有負宗教，至若荷法之心，未敢忘於一息也。敬稽師祖行狀爲塔銘，以昭來世，俾後子孫知祖典型，而續修傳燈者，有所考焉。謹合十指而銘曰：

行解真實，名震寰域。識與不識，風聞慶悦。心契無生，位登聖列。神往形留，戒定兩徹。金剛不壞，如山如鐵。泥牛入海，虚空爆裂。我此贊辭，是即非即。

——《佛學半月刊》，一九三四年第九一期，第七—八頁。

竹溪善禪師塔銘並序

（民國）釋太虚

（二十三年四月二十一日作）

傳臨濟正宗四十世中興寧波天封寺竹溪禪師，寂于甲戌元月之望。其寺嗣住持醒悟，頃將爲塔全身於鄞東同嶴之庚山嶺，以狀來乞爲銘之。按禪師諱惟善，系出湘衡陽蕭氏，光緒十年生。八歲，母劉氏故。十五歲，父雲卿亦逝。依祖母長成，讀書鄉塾。年十七，禮南嶽湘南寺海衆林師得度，旋具戒于嶽麓山破疑禪師，並受記莂焉。已而歷參碧岩、默庵、寄禪諸長老，因朝南海，掛鉢寧波七塔寺，慈運長老留襄寺職，荏苒多年。至民元，鄞佛教會寄禪、岐昌、馮汲蒙會長，舉之任天封寺住持，闔郡緇素翕然稱得人。寺宇久廢，且所存佛殿兩廡及塔各基地，亦淪爲市販場矣。閱三四年，用三千餘金，始能漸次贖歸，築垣以保全現址。由是經之營之，遷浮厝二百餘具，構大悲閣暨東西樓舍，焕然一新。而急公爲衆，尤得同教推重；聲聞政府，嘗以繕修天封塔發交浙江省長籌備，雖因政變停殑，亦異數矣。民十，因重建佛殿，選材甌海，溺江受傷，病根以植。未幾，佛殿兼兩廊東首諸屋落成。以瀕歲興建，起宵小之覬覦，意誣陷圖害，靡所不至。爲護持寺譽計，呈平政院，得段執政以教令回復天封寺住持。旅北京時，道階法師延繼天寧寺住(恃)[持]，亦重修佛殿而退。民十九，以衡陽大羅漢寺主席期滿傳戒。迨翌年，竟以勞瘁而病漸深，延至二十三年二月，卒以不起。得世壽五十有一，戒臘三十三，法臘如之。得度、得戒、得法如干人云。余清季已識禪師于七塔寺，民八偕赴北京，吁改管理寺廟條例，遂深相契善。寧波佛教公立事業之巨者，爲佛教孤兒院及三寶經房，亦多藉維持之力。命終遺囑天封寺嗣住持者，惟在完成金剛殿，言不及他。吁！亦可風矣。乃爲之銘曰：

有大龍象，崛起湘衡。空所依傍，特立獨行。

因禮南海，遂留甬東。機輻緣湊，中興天封。爲法爲衆，任勞任怨。大庾嶺上，真風卓然。

民國二十三年四月二十一日，雪竇山人太虚撰。

——《海潮音》，一九三四年第一五卷第八號，第九三頁。另見太虚大師全書編委會：《太虚大師全書》，宗教文化出版社，二〇〇五年，第一四七—一四八頁。

爲善慧禪師塔銘並序

（民國）太虚

傳臨濟正宗四十世、中興寧波天封寺爲善禪師，寂于甲戌元月之望。其寺嗣住持醒悟，頃將爲塔全身於鄞東同嶴之庚山嶺，以狀來乞爲銘之。按禪師諱隆慧，晚號竹溪，系出衡陽蕭氏，光緒十年生。八歲母劉氏故，十五歲父雲卿亦逝，依祖母長成，讀書鄉塾。年十七歲禮南嶽湘南寺海衆林師得度，旋具戒于嶽麓山破疑師，並受記莂焉。已而歷參碧岩默庵、寄禪諸長老。因朝南海，掛鉢寧波七塔寺，慈雲長老留襄寺職，荏苒多年。至民元，鄞佛教會寄禪、岐昌、馮汲蒙三會長舉之，任天封寺住持。闔郡緇素，翕然稱得人。寺宇久廢，且所存佛殿、兩廡及塔各基地亦淪爲市販場矣！閱三四年，用三千餘金，始能漸次贖歸，築垣以保全現址。由是經之營之，遷浮厝二百餘具，構大悲閣暨東西樓舍，焕然一新。而急公爲衆，尤得同教推重，聲聞政府。嘗以繕修天封塔，發交浙江省長籌備，雖因政變停殁，亦異數矣！民十，因重建佛殿，選材甌海，溺江受傷，病根以植，未幾佛殿兼兩廊、東首諸屋落成，以頻歲興建，爲（下缺）

——碑存七塔寺

七塔寺病僧院記

（民國）圓瑛

原夫菩薩三祇煉行，百劫修因，欲期四智圓成，必假二嚴俱備。二嚴者，福之與慧也。究之不出正、助二行，正行以修慧，助行以求福。是知求福之端，不一而足。然雖方便無量，古云：百福田中，以看病爲第一。至若成就病人，則更有不可思議者焉。倘能成就乎超塵絶俗、立志修道者，其功德判若天淵。

昔薄拘羅尊者，以阿梨勒果施一病僧，遂感五不死之報。初生現異，母以爲怪，置之熬盤，火不能燒；復置釜中，湯不能煮；復拋江中，水不能淹；巨魚吞之，魚不能噬；魚爲人獲，剖腹得之，刀不能傷；投佛出家，證阿羅漢果。即此可爲布施病僧，獲福之明證也。

蓋三界無安，衆苦逼迫，生老病死，舉世皆然。惟舍俗出家，參方訪道之士，山川跋涉，冒寒暑以雲遊；病恙縈纏，罹痛苦而莫告。形影相弔，舉目無親，匪怙匪依，最可憐憫。衲竊念乎此，不禁惻然！每欲創建病僧院，安處往來病僧，以便醫養幻軀，滋培道器，無奈經費維艱，有願莫償。迨今秋有本寺護法陳大居士，内秘外現，性善心慈，來寺修建道場，與談及此，遂感夙因頓發，獨力贊成。即日庀材，起造房舍，復捐貲置産，以爲常年醫藥之需。由是十方病僧，受其惠澤，豈淺鮮耶！凡養病諸師，當知感謝，應生慚愧。須念四大無常，身爲苦本，浮生若夢，幻質匪堅，色力剛强，固宜勤修道業；疾苦困厄，尤當力敵病魔。趁此一息尚存，四事具足，擊破末後牢關，跳出生死苦海，庶不負出家之志，並護法成就之功也！聊摭數語，用泐諸石。

——釋本性主編：《圓瑛大師全集》第六卷，宗教文化出版社，二〇一六年，第二五六—二五七頁。王志遠主編：《圓瑛大師文匯》，華夏出版社，二〇一二年，第八一—八二頁。

重修天王殿緣啓 代作

（民國）圓瑛

詳夫靈鷲説法，須達多廣辟僧園；白馬馱經，漢明帝崇修佛刹。此支那天竺、梵宇所由興也。即考天王寶殿，亦厥有因，梁時寇亂中原，集諸沙門諷誦「摩訶般若波羅蜜多」，擇吉興師，以求神助。果得天王太子率兵禦敵，寇見膽裂，指日奏功。帝因感護國之功，發帑金，建寶殿，敕與叢林共垂千古。此天王殿之因由也。鄞東七塔禪寺建自某代，舊稱補陀，累朝興廢迭更，志乘備載。迨前清末運，頹敗已極，禪棲鞠爲茂草，紺宇化作劫灰。

爰有本城陳氏，沿門募化，發願重興。其子事母至孝，晴雨之天，躬隨扶侍，因大願大孝，感動信施，修建正殿，並砌基起造三聖殿。奈巨功未竣，大夢俄遷。時先師慈老人天童退院，棲錫鎮之萬善寺，經就地紳耆延主斯寺，甫廿載，高提祖印，大開叢席，而與天童、育王合成鼎足。老人示寂，由法眷公舉岐昌法兄繼承師席，重修七塔以竟未盡之懷，莊嚴道場，恢復古迹。達踵其後，竊思天王殿幾經風雨飄零，梁棟朽腐，外觀雖善，内念難安，擬欲重修，以期永固。預計工程浩大，究非獨力能支，所望大紳善士，樂解施囊，圓修檀度，等爲功於種玉，冀集腋以成裘！福有攸歸，名垂不朽。是爲啓。

——釋本性主編：《圓瑛大師全集》第六卷，宗教文化出版社，二〇一六年，第二六三—二六四頁。王志遠主編：《圓瑛大師文匯》，華夏出版社，二〇一二年，第八六頁。

七塔寺普同塔記

（民國）圓瑛

夫出家之法，割愛辭親，離塵舍俗，參方訪道，拔草瞻風，僕僕風塵，專爲己躬大事；迢遥雲水，惟憑只影前蹤。從上諸祖，建設叢林，雖爲十方衲子參學起見，亦爲老病死苦，庶養生就醫，各得其所；安身立命，自有其處。而我七塔報恩禪寺，自前清光緒間由地方紳耆公請先師慈運老和尚住持，遂矢志中興十方道場，不十年百廢俱舉，規模完成。雖有如意寮以爲診病之區，而養老堂、普同塔尚付闕如。

圓瑛民國十八年接主報恩法席，遂與監院德軒議及此事。適有東鄉同愍庾山庵莊嚴大師，與余爲道義交，聞悉此事，欲以該庵獻與常住，起建普同塔，集議兩序，均表同情。由是監院德軒努力進行，閱二寒暑，而塔告成。民國十九年，圓瑛移主天童，報恩一席，以本舟和尚爲當選，迄今數載，塔院亦成。今者擬辦養老堂於院内，壓氛寂静，竹木幽深，晚年樂道，實得其所。因記緣起於此，用勒諸石。

——釋本性主編：《圓瑛大師全集》第六卷，宗教文化出版社，二〇一六年，第二五七—二五八頁。王志遠主編：《圓瑛大師文匯》，華夏出版社，二〇一二年，第八二頁。

七塔報恩禪寺記

（民國）溥常

浙江寧波市東五里許，有七塔報恩禪寺者。鄞縣志乘，歷歷可攷。溯始於唐代大中十二年，歲次戊寅，分寧令任景求君，捨住宅爲寺，號東津禪院，敦請心鏡奂祖居之，即本寺開山第一代也。當我祖先主持天童寺時，徙神龍，鎮毒蟒，種種神通妙用，詳載《天童寺志》。咸通庚辰元年，浙東剡寇裘甫，掠奪四明，縱兵晝入。我祖宴然禪定，神色不動。賊衆驚愕，作禮而退。辛巳年，郡紳奏請，改寺名栖心，以旌其德焉。宋大朝中祥符元年戊申歲，賜額崇壽寺。山門前河岸石橋，今尚留存此名也。明代洪武己酉二年，延燬内法堂所燒空地，並開山祖塔後餘地，改創養濟院，現仍存在。二十[二]年丁卯，因梅岑山寶陀寺，即今普陀山前寺也，懸於海邊，徙建寺内餘地，改名補陀寺。殿前香爐鐫名，留存古迹。直至永樂年間，因僧寺俱廢，原先留存東首空地三分之一，復建栖心寺。永樂二十二年甲辰，建圓通寶殿。宣德壬子七年，建毗盧閣。天順戊寅二年，建藏經閣、大悲殿、彌勒殿，及兩廊等屋。滿清順治間，建方丈。康熙間，重修佛殿及鐘樓。二十二年癸亥，建大悲殿，及寺前七浮圖。俗人皆呼七塔寺出名者，原始於此。所最不幸者，咸豐辛酉十一年，悉遭兵燬。後於同治辛未十年，里人周文學君，募資重建大雄殿與山門。本寺功德堂奉祀牌位，以留紀念。光緒庚寅十六年，江東紳董耆老等，公請本師慈運慧祖爲主席，時年六十有四。自接住後，開海單以安衆，常居二百餘僧。具大願力，辛苦經營，補修中央三聖殿、大佛殿，改造天王殿，新建藏經閣、方丈殿。西邊雲水堂、監齋殿、大廚房、齋堂、如意寮、祖堂、客堂、禪堂。東邊玉佛閣、小廚房、新新庫房、新庫房、老庫房、施醫所、佛學院、地藏殿、大銅鐘樓、念佛堂。如是工程浩大，經久三十餘年。復於光緒乙未二十一年，進北京，頒賜龍藏。於丙申及丙午年，兩次傳授大戒。每年夏季，請法師講經，平日禪堂坐香，隨時誦經念佛。至宣統庚戌二年，本師慈老人西逝，世壽八十有四。住持事，付囑法門，克紹家業；皈信輩，擁護大法，廣種福田。叢林規模粗具，堪壯仁人觀瞻。不意本市各界，同聲贊許，能與天童、育王並峙。回憶我本師慧祖，自光緒初年，住持天童寺退隱，與開山始祖同出一轍，由鎮海李衛橋萬壽寺住持而來主持斯寺，推爲中興第一代。遞傳臨濟正宗，心心相印。四十八員法眷，悉皆分化諸方。子孫綿綿，大振宗風。惟願後來賢哲報恩，當紀念天童寺法脈而弗忘也。時值國民政府通令，調查僧寺古迹登記，首座溥常自愧無文，强副衆意，於民國十七年，歲次戊辰，夏正十一月溯日，即陽曆十二月十二日，正佛曆二千九百五十五年，追念本寺歷史，由唐代大中十二年戊寅歲起，經五代（泊）［洎］宋元明清四朝以來，約計一千零七十一年。時縷記顛末於報恩佛學院主講堂。

——《觀宗弘法社刊》，一九二八年第五期，第五九—六〇頁。黄夏年主編：《民國佛教期刊文獻集成（補編）》，中國書店出版社，二〇一一年，第三六卷，第一三九—一四〇頁。

寧波七塔寺裝金西方三聖萬緣起

（民國）諦聞

我佛於過去無量劫中，以巨大犧牲之精神，修種種之福德智慧，及至最後豁然大悟，親證本有之真如妙性；復以其所覺之道，不辭辛瘁，以覺悟衆生，俾一切衆生皆得證其所證之妙性，以共享其不生不滅之勝樂。其予衆生之恩惠，與衆生之被其感化者，亦既深而且厚矣！故佛陀爲利自利他之偉大人物，絶非其他宗教之教主所可望其項背也。假令佛不説法以覺悟衆生，衆生在迷，有如盲者無相，悵悵乎其何以行乎哉？兹雖佛陀涅槃已久，而其所遺流之教法迄今尚存，理應香花燈樂，恭敬供養，常爲紀念。夫教法爲佛陀住世攝化精神之所寄，而代表其偉大人格者，教法有二，聲教、行教是矣。聲教者何？依據佛陀一代攝化補特伽羅之語言，結集而成之文字，所謂素怛纜藏、毗奈耶藏、阿毗達磨藏等，三藏十二分教也；行教者何？根據佛陀一代攝化補特伽羅所現之行爲，融結而成之一種精神寄託瞻仰，所謂塑造、雕刻，以及彩畫、銅鑄等，藉以表現其威儀相好、功德莊嚴之「塔像」也。是以教法所在，即如來舍利之身，如能起塔塑像，廣爲供養，則所得之福德，靡有涯際。試觀貧女丐珠，金師爲錎，各發歡心，共裝塔像，九十一劫，却報感大富。良以莊嚴塔像，非誇一時之富美；檀那功德，實爲永劫之資糧。阿育王之造舍利塔，豈徒然哉！優填王之刻旃檀像，良有以也。敝寺爲浙省名藍，甬江古刹。佛化之興隆，僧伽之繁衍，直與天童、育王、觀宗三大叢林相伯仲，且有過之無不及者。寺之西方殿内，供有西方三聖，丈六金身，塑自有清光緒年間，中興七塔慈祖之手，藝術精緻，巧奪天工，相好莊嚴，堪稱傑作，擬雲崗之石佛，比龍門之石像，不爲過也。第以歲月遷流，金身掩紫磨之光，聖像失玉毫之曜，此爲敝寺美中之缺陷，而亟亟宜裝修者。溥常承之主席，責無傍貸，擬募萬人之緣，莊嚴三聖之像，庶幾玉毫重增色彩，金身再放光明。唯是事功浩大，需費孔多，徒懷移山之願，終乏點石之功。伏冀緇林上座、白社高賢，以及護法長官、信心居士，不住於相而行布施，玉成斯舉，匡濟其艱。買園布金，長者即生天上；聚沙成塔，童子終證菩提。功不唐捐，福有攸歸。謹啓。住持溥常、監院鉅鏞同啓。

——《諦聞塵影集》，香港炎黃文化出版社，二〇〇八年，第三五頁。

寧波七塔寺重修大雄寶殿暨裝金千手觀音聖像募緣啓

（民國）諦聞

溯唐大中間，心鏡奂禪師杯渡西江，錫飛東甬，任公捨宅，建寺居之，顔曰東津，後易栖心，旌其德也。歷宋元明，代有興替。至清光緒中葉，慈運慧祖，崛起中興，琳宫紺宇，爛焉一新，門廊殿廡，燦然大觀。賜額報恩，又名七塔，以門外有七浮圖也。迄今選佛場開，宗風益扇，南參北詢之流，至者如歸；禪誦梵唄之聲，不絕於耳。鴻儒白丁，黃髪垂髫，無不知有七塔之勝者。據攷：明洪武間，因梅岑山寶陀寺懸海，徙建於甬東栖心寺内空址，恭迎大士瑞相亦供於此，改爲補陀寺。自時厥後，寺之正殿永奉觀音大士，靈感顯著，屢有異徵。所以一方人士，爭爲植福培因之道場，各地信侶，亦爲經此必朝之靈迹。洵甬江之名藍，震旦之祇園也。雖然，既有先人以拓其基，必藉繼世以傳其後，或證明心性，紹往開來，或恢宏願力，興廢舉墜，庶幾山門永振，法矩常暉。若僅衣粗食糲，离羣索居，完山僧野衲之本分，安能使住持三寶永作金剛不壞耶！迺者敝寺大雄寶殿曁内供千手觀音聖像，建造日久，漸呈暮象。不維有損觀瞻，抑且殊夫相好。指南職掌住持，責有興廢，誓發宏願，莊殿依正。唯是一木難支大廈，衆志方可成城。普望給孤長者，韋提夫人，或匿王之再世，或阿育之重來，共秉崇佛之心，同興護法之力。將慈悲寶筏，爲子孫廣植福田；以喜捨願船，度祖宗超生蓮界。種如是因，結如是果。經有明言，决信無疑。謹啓。

住持指南率監院明校敬募

——《諦聞塵影集》，香港炎黃文化出版社，二〇〇八年，第三六頁。

月西大和尚像贊

白化文

驅烏慕道，蓮生鉢中；
愛國愛教，與時俱同。
復興七塔，重振宗風；
邈兹影像，銘記德隆。

——賈汝臻主編，黄夏年副主編：《七塔寺人物志》，宗教文化出版社，二〇〇八年，第五〇五頁。

七塔禪寺三聖殿修繕記

七塔禪寺修繕組

七塔禪寺三聖殿是寺院中軸線上的第三座佛殿，前爲圓通寶殿，後爲藏經樓。由本寺中興祖師慈運長老于清光緒十七年（一八九一）主持重建，清代江南風格的重簷歇山式雄偉殿宇，内供西方三聖立像，高二丈有餘，正中一尊手持蓮台爲阿彌陀佛，右邊一尊手持楊枝爲觀世音菩薩，左邊一尊手持蓮花爲大勢至菩薩。光緒二十年（一八九四），西方三聖與圓通寶殿千手觀音同開靈光，普利人天。

然世事無常，祖師嘔心瀝血、苦心經營的三聖殿，在「文革」中被土產公司占爲倉庫，佛像和建築均遭破壞。一九八二年全國落實宗教政策，一九八三年由時任住持月西法師收復，加以整修，並於一九九二年繪製《西方九品蓮台圖》，懸於殿内左右兩壁，更顯祥和莊嚴。但歲月滄桑，四大無常。長年風雨的剝蝕，使殿頂的瓦片鬆動脱落，雨水下滲，導致望板樑柱朽壞，歇山牆分裂傾斜。爲了遊人、香客的安全和重點文物保護單位三聖殿長久保存，大規模的維修已勢在必行。

住持可祥法師以昭隆道場爲己任，召開寺管委會議研究決定，並報請政府有關部門批准，於二〇〇三年六月七日開始全面維修三聖殿。是日，可祥法師爲上供法會主法。承蒙護法龍天的加持和大衆的齊心努力，修舊如舊，歷時五個多月，於二〇〇四年一月一〇日順利圓滿。雄偉、莊嚴的三聖殿重新展現在大衆面前。龍天齊歡喜，佛子同讚歎；遊人稱勝境，香客競瞻禮，成就更大的弘法功效。

現將此次大規模維修的專案公佈如下，以資十方鑒别指正，共成十方之事。

一、將經長年風雨侵蝕，開裂傾斜的原殿頂歇山牆全部拆除，照原版重築。

二、殿頂的正脊、角脊、垂脊照原版换新。

三、殿頂的「國泰民安」四字色彩塗新。

四、殿頂的龍頭、走獸照原版新塑。

五、望板、椽條全部換新，舊瓦片全部換成新琉璃瓦。

六、殿前部兩根檁條換新。

七、全殿四周加斗拱和撩簷枋。

八、全殿四周的封簷板全部換新。

九、殿后部兩根老角樑換新。

十、拆除殿内左右兩側開間的隔牆，並移走兩邊的《西方九品蓮台圖》和右邊的桂侖大師紀念堂，以擴大殿内的面積，方便日常弘法之用。

十一、原左右兩邊舊外牆拆除重築，並於後牆的左右兩邊稍間各開四扇窗户，以增加殿内的光線和空氣流通。

十二、仿圓通寶殿規格，將殿東西北牆中的十四根木柱全部換成花崗岩石柱，並刻名家之楹聯。

十三、殿堂周圍埋下十四根花崗岩條石地栿、十四個柱礎。

十四、殿堂左右兩邊的明台重新修補，鞏固了台基。

十五、殿前加上花崗岩欄杆，上刻有獅子和山水走獸圖。

十六、寶殿前三扇大門全部用進口硬木做成，並雕以盤龍圖，且漆成深黄色，顯得既古樸又典雅。

十七、三聖殿后簷上懸掛「蓮邦浄域」匾，爲上海陳佩秋所書。

春風化雨萬事新，三聖重光利有情。嚴格遵循「修舊如舊」原則維修後的三聖殿，顯得格外莊嚴、結實、寬敞、明亮，保持了清代的建築模式和古色古香的特色，歡迎十方仁人志士前來鑒證指導。

人事有代謝，往來成古今。祖德留勝迹，我輩倍珍惜。修葺後的三聖殿，巍峨莊嚴，甲于諸方。盼七塔法裔飲水思源，望十方善信深信浄業，共期光壽無量之智德！

七塔禪寺修繕組

二〇〇四年三月十二日

——（七塔禪寺）《檔案》卷四三，二〇二〇年，第一册。

題七塔禪寺圓通寶殿五百羅漢

可祥

羅漢五百，鐫於殿壁，各肖其形，動人心魄。光緒文物，珍同拱璧，誰人構此，慈祖所辟。付諸影印，成此畫册，普願見聞，共沾法益。

可祥敬題

二〇〇二年九月

——（七塔禪寺）《檔案》卷四三，二〇二〇年，第一册。

寧波七塔報恩禪寺新建鼓樓落成記

傳印

七塔報恩禪寺，爲浙東四大叢林之一，以鄰接寧波海港，歷來爲朝禮普陀者所經由，或有就此朝拜大士者，故與普陀山同爲觀世音菩薩示化道場，享有小普陀洛迦之譽。本寺始成于唐大中十二年，初有分寧宰官任景求舍宅爲東津禪院，心鏡禪師開山。唐咸通時，敕額栖心。

宋大中祥符時，敕額崇壽。明洪武時，敕額補陀。清康熙時，以山門外立七窣堵波，因稱七塔。清光緒時，慈運禪師住持，營造伽藍，莊嚴聖像，赴京請頒龍藏，蒙賜寺額曰報恩，因稱七塔報恩禪寺。本寺賴以中興。唯其時艱，舉債新營，於大殿之東，鐘樓建成。西邊鼓樓，竟未及建。

二十世紀八十年代，月西上人住持，寺院氣象煥然一新。方欲舉建鼓樓而上人圓寂。可祥法師，夙植慧因，英年雋秀，秉先師月公遺願，矢志報恩，蒙寺衆推舉，自西元一九九三年主持寺務，夙興夜寐，宵旰忘倦，勵精道業，提倡慈善，編修寺志，表彰先德，繼往開來，光前裕後，次第修繕圓通寶殿、三聖殿、鐘樓，改建東廂房、山門。於西元二千零二年秋，發起啓建鼓樓，歷時兩年圓滿落成。由是在本寺則結束百餘年來獨無鼓樓之缺憾，在可師則克遂先師疇昔之夙願。

鼓樓高十四米六，寬十米六。其式一如鐘樓之三層重簷歇山頂。新制大鼓徑可二米。樓內供奉十一面大悲自在觀音聖像。像以檜木，妙手精工，法相莊嚴。瞻仰者，莫不踴躍讚歎；禮謁者，率皆傾誠皈心。所謂：

觀察世音，形隨九界之儀； 動静不生，心悟圓通之境。

普陀設化，靈明應感而來； 甬埠藏真，妙用尋聲而至。

銘曰：

虎嘯龍吟，醒迷警昧。返覺歸真，化人淑世。檀越蒙恩，四生均益。福國利民，護法安僧。風祥雨順，歲吉時雍。五洲康阜，天下泰平。

西元二千零四年佛曆二五四八歲次甲申十月吉日

廬山東林傳印沐手敬撰

燕下少康篆額書丹

七塔報恩禪寺常住謹立

——《七塔禪寺珍藏書畫集》，西泠印社出版社，二〇〇八年，第一五〇頁。

維修殿堂募捐啓事

可祥

七塔禪寺自古即爲浙東四大佛教叢林之一，與天童寺、阿育王寺等齊名。明朝時因迎奉普陀山千手千眼觀世音菩薩聖像，譽稱「小普陀」，成爲十方有名的觀音菩薩道場；清代光緒年間，臨濟宗第三十九代傳人慈運長老住持時，廣傳禪法，得法弟子四十八人，枝分海内外，七塔禪寺由此成爲中國近代臨濟宗中興祖庭之一。一九八三年，國務院批准七塔寺爲全國重點開放寺院。寺院現有建築多爲清代所建，莊重典雅，古色古香。改革開放後，經過月西長老、可祥法師兩代住持復興、增建，更添全新氣象，備受各界矚目。尤其是隨着新建鼓樓的落成，新山門牌樓的改建，更爲甬城平添亮麗景觀，成爲信衆禮佛、參訪、遊覽、觀光之勝地。

爲全面整飾寺容，再焕新彩，寺管會決定二〇〇五年對已顯陳舊頹容的天王殿、圓通寶殿及其東邊廂房、藏經樓等進行全面維護修飾，以與寺院新貌協調一致。因此項工程耗資巨大，需費頗多，常住獨木難支大廈，衆志方可成城，唯有仰祈諸方善信大德，共發悲願，同伸援手，依十方力成就十方事。護持三寶，功德無量！莊嚴道場，福不唐捐！

捐助方法：凡發心捐助者，請與天王殿登記處聯繫。凡捐資千元以上者，請到庫房佛事接待處辦理手續，寺院將刻石立碑，流芳將來。

二〇〇四年十二月

七塔禪寺住持可祥謹啓

——（七塔禪寺）《檔案》卷四三，二〇二〇年，第一册。

雕刻地藏菩薩像募捐緣起

可祥

地藏菩薩，誓願宏深，雖則久已證窮法性，而復不住寂光，不證佛果，以大慈悲，遍周塵沙，隨類現身，度脱有情；而復常居幽冥界，救拔地獄極苦衆生。以菩薩往昔曾發大願：衆生度盡，方證菩提；地獄不空，誓不成佛。以其誓願最爲深廣，故在佛陀教法中，主大願法門，與大智文殊、大行普賢、大悲觀音並列爲四大菩薩。在佛教伽藍中，多設地藏殿以供奉之。

本寺鐘樓底層地藏殿中原來所供菩薩像，系改革開放後由月西長老所塑造，泥胎貼金，供衆瞻禮。今歲對面鼓樓建成，以底層爲觀音殿，中供檜木飾金十一面觀音菩薩聖像，莊嚴殊妙，甲于他方，社會各界頗多讚譽。爲與新建鼓樓相協調，寺院特將陳舊鐘樓進行了全面翻新；並擬重刻地藏菩薩像。新刻聖像將依觀音聖像之標準，檜木飾金，上懸寶蓋，菩薩手持明珠、錫杖，全身立於蓮台之上，慈悲莊嚴令見者欽敬歡喜。惟此工程造價頗高，常住獨木難支，故特向各方募捐求助；並以此使大衆與菩薩締結深厚法緣，共趨無上菩提。

七塔禪寺住持可祥謹啓

二〇〇四年十二月

——（七塔禪寺）《檔案》卷四三，二〇二〇年，第一册。

七塔報恩禪寺新建山門牌樓落成記

白化文

經來西土，運流東方。皈依等覺，歲月二千；回向佛乘，叢林萬所。標舉宗風，入仁祠展歸向之心；扶輪法事，建祇園表肅恭之意。化爲浄土，灑甘露於大千；延接德衆，照慈燈於億劫。信士常資妙善，當局以贊隆平。昭代重興七塔報恩禪寺，蓋以是也。方丈可祥法師，臨濟真傳月西老和尚高足。幼悟真空，早標定慧。欣逢盛世，弘闡宗風。人天共證，領袖紺園；緇素同歸，莊嚴鷲苑。法事隆興，殿堂輪奂。寺内全面翻新，基本告竣。山門新建，提上日程。領導支持，專家獻策。統一規劃，全面調研：需滿足啓閉並景觀功能，應顯示壯麗與巍峨氣勢。良材致用，高工效奇；辨方審曲，測景立基。善擇欒楝，巧用鈞繩。拓址峻墉，量材增構。周回百步，直上千尋。望佛地而掩高深，陟金階以探寥廓。内則香殿崛起，前即湧塔化成。璀璨翕赫，挺拔深沉。振法海之波瀾，接禪宫之閫奥。近觀闤闠，街巷千家；遠瞰林巒，煙波一發。門額朴老大德手書，聯語可祥方丈親擬。烘托映襯，巍峨莊嚴。斯誠表章全寺之一大建築也。

形之所極，理亦在焉。謹按佛典：「山門」亦稱「三門」，禪宗伽藍立爲正門者是也。于佛法象徵智慧、慈悲、方便三解脱，通稱空門、無相門、無作門者是。或説象徵信、解、行，亦備一解。總之，入山門即佛地。信衆望門投止，當修浄土，勿忘皈依。

時佛曆二五五一年，歲次丁亥，准提菩薩聖誕之日，北京大學教授頤和退士白化文頂禮九拜謹叙。

——白化文：《七塔報恩禪寺新建山門牌樓落成記》，《報恩》，二〇〇一年第一期，第四四頁。

七塔報恩禪寺維修大事紀碑

七塔報恩禪寺重建于清季同治朝，百餘年雖間遭侵佔毁損，然屢經展複營繕，尚備伽藍面目。迨癸未（二〇〇三）年可祥上人升座，嗣後近十年間，上人籌畫殆無虚日，全寺建築次第修復增建。凡山門、天王殿、圓通寶殿、鐘樓、祖堂，靡不輪奂重新。慮定而事動，期克而功集，誠曩昔所未有者也。首事者維癸未（二〇〇三）年重建山門之役也。山門實一寺之衝要，觀瞻之所系，黄牆土壁難資瞻禮，乃以泉州爲材，牌樓作門，欄杆當牆，歷三年而工畢，至此山門雄麗，欄楯肅穆矣！鐘鼓兩樓伽藍必設，惜本寺百餘年尚無鐘樓，癸未（二〇〇三）年鐘樓新矗，雙美既合，一時嘉話。圓通寶殿者，本寺之主殿也，大士聖像在焉。雖者高甍飛簷，然則簡陋青瓦，難盡積潦，漸蝕架構。繼乙酉（二〇〇五）年其東側廂房大修工竣後，丙戌（二〇〇六）、丁亥（二〇〇七）兩年，將主殿之青瓦易以黑筒瓦，一擯積患，並重髹外牆，地面鋪設梅園石板。祖堂丈室之重修起於丙戌（二〇〇六）年，閱一年半告竣，風貌古樸，舊觀復見，同期新建天王殿東西廂房。丁亥（二〇〇七）年春，玉佛閣大修，增其基石，實其牆體，至年底蕆事。是年並改造放生池。戊子（二〇〇八）年維修三聖殿東廂房及庫房，東側甬道亦以舊石板易花崗石板。本年秋冬兩季法堂藏經樓維修工程又起，以黑筒瓦易原小青瓦，改空斗牆爲實砌牆，並新髹四圍。乙丑（二〇〇九）年初夏，復三聖殿圍脊素有之斗拱花格，重砌三圍牆面爲青磚牆，殿堂莊嚴逾昔。玉佛閣東側之三層僧廚暨綜合樓，難洽周邊風貌，於庚寅（二〇〇九）年歲末拆除，擇磚木重構。同期，山門内東側新矗普門柱一根。

辛卯歲末

七塔寺管委會謹立

——碑存七塔寺

十八羅漢記

可祥

佛法西來，羅漢信仰漸入民間，藝術形態豐富。甬上竺韻德先生喜得十八應真一堂，深感此爲祖國文化之精粹，公藏優於私藏，七塔常住受贈，特辟於此供設，以資瞻仰流傳。此堂壽山石羅漢，實爲罕稀，妙入幽微。竺公操存涵養，建功立業，皆成不朽！此舉乃功德無量！

報恩可祥謹撰

歲次丙申初秋

——藏七塔寺文物珍藏室

七塔禪堂鐘銘

李文國

七塔叢林嫡傳臨濟正宗，千百斯年，洪宣正法眼藏。教門大纛，海内崇欽。今禪堂規復舊制，新鑄銅鐘懸其上，乃爲銘曰：

禪有衆門，臨濟峻雄，流風四表，不遺甬東。報恩名藍，正脈嫡宗，堂奥肅穆，端契元真。大冶之精，蒼山古銅，宏聲巨扣，彌漫虛空。無上威音，獅吼雷鳴，上震日天，下徹幽城。破迷決礙，净掃六根，聲已非聲，毛孔乾坤。廓然湛然，微明圓明，諸佛開顔，嗣響無窮。

李文國撰

佛曆二五六二年

——藏七塔寺禪學堂

七塔禪寺三聖殿、法堂修繕記

陳洪勳

佛曆二五六三年二月十五日，七塔禪寺喜逢上供法會盛典，慶祝三聖殿及法堂修繕竣工。歷一百二十八年風雨，殿堂重光，金身焕彩；　棲心增暉，補陀顯榮。洛迦山升騰瑞氣，觀自在慈航浙東。篳路藍縷，感創業之艱辛；　躬逢盛典，知前路之亨通。常住囑余作文以記之。

是日也，七塔禪寺心鏡高懸，經幢如蓋；　慈雲廣被，法雨如霖。香象出山，玉龍跨海；　鵬來西極，獅吼東津。百丈街邊，碩德高僧與鴻儒博士齊賀；　壽相塔前，庶民百姓共能工巧匠俱歡。鐘磬齊鳴，爲千靈頓開覺悟；　梵唄贊偈，爲萬物净化心靈。真乃法妙，字字珠璣；　春風化雨，潤物無痕。盛矣哉！

近瞻聖殿法堂，氣勢恢宏，古雅莊嚴。唐基宋礎，明砥清磚。聖殿歇山重簷，闊廊玉欄；高門疏櫺，黛瓦接天。金匾高掛，錦聯鑲嵌。今古名家，敬獻墨寶；佛理妙對，意藴深含。殿堂高樑支華榱，井然而空闊；長聯裹玉柱，緇素而仰瞻。三聖巍峨，面如滿月；紺目清澄，俯察塵寰。慈祥消融冰雪，莊嚴甲于諸天。人立其中，如入深山空谷。但覺空明澄澈，清涼静謐；花開四季，暗香如蓮。脱塵絶俗，心無雜念；貝葉聲起，心地安然。步入法堂，則象窟龍池，寺院祖師伴玉佛；佛經法典，大德高僧學有淵。好一派盛唐氣象，明清風格。至此，七塔禪寺四殿連綿，蔚爲大觀矣！

噫！人無金剛之體，物無不朽之身；事無百成之握，世無永恒之春。生息交替，萬象更新。看法輪常轉，問盛衰之道，時耶？勢耶？人耶？應時、順勢、得人，則事興；違時、逆勢、失人，則事衰。然，時運不濟，雖飛將軍奇勳難建；大勢沉淪，雖諸葛亮壯志難伸。由是觀之，時、勢、人缺一不可也。

大唐盛世，任氏舍宅；心鏡執杖，宗風遠振。地廣百畝，殿堂千間。大明洪武，天下初定，政施懸海。湯和徙遷觀音，長老重整蓮台。寺建補陀寶刹而榮，民慕菩薩法身熙來。永樂年後，天下又安。住持汝慶建圓通寶殿。天順，文彬長老建藏經閣、大悲彌陀殿。清朝盛世，延及康乾。順治，住持行沃重修佛殿。康熙，住持超珏建大悲殿。待大清國運衰頽，兵燹火焚，洪楊一役，數代心血，毀於一旦矣。直待天下稍安，寧波開埠，周文學母子募建圓通寶殿。慈運長老改建圓通寶殿，新建三聖殿與藏經樓，香火重旺，龍象輩出，七塔禪寺宣告中興。

迨至日寇入侵，兵連禍接；天長日久，風摧雨蝕；因緣不具，土木難興。寶刹原貌不復矣！然，天道有常，終至豔陽高照，和風勁吹；中華崛起，民族復興。可祥法師秉先師月公之宏願，乘長風，掛雲帆；振鵬翼，搏九天。宵旰忘倦，披肝瀝膽；深思熟慮，戮力親踐。二十年間，先後修繕天王殿、圓通寶殿、鐘樓、東廂房、庫房、慈蔭堂暨玉佛閣、舍利塔院、三聖殿及法堂。修繕後，七塔禪寺古雅壯觀，渾然一體。著名古建築學家羅哲文先生有言：「爲極其難得之清末民初古建築之瑰寶。」信然！成就佛家今日之盛事，不亦壯乎。

常言，盛世修佛，佛佐盛世。道能化人，人能弘道。花花世界，滾滾紅塵。世留一片浄土，人有栖心之所。善哉！善哉！頌曰：

大道無形處處尊，生生息息滿乾坤。順時乘勢鯤鵬起，創業建功龍象奔。

代有高僧荷重擔，不教寶刹變蓬門。喜看聖閣還原貌，棲我衆生心與魂。

己亥仲春　魚台　陳洪勳撰

——陳洪勳：《七塔禪寺三聖殿、法堂修繕記》，《報恩》二〇一九年第一期，第三四—三五頁。

重建七浮圖記

李文國

蓋聞三界綿綿十方浩浩，法身無相觸目皆形。佛菩薩遍佈虛空，然俗眼不識，故佛示像垂教，金姿寶相是佛，巍峨浮圖亦是佛。

甬東名刹報恩禪寺，以山門前舊列石浮圖七，示古七佛之顯化，故俗稱七塔寺。邑乘載明張得中遊寺詩有「七窣堵波天雨寶」句，可知寺前七塔之置不晚於明代。然則七浮圖究爲何代何年始有，期徵文考獻以補闕如焉。

紅羊之劫，全寺廢爲白地，及江南平定，主持慈運長老勉力經營稍復舊觀，亦置七佛塔於山門外，以符寺名。後百年中夏鼎沸，象教陵夷，報恩禪寺法器蕩然，七浮圖毁於一旦。幸聖教重光，主寺者月西長老奮袂奔走，欲起祖庭於荒頽。斯時百廢待舉，錢款支絀，一切營建皆以量入爲出爲旨。工料未免簡易，復建七浮圖亦如此。

癸酉歲可祥懷海上人繼主寺務，上人發願以承業弘道爲己任。殫精竭慮，宵衣旰食，廿余年間全寺殿堂樓閣逐一修繕增置，叢林氣象更盛於前代。上人慮門前七塔材粗工簡，難襯輪奐之殿宇，決計更之。乃率常住四方搜訪佳材良工。丁酉歲初，訪得閩省漳州山中所産佳石，號漳州花崗岩者，色瑩白而質堅實，堪爲上選。上人數入山中親勘礦苗，諮詢多方，參酌類比，乃定此石爲新七塔之材。遂聘良工，約議款式工期。款遵唐式，狀肖覆鉢，期爲十月，惟求細斲精鐫，於是造作興焉。

戊戌新正，七石塔安抵甬上。上人爲擇吉日於舊塔之址置設新塔。立塔之時，四衆齊聲讚歎，周匝瞻禮者竟日不絶。新浮圖自基台至刹頂通高二丈，須彌寶座，八方出簷，塔身深鐫佛像，莊嚴無比。觀瞻者皆生歡喜心。是役也，共費金二百萬。非上人宏願深廣，檀越精誠樂施，安能睹巍然寶造增輝于叢林哉？輪焉奂焉，古佛當于常寂光中軒眉一笑焉。

己亥至日李文國於萬古悲歡室和南恭撰

——李文國：《重建七浮圖記》，《報恩》，二〇二〇年第一期，第二八頁。

七塔禪寺華嚴閣記

陳洪勳

七塔禪寺華嚴閣始建於民國六年。寺院主持道亨爲臨濟宗第四十世傳人溥常長老弘揚《華嚴經》而辟。道亨深得湖南禪門耆宿默庵法師真傳，親傳其止觀法門、曹溪微旨心法；深得臨濟宗中興之祖慈運長老指點，親受其心印，納爲入室弟子；深得八指頭陀、岐昌法師信任，令其執掌財務，無私奉公；對復興建設七塔禪寺嘔心瀝血、貢獻良多。

溥常長老少時飽讀詩書，儒學涵養豐厚；繼研佛法，深得法忍、慈運真傳。遍訪宇內名山聖土，宏擴心胸眼界；卓錫數家寶刹古寺，宣講楞伽真言。終歸七塔禪寺，六易寒暑；外緣屏絶，再悟華嚴。在直接彰顯佛陀廣博無盡、圓融無礙之因行果德，魏巍壯觀、不可思議之境界，含攝其全部教法精義、堪稱經中之海，無所不攝之《大方廣佛嚴華（華嚴）經》中，徜徉折衝，深入淺出，參悟真諦。終於明見自性，桶底脱落；深諳圓極，心胸豁然。遂發大悲心，伸妙手眼；憐三尺子，舍兩莖眉。著成有「血筆肝文，婆心熱語」之稱的《華嚴綱要淺説》。

在住錫七塔禪寺期間，溥常長老編輯院刊，倡修寺志，訂制宗譜，開壇傳戒，發起禪堂坐香，創辦佛學院。撥亂反正，正法弘教。連續三年，爲學僧開蒙啓智，宣講《華嚴》。針對時局變換，社會誤解，僧界流弊，長老旗幟鮮明，義正辭嚴：「自覺覺他，覺行圓滿謂之佛。即孟氏所謂予事之先覺也。」「開示悟入佛之知見，即以純粹道德爲主。」「神也者，人民之真精神也，非語於鬼神邪惑之説。」「華嚴法界盡圓融，參透觀音道更雄。深入一門能澈底，塵塵刹刹在其中。」因之，廿餘年間，七塔鐘聲傳萬里，百餘龍象出禪門。長老成民國華嚴學之宗師。恰如芝峰法師詩贊：「長老菩提偏解空，夜深浩浩月明中。安禪不計天花落，彈指能教頑石聽。佛性無分南與北，水波不別異還同。今人尚作古人事，一喝猶餘三日聾。」信然也！

惜哉！華嚴閣後因風摧雨蝕、社會動亂，樑斷榱傾，地變民産。待到改革開放、社會諧和，可祥住持發大願心，持磨杵志。自戊寅起，歷十載磋商，地回浄土。繼而，夙興夜寐，親力親爲，籌資、設計、興建、裝修。至庚子，終復莊嚴。飛簷挑青雲，黛瓦騰紫氣。書香與佛光氤氲，高僧共鴻儒栖心。盛哉！

挂一漏萬難概長老功德，片言隻語怎摹寶閣莊嚴。仰望玉闕，遥思藏奂。贊曰：悟透華嚴歸本初，誓將貝葉化烘爐。一生膏血俱燃盡，舍利萬枚鋪坦途。

山東魚台陳洪勳撰於辛丑立春

——陳洪勳：《七塔禪寺華嚴閣記》，《報恩》，二〇二一年第一期，第四五頁。

七塔禪寺西北舊址展復營建記

李文國

郡城叢林之特者，首推七塔報恩禪寺。蓋寺居東津虹梁之左，自唐心鏡藏奂禪師肇基，箕裘千載。龍象效靈，雖歷劫而常新，聲隆東南。

寺四鄰康衢，傑構恢閎敞麗，郡邑之乘向有所記。民國廿四、廿五年間，國民政府通令調查佛寺、古迹，鄞縣地方政府奉令勘測本寺殿宇及四至，出詳平面圖一幀，是爲本寺永業之據，他人毋得侵淩。

「文革」期間，七塔禪寺同罹浩劫，法物毁棄，僧衆飄零，殿宇淪爲工坊。凋敝十年，良可歎也。

洎乎否極泰來，象教起衰。主寺月西長老勉力規複，斯時雖公廛退歸教産之禁稍弛，然執事者多懷前鑒非遠、諱深懼禍之心，涉此怵惕，凡求細苛，且履行夷猶。長老申訴多方，久歷年月，忱悃恒如，積細功而成大觀。壬申歲前，漸得有司獲准復歸本寺之殿堂，計中軸數殿、鐘樓、僧寮等舊産。長老復于圓通寶殿、三聖殿西側增建廂房，置水陸内堂。然西側南北兩區廣長之地仍屬公有。工坊賈肆，喧囂不廢晝夜，此禪門清修之大妨也。長老大願未竟，抱憾而終。癸酉之年，可祥法師嗣主七塔法席，師慨然語常住曰：我等既着袈裟，當思荷擔祖業，祖業不復，他日有何面目見歷代祖師于西土？本寺之憾在於西界舊地，拙衲誓願規復舊地，倘一日不復，拙衲即一日輾側縈懷。師宏願既誓，即獨肩規復之任，往訴多門。先是寺西偏之地爲某工坊所占垂三十載，其地南臨百丈街，北至方丈殿后牆，東西兩區皆抵工坊房舍。師協調諸方，集議、談判五十餘輪，終使鳩占者無出異辭，丁丑歲乃得收回舊地。遂於其上建鼓樓，補本寺百餘年無鼓樓之憾。然寺之原界西毗箕漕街，鼎革之初鄞縣政府勘合七塔寺産，予産權證收執，此據尚存寺方，瀕街之區占地三千三百平方公尺有奇。他方鳩占，人皆知其實，雖毋庸法司定讞，然收復艱阻。丙寅歲初，師復通詳有司，再起規復之議。其間繁難挫折，曠日持久，屢躓屢起，非筆墨所能述。惟其堅秉初心，排難苦撑之弘毅，四衆交贊。所謂精誠之至者天必眷之；人必助之。甲申二月十七日，師趨訪省垣，稟陳舊地規復之願。省方轉飭長寧波政務者某，偕該寺所陳情實，希達成所願。師又投函公署理常務者某員，開陳始末，言辭温婉而剴切。當年五月廿一日，該員集有司合議，審定七塔禪寺歷年呈文規復舊地之請，公議寺之訴求合乎情理法，應予照準。數載長訴，終得一伸。六月二十日寧波地方政府行文各屬，核准七塔禪寺西北區三千三百五十四平方公尺又七分之地復歸寺有。公文到寺，僧衆歡忻，皆和南贊曰：非主寺廿載不懈，我輩今日安能睹失土規復？丙戌夏秋工坊騰遷，地返舊主，至此全寺失土皆復。

師思本寺七堂伽藍皆備，惟禪修之所尚欠闕敞，遂擘畫多方，議定於新復之地營建禪修、講學、藏書之所各一區。預定名曰：七塔禪學堂、報恩大講堂、栖心圖書館。既廣叢林之規模，又便僧俗研經參學，行弘法利生之願。然宗教場館增建，非政府審批核准而不能行，成其事殊不易也。師不憚劇煩，數詣廳署親爲指陳，執事者服其理、嘉其志，終爲頒營建許可狀。諸善信聞之争輸凈貲以助偉造。

辛卯初夏營建始舉，然工程繁巨，一基之敷、一柱之立、一櫨之攢、一檁之架，皆須詳核精審。中屢有方案更張測繪修正，誠大不易。斯時，師方負笈京師上庠，然事無巨細，皆黽勉擔當，顛簸兩地，神形勞苦，非常人所能耐。浸浸四載，大造克成：禪堂講堂閎宇連亙，上下相通，丹楹刻桷，欄楯圍繞，崇階闊穹，形制儼然唐宋；栖心圖書館則清式合院，静閟幽深，研經究學之佳處也。此番締造，終使名藍乾位無白地，形家謂大吉之圖已呈，一寺昌隆之象也。浙東名藍更勝於昔。

師爲慶工程克竣，乃集常住行法華之會，以報佛恩、以告祖師、以彰功德、以昭圓滿。七日之會感動人天，瑞應祥符衆所共見。誠一時難遇之勝事也，嘉話流傳甬上。今宜紀其顛末以告來者，俟異日史家采入志乘焉。

贊曰：

木本水源，探其所宗；
恒沙有劫，慧業無窮。
起衰振墜，只手扶輪；
獅吼殷殷，日躍曈曈。
金碧騰彩，剎竿彌尊；
龍象齊舞，法衆深躬。

辛丑浴佛節李文國於萬古悲歡室和南恭撰

——李文國：《七塔禪寺西北舊址展復營建記》，《磨鏡臺》，二〇二一年第三期，第六七頁。

七塔禪寺修繕大事記

可祥

一、落架大修圓通寶殿東邊廂房

圓通寶殿東邊廂房修建於清末，一百多年來未曾大修，内部牆體開裂、屋面滲水、地面下沉、横樑斷裂、柱子傾斜、椽條黴爛，已不堪使用。從二〇〇五年九月至二〇〇六年二月，歷時七個月，投入資金二百萬元，對此廂房實施落架大修工程。此次大修保持廂房原先的風格及建置，修舊如舊。購買舊城改造留下的老磚，把原先的筒牆改爲實牆，使牆體堅固，古樸大方；採用蘇州産的金磚鋪地。另外，還增加了牆基石，更换了瓦片、樓板及部分柱子等。重修後的東廂房有兩層，樓下設佛事接待處、五觀堂、寫法寮、客堂及僧人浴室等，樓上爲僧寮、閲覽室及洗手間。重修後的東廂房大大改善了寺院的環境，緩解了僧寮緊張的狀况。

二、局部維修天王殿

天王殿從二十世紀八十年代落實宗教政策起，僅更换一些損壞瓦件，没有進行其他的維修。經二十餘載風雨剝蝕，日顯頹容，殿堂部分樑柱、桁條朽壞，層簷彩繪剝落，殿頂磚瓦鬆動脱落，雨澤下漏，雜草叢生，與寺院整體環境很不協調。二〇〇五年，經報政府有關部門批准，按照「修舊如舊」的原則，於二〇〇六年四月至十月，投入資金五十萬元，全面維修天王殿屋面和兩邊山牆，保持原有清代建築風格，加築了兩邊山牆的牆基石，把原有的青磚空心牆，用舊城改造時收集來的老磚改成實體牆，將原來的土片瓦更換爲黑筒瓦，同時更換了前面的四個窗户和殿内四個邊門，並油漆了殿堂週邊。

三、局部維修圓通寶殿

圓通寶殿建於十九世紀九十年代，歷經百載。只在一九九五年進行過局部的維修，更換了下椽的一些横樑和部分滲水瓦件。到這次維修前，屋面已經嚴重殘損，其中上椽有一戧角嚴重斷裂，有瓦片剝落，影響下面路人安全；下椽前面兩個戧角，也有明顯下沉。作爲寺院之主殿，此現狀亟需改變。經寺管會研究決定，從二〇〇六年九月至十二月，對圓通寶殿屋面進行保養性維修，更換了屋面黴爛的望板，把原有土瓦更換爲黑筒瓦。二〇〇七年六月至十月，將圓通寶殿内部的花崗岩地面，更換爲收購來的老梅園石板地面，室内維修。十一月份對圓通殿週邊用原色彩油漆粉飾一遍。加上局部零星的維修，於二〇〇七年十二月二十八日全部完成，歷時一年半，共投入資金八十萬元。

四、落架大修祖堂及丈室

祖堂及丈室爲中軸線上建築的第五進，是現存清代建築中的最晚一幢，由於當時受經濟限制，此幢建築選材較差，柱子和樑架極細，品質不及同時代較好的民房。經歷百來年滄桑，基礎下層，屋面多處滲漏，後牆坍塌，屬於危房。經寺管會再三研究，決定進行全面修繕。按照「修舊如舊」的原則，保持建築原有風格，恢復歷史舊制，中爲開山祖師塔，東設方丈室，西設先覺堂。爲完善使用功能，在不破壞原有建築風格的基礎上，將建築進深再往後延伸兩米。整個建築爲磚混二層木結構，所有木料除椽條外均採用進口硬木，從二〇〇六年十月開工到二〇〇七年一月底完工。二〇〇七年十月至二〇〇八年一月進行内部裝修。二〇〇八年三月到五月上旬擦刷桐油，歷時十七個月，總投入資金一百五十萬元。

五、新建天王殿東、西廂房

爲了完善寺院整體格局，我們於二〇〇二年就請浙江古建設計院着手設計東西廂房的圖紙，還向區宗教局和市文保處提呈興建報告，並得到同意批復。圖紙經過了多次論證，於二〇〇六年初最終確定，三月份將設計方案申報市規劃局；四月份將方案申報區消防大隊，並完成基礎測繪放線工作；六月份經過區發改局立項，並繳納相關配套費用；至八月八日領到規劃許可證，到二〇〇六年十月份開工。二〇〇七年一月底完成主體結構，二月至七月對廂房配上門窗，並對木構件刷上桐油，内牆刷上塗料，共投入資金一百多萬元。建成後的天王殿東廂房爲法物流通處、監控室，西邊廂房爲佛教書籍出售處。

六、完成鐘樓内部裝修

爲了使鐘、鼓樓協調一致，使鐘樓内部更加莊嚴典雅。二〇〇五年我寺就委託寧海東方藝術品公司，設計鐘樓内部佛像地藏王立像和室内裝修。按照傳統工藝，二〇〇六年三月份裝修鐘樓内部吊頂，並添裝了青石佛座。四月三日，鐘樓重塑地藏王立像請回安座，地藏菩薩高四點八米，採用進口檜木精雕製作，與鼓樓十一面觀音相對稱。佛像及裝修的總投入四五萬元。

七、落架大修玉佛閣

玉佛閣位於法堂東側，始建於民國，爲上下兩層磚木結構建築，此前略有維修。但由於使用年限過長，屋面及樓板都嚴重腐朽，形成安全隱患。二〇〇七年三月，落架大修工程開工，六月份，屋面和山牆工程基本結束。七月開始内部裝修，十二月内部裝修及油漆工作結束。此次大修保持原先的風格及建置不變，修舊如舊。用舊城改造時購買來的老磚，將原先筒牆的山牆改爲實牆，使牆體堅固且古樸大方；地面採用蘇州産的金磚輔地。另外，還增加了牆基石，更换了瓦片、樓板等。重修後的玉佛閣，樓下爲慈蔭堂，樓上爲會議廳及倉庫，共投入資金六十萬元。

八、保護性維修法堂暨藏經樓

法堂暨藏經樓爲本寺中軸線主建築物中的第四進，自一九八〇年以來，只進行了局部搶修。經二十餘載風雨剝蝕，日顯頹容，部分桁條朽壞，殿頂磚瓦鬆動脱落，雨澤下漏，雜草叢生。爲此，我寺在二〇〇六年報請政府有關部門批准，按照「修舊如舊」的原則，於二〇〇七年八月開始維修法堂暨藏經樓屋面和兩邊山牆。維修工程在保持原有清代建築風格不變的基礎上，增加了兩邊山牆的牆基石，用在舊城改造時收集來的老青磚把原有青磚空心牆改成實心牆，瓦片由原來的土片瓦更換爲黑筒瓦，並用原色彩的油漆，重漆了殿堂週邊顯得古色古香。維修工程爲期五個月，共投入資金五十萬元。

九、改造放生池

本寺放生池位於中軸線主建築物三聖殿與法堂之間，爲一九九〇年代所建，由於當時條件有限，使用了廉價的建築材料，自前些年開始，發生池岸坍塌、圍欄斷裂現象，造成安全隱患；加上池内設置極不合理，池水不流動，所以亟需改造。工程於二〇〇七年七月開工，至十一月完工。挖深了池底，用鵝卵石鋪成平底； 四周池壁改用棱形石塊累砌，拆除池内原來的假山及水管等； 原水泥石拱橋，改用四個大型整塊老石板平鋪； 更換了新欄杆，池底設置噴水口並在池壁安裝四個噴水龍頭。完工後，常住及許多護法善信歡喜讚歎，購買大量的錦鯉放生於此，使放生池生機煥發。通過大力改造後的放生池，配上三聖殿與法堂之間法幢、花牆、桂樹的院落環境，更顯得美觀大方，使本寺更加清浄莊嚴、整潔典雅，成爲一處亮麗的景觀。此項工程共投入資金二十萬元。

二〇一五年五月，投入十二萬餘元人民幣，再次改造放生池，至九月完工。爲使池水達到最佳過濾狀態和使魚池整體更臻美觀，將魚池改爲長九點六米、寬五點七米、高（深）一點六米，人行橋寬二米，底部爲鍋底形狀。採用密實抗滲 C30 混凝土澆築，池底澆築厚度爲四十釐米；四周池壁、過濾倉和人行橋澆築厚度爲二十釐米。池内周壁累砌棱形石塊，四周及橋面安裝青石欄杆。在池壁的東西兩側和橋下分别安裝四個龍頭噴水和兩台增氧推水泵，保證池内氧氣充足。爲節約水源，迴圈使用池水，採用生化過濾系統，利用池水的底排壓力，將池内污水依次經過污水倉、毛刷倉、海綿倉、浄水倉，再通過紫外線殺菌燈殺菌後由潛水泵通過水龍頭灌送池内。

十、局部維修三聖殿東廂房

原三聖殿東廂房建於十九世紀末期，落架重建於一九九九年，由寧波建築設計院設計，但由於設計院不擅長古建設計，造成屋面建築超高，與寺院整體格局明顯不協調。寺管會決定於二〇〇八年二月對三聖殿東廂房進行全面局部大修，屋面降低一點九米，使得整個東邊三進廂房以三〇公分的高度遞增，過街廊與庫房相通，恢復了歷史的原有風貌，外觀協調統一。維修後二樓設上客房八個標間，一個套間，一樓六間爲餐廳，兩間爲兩個老和尚房間。整個維修工程爲期七個月，含内部裝修與空調等設備，共投入資金二百萬元。

十一、落架大修庫房

庫房爲二十世紀三十年代建築的二層小樓。近年來由於木構件損毀，整體傾斜，地面下沉，屋面漏水，山牆開裂，寺管會決定於二〇〇八年二月至九月對其進行全面的落架大修。去除了後面兩個不採光的小天井，整個建築向東移動五米，使得庫房樓前更加寬敞明亮。又更換了二樓所有地板，重砌了三圍山牆，恢復了一層前走廊，整個維修修舊如舊，維修後作爲寺院行政中心，總投入資金一百萬元。

十二、更换東邊甬道石板

東邊甬道的舊石板因全部破碎，於二〇〇〇年更换爲福建的花崗岩石板，由於經驗不足，與古建築的極不協調。二〇〇八年六月，寺院在重新排列好下水管道和地下電線、弱電管網後，使用在古城改造時收購來的古石板，更换東邊甬道石板，恢復了東邊甬道的歷史風韻。投入資金十五萬元，歷時兩個月。

十三、局部維修三聖殿

二〇〇九年五月開始，調整三聖殿地面舊石板，恢復了圍脊邊原有的所有斗栱和花格；

重新鋪設殿内電線，用舊青磚重砌三圍牆； 並把三聖佛像和石座後移一米，新做佛像背光，使殿堂更加莊嚴典雅。 工程投入資金三十萬元，爲時五個月。

二〇二一年五月五日修訂

——（七塔禪寺）《檔案》卷四三，二〇二〇年，第一册。

報恩禪寺興建「兩館三園」榜

李文國

伏維聖教彌天，光紹一花五葉； 吉金浹地，功周萬祀千方。德音不眕遐邦，播騰震旦； 法脈長流浙左，化顯海隅。是故竇坊奕奕，宏額雍雍。踴躍忻瞻龍象，圓明足辨風旛。是故寵章赫赫，講席彬彬。止息統歸揭諦，栖心自蹈毘耶。所覘上人雅志，圓度方規，弘舉宗綱標格； 群從和宜，善徠穢辟，同彰竺國聲名。

熙時偉構，紆東趾以覲潭潭，踵武勝規； 鴻業休徵，拈一毫而薰馥馥，續緣慧侶。二館貯三乘典謨，千户千門洞達，彈指當來彌勒； 一真深六度般若，十龕十笏允晏，問參執作善財？三園者懋，曰桂曰櫻曰杏，名經綜覽，未登《爾雅》之詮； 獨秀者超，惟馨惟浄惟貞，木本兼諧，早預《法華》之品。琪樹英敷，檀旃湧異香之妙； 崇臺卓啓，册府闡無斁之幽。頻迦曼舞於叢，豈獨補陀著迹；摩詰槃桓於座，安知空室墮花。孰見菩提，垂陰皆屬菩提；或云貝葉，觸手當矜貝葉。所謂聲聞清切於緣熟，謁者如如；障礙顛連於智昏，迷人忽忽。證因證果，只道坐深五夜；滅幻滅真，恒須參透元機。

上人暢演報恩，會看虛堂振錫，光焰燭庭；齊伸締造，但教聖域臻華，清涼蔭界。瑞祈寶相，獻吉終招福綏；願感大賓，輸誠端受帡幪。

壬寅九月廿四夜萬古悲歡室主人李文國焚香拜撰

——李文國：《報恩禪寺興建兩館三園榜》，《報恩》，二〇二二年第四期，第四四頁。

七塔報恩寺禪學堂記

應緑霞

禪學堂者，選佛場也，非學修並重之叢林，無以設。七塔報恩禪寺，居甬城三江口東岸，乃近代臨濟宗中興祖庭，浙東四大叢林之一，「與普陀山同爲觀世音菩薩示化道場，享有小普陀洛迦之譽」。參禪者往來絡繹，自唐而今，延續千年，幾更寺名而香火不絕。

歷年既久，屢經劫火，至解放初所存伽藍建置，除圓通寶殿爲同治遺存，餘俱慈運禪師光緒所建。後「文革」之故，佛地蒙塵，寺土爲各方侵佔，月西長老忍辱負重，勉力維持。及八十年代，苦心廣募，始逐步修復禪林舊貌。然傍箕漕街之寺土，仍長期爲萬信紗廠所占。至高足可祥主持寺務，承其衣鉢，繼其遺志，慨然發廣大心，立復興願，八年呼籲，四方奔走，遍尋界址佐證，歷盡曲折，終至所失寺土完璧歸趙。

住持可祥法師率衆傾寺中積年净資，復承檀越周靖先生鉅資之助，不辭勞苦，鳩材庀工；更得本邑俞維東等居士襄鼎，建禪學堂以成就大衆覺悟人生。巍巍宏構，歷時九載，公元二〇〇六年設計報批，於二〇一一年五月開工，至二〇一六年五月落成。自此學有地，心有棲，法脈延續，祖庭重光。繼中興之祖慈運，復興之師月西後，可祥大師有再興之功。

皇皇禪學堂，八角飛簷，二重歇山，古樸大氣，肅穆莊嚴。殿堂木構俱原木清漆，覆以青灰蓮花紋琉璃瓦，殿脊有對稱卷尾螭吻，脊刹更飾鎏金摩尼寶珠，意慈悲光芒普照四方。大門兩側綴以六條垂地護花鈴，祈福祛邪，警醒世人。門上「禪學堂」横額爲高僧傳印長老所題，西門横匾「禪悦堂」則爲性空長老所書，皆深蕴禪意，望之寧心。禪學堂殿堂空闊，東西相對雕花門，各二十二扇撑以六柱，寓佛教六通與二十二門。堂中周設椿凳，中有佛龕，長供佛祖釋迦牟尼。鐘板木魚，開緣覺之圓乘；棒喝門庭，闡佛祖之慧命。弘宗門大範，啓修行法門，行香坐禪，盡舍外緣；澄思静心，頓消俗慮。養浩然之炁，育智慧之光，由定入净，由净而明，明心見性，見性成佛。静坐一須臾，勝造七寶塔，爲都市生活禪之首選。

建者發心，功德無量！然非盛世政通，非十方信徒廣種福田，慷慨樂助，非寺院常住四衆晝夜籌謀，協力以濟，無以成焉。今以文紀之，俾後人之考覽。

甬上應緑霞遵囑謹撰

時維壬寅佛誕

——應緑霞：《七塔報恩寺禪學堂記》，《報恩》，二〇二三年第一期，第四四頁。

第二節　酬贈詩文遊記

絶海津禪師語録序

（明）道聯

予早年聞明眼士論提唱宗乘，謂海外諸國之師，大率滯玄解，不能去合頭語，於臨濟、德山、雲門、趙州開口動舌，便能剿斷學者命根處，恍然有所未知，所以不及華夏。予恐此言不公，藏諸胸中，而未敢輕泄於外，其餘不足論也。後獨與日本禪者遊，觀其氣質多不凡，苟能盡心力於吾宗之妙，皆可躋聖階而揚神化，第惜其務外學，尚吟哦，於别傳直指之説，若不經意。故其返父母之邦，得座披衣，當機對境，儱侗瞞旰，而抽釘拔楔、解粘去縛之談，蔑聞於中國，以此知明眼所見爲不謬，且歎其國崇信吾教特隆於他邦，而大賢亞聖之資，不世挺生其間，維持黼黻之也。永樂元年冬，沙門等聞偕天龍住山密堅中者，奉使來皇朝，還國過門展禮，以其師絶海禪師《四會語録》求序。予以不文辭不獲，乃披讀數過，掩卷而作曰：不意大法垂秋之際，正音寂寥之餘，海東有此偉人也！其呿詞也，義路全超，玄門頓廓；其應機也，電掣雷鍧，聞者不及掩耳，睹者不及瞬目，綽有抽釘拔楔、解粘去縛之作。其不能穿過臨濟、德山、雲門、趙州鼻孔，能如是乎？是知無準以前，破沙盆，金聲玉振於此土；無準以後，驚天動地於彼方，能東拋西擲、和聲楲碎者，其在吾絶海矣。絶海，無準五世的骨孫也，嘗入中國，歷參季潭、清遠、恕中、穆庵等諸大老，於内外學俱有發明，是以提唱高古，圓潤不枯，回出流輩，如前所稱，況具大福德，爲王臣所重。所謂其國崇信吾教，特隆於他邦者，又豈非絶海有以維持黼黻之者乎？覽是録者，當以吾言爲信。

大明永樂元年歲次癸未冬十有二月既望

武林淨慈禪寺住山四明釋道聯撰

——（明）道聯：《絶海津禪師語録序》，《大正藏》第八〇册「續諸宗部十一」，第七三一頁。

登補陀寶閣

（明）金鎰

久懷登覽興，偶作化城遊。
覺海通金刹，慈雲護寶樓。
曇花非色相，祇樹不知秋。
繡拱懸霄漢，雕闌控斗牛。
徘徊雙眥決，汗漫一身浮。
遐觀三千界，雄圖四百州。
夕陽興廢迹，逝水古今愁。
回首滄江上，高歌起白鷗。

——（清）胡文學輯選，袁元龍點注：《甬上耆舊詩》卷三十二，寧波出版社，二〇一〇年，第七〇二頁。

甬江城東補陀寺晤錢聖月

（清）周齊曾

誰知與山遠，猶有山心人。
雨後僧中見，聲前話已親。
千懷多欲悉，一晤略無陳。
況宿霜鐘下，君家是近鄰。

——（清）全祖望輯選：《續甬上耆舊詩》，杭州出版社，二〇〇三年，第七六二頁。

鄮東竹枝詞

（清）李鄴嗣

往年香客遍東家，萬里來瞻小白華；
七塔寺前先禮拜，鳥音已得聽頻伽。

——（清）李鄴嗣：《杲堂詩文集·杲堂詩輯補》，浙江古籍出版社，一九八八年，第七六六頁。

丁酉秋九七塔寺監院道清募化齋米索偈四則普請諸大護法多多心照爲感

（民國）岐昌

江東七塔古叢林，唐代開山及至今。
歸手吾師重興複，兩廊殿宇列森森。

兵刧之中一寺留，當知勝地有來由。
衲僧千里常雲集，齋口無糧怎得修？

莫道十方施主無，游僧誰識假浮圖。
從來喜舍恩須報，減口分齋到我廚。

如今通告訴真衷，勸化齋糧濟我窮。
更請僧來看佛面，壽山福海此心中。

——《岐昌長老遺稿》，見可祥主編：《栖心圖書館聚珍輯刊（第一輯）》，上海古籍出版社，二〇二〇年，第六六六頁。

即事悲懷偶占七絶四首

（民國）岐昌

辭親割愛早離家，回首西山日已斜。
生死關頭事未了，那堪傍柳與隨花。

一生最怕入公庭，恪守清規日誦經。
可怪隣封波涉事，忍教兩耳驚雷霆。

世間宜假不宜真，都被野狐累及麟。
誰是個中具眼者，月明林下訴原因。

勘破塵緣去住山，清香貝葉自消閒。
相交除卻風和月，閻老也難到我關。

——《岐昌長老遺稿》，見可祥主編：《棲心圖書館聚珍輯刊（第一輯）》，上海古籍出版社，二〇二〇年，第六六六—六六七頁。

寧波佛教會馮毓孳釋水月緇素二會長

（民國）淡雲

學派初開甬上風，江中日影一輪紅。
龍文織字新吟麗，竹畔看花屬望隆。
出岫雲還閑似舊，登樓月更聽如徙。
利名未淡平生累，愧入空門尚未空。

——淡雲：《冰雪寮詩鈔》，民國十九年（一九三〇）鉛印本。

祝七塔寺水月和尚五十壽二首

（民國）淡雲

古柏蒼松養性真，論交君子淡而親。
水中明月夢中夢，天外白雲身外身。
詩稿先呈三世佛，機鋒妙答五台賓。
偶然聞道東風話，君是竹林第八人。

醞藉葆光温太真，靈犀一滴自相親。
金牛作舞家常事，鐵馬騰空向上身。
誰破天荒千古惑，咸來月窟四門濱。
數天數地乾坤理，遥祝南山翠慧人。

——淡雲：《冰雪寮詩鈔》，民國十九年（一九三〇）鉛印本。

悼静賢法師

（民國）智圓

傳來鷺島法身捐，色相莊嚴盡化煙。
聰慧英靈歸去也，或生浄域或生天。

——《人海燈》，一九三四年第一三期，第一六頁。

贈七塔寺常西方丈

（民國）鵬胡

常住古刹有真如，最莊嚴七個寶塔。

西池老僧無障礙，大供養九品蓮台。

——《世界佛教居士林林刊》，一九二六年第一二期，第一〇頁。

賀圓瑛法師任寧波七塔寺住持

（民國）釋廣覺

塔鈴和月語清宵，咒誦楞嚴十地超；
兩道燈紅方丈室，沙彌各殿已香燒。

——明暘主編、照誠校訂：《重訂圓瑛大師年譜》，中華書局，二〇〇四年，第三三一頁。

頌圓瑛法師在寧波七塔寺講《楞經》

（民國）釋廣覺

塔鈴風動布圓音，妙妙聞心泯古今；
花散諸天香講座，萬人如海佇禪林。
烈焰何能損道場，不經磨折不瑩光；
波平心海樓臺現，處處無非七寶坊。

——明暘主編、照誠校訂：《重訂圓瑛大師年譜》，中華書局，二〇〇四年，第三三一頁。

次智圓法兄原韻

（民國）圓瑛

圓融知見泯中邊，參透如來最上禪。
南嶽磨磚何突兀，東津掛錫契機緣。
印心先入報恩室，聽教相逢宏法泉。[一]
論道論交情莫逆，裁雲補衲喜裾聊。

注：［一］與兄同在天童宏法寺聽經。

——圓瑛：《一吼堂詩集》，上海圓明講堂，一九八七年，第九頁。釋本性主編：《圓瑛大師全集》第六卷，宗教文化出版社，二〇一六年，第三六九頁。

爲智圓和尚六十壽辰

（民國）圓瑛

太白傾懷三十年，風雲景物不如前。

爲留老眼看斯世，廣運悲心化有緣。
截僞續真扶正教，降魔制外布先賢。
剛逢花甲筵開日，聊撰伽陀頌一篇。

——圓瑛：《一吼堂詩集》，上海圓明講堂，一九八七年，第一一頁。釋本性主編：《圓瑛大師全集》第六卷，宗教文化出版社，二〇一六年，第三七二頁。

金陵晤則悟法師

（民國）圓瑛

別從七塔寺，轉瞬六經秋。
吴越千山隔，星霜兩地愁。
偶浮滄海棹，共話白門樓。
一夜西風急，歸帆不可留。

——圓瑛：《一吼堂詩集》，上海圓明講堂，一九八七年，第一七頁。

挽七塔寺報恩堂上慈下運先師老人

（民國）圓瑛

乘願利生，鑒機施化，遠泛三湘之棹，直達四明（天童寺名），宏法傳燈，報恩主席，廿年梵刹中興，實令人天同贊仰；

束擔就道，撥草瞻風，不憚千里之程，遄臨七塔（報恩寺名），禪堂領棒，丈室受衣，一旦慈雲忽散，頓教弟子失依歸。

長庚（天童山名）退席，七塔建幢，平日爲法爲人，數十載道風遠播；

浄土應緣，娑婆（此世界名）寢化，一期示生示滅，二三子淚雨常傾。

爲一大事因緣，出現于世，長庚主席，崇壽中興，至此化導云周，獨泛慈航歸覺海；

計十餘年歲月，親覲乎師，法乳常承，心傳默受，而今涅槃唱滅，誰燃慧炬照昏衢？

智悲並運，齒德俱尊，利生行願難量，特駕慈航游浙水；

福慧雙修，人天共賴，應世機緣已畢，儀乘寶筏上蓮池。

苦心興七塔，閲歷二十春秋，正期慧炬常燃，仰沐慈光蔭後輩；機教洽四明，化導百千子弟，詎料法幢頓折，忍瞻遺像哭先師。住世八十餘年，七塔中興，遐邇聞風殷向慕；從師六千多日，一朝失蔭，兒孫感德動悲思。

——釋本性主編：《圓瑛大師全集》第六卷，宗教文化出版社，二〇一六年，第九〇—九一頁。

請岐昌和尚住持七塔寺啓

（民國）圓瑛

伏以

克紹真宗，必假法王之子；

欲擔大法，須求宗匠之人。

恭維岐昌法兄大和尚，解行雙圓，智悲並運。夙植菩提之種，久修般若之因。雲蓋一方，密敷道化；不離兩浙，遍透禪關。德茂三空，心明二諦。同入報恩之室，獨得臨濟之宗。緇素咸欽，譽望隆於各界；弟兄交贊，道行邁乎同倫。兹者時機既至，因緣現前，請轉法輪，繼老人未竟之志；高提祖印，慰大衆久慕之衷。惟冀俯順輿情，默然允許，現身度世，以法利生。不勝懇禱之至！

——釋本性主編：《圓瑛大師全集》第六卷，宗教文化出版社，二〇一六年，第二三八頁。王志遠主編：《圓瑛大師文匯》，華夏出版社，二〇一二年，第六九頁。

七塔寺韋馱菩薩前卜選方丈禱告文

（民國）圓瑛

伏以

十劫童真，内秘菩薩之行；

三洲感應，外現將軍之身。

仰叩天慈，俯垂昭鑒！爰有七塔報恩禪寺衆等至誠叩禱，護法韋馱尊天菩薩座前。切念佛門秋晚，世道日非，欲期法化以昌隆，端在住持之選舉。人能宏道，道不遠人；不得其人，安云乎道？蓋荷擔大法，非駑馬之力所勝；運載群生，豈羊鹿之車能事？必行解相應，宗説俱通，庶緇素咸欽，人天共仰。但某等肉眼，罔知去取，初選五人，重卜一位。惟天聰洞悉聖凡，伏願不負靈山咐囑，衛教安僧。全憑天將威神，摧邪輔正。三番拈卜爲定，一寺興敗所關。衆等無任懇禱之至！

——釋本性主編：《圓瑛大師全集》第六卷，宗教文化出版社，二〇一六年，第二四〇頁。王志遠主編：《圓瑛大師文匯》，華夏出版社，二〇一二年，第七〇頁。

報恩堂宗譜序一

（民國）圓瑛

夫拈花一笑，妙契佛心。面壁九年，高提祖印。不立語言文字，教外别傳，直接利智上根，當下頓證。由是一花現瑞，五葉流芳，宗風丕振于中華，法乳遠注於臨濟。而我七塔報恩禪寺，傳臨濟正宗第三十九世。先師慈運老和尚，從光緒十六年，入寺中興，甫拾稔，而叢林之規模全具。傳法四十八人，或主持法席，多皆爲匠爲師，或分化諸方，到處宏宗宏教。法門既廣，須溯流源，宗譜未成，莫知系統。何幸而有溥常法兄，不惜精神，發心登記，編成宗譜，印發執持，俾同系共仰祖庭，常住盡明支派。本寺既定爲法門選賢叢林，而宗譜爲可不少之事。茲既編成，囑余爲序，只得略叙緣起如此。

民國二十三年仲春月報恩退隱圓瑛宏悟謹序

——可祥主編：《栖心圖書館聚珍輯刊（第一輯）》上《七塔報恩寺宗譜》，上海古籍出版社，二〇二〇年，第二五七頁。參見釋本性主編：《圓瑛大師全集》第七卷，宗教文化出版社，二〇一六年，第一五頁。

報恩佛學院院刊題詞

（民國）圓瑛

超九界以獨尊，踞一乘而無上者，佛也。降迹閻浮，誕生印度，應機示現，説法利生。其學理之淵宏，宗旨之純粹，久爲東西各國學者所公認，於世界亞洲有偉大之史迹。溯自金人應夢，聖教西來，白馬馱經，慧光東照。歷千餘年，賢哲繼起，宏宗演教之士，代不乏人。降及叔季，去聖時遥，正法寖衰，科學發達，指佛教爲迷信，視僧儕爲廢民，其故皆由缺乏僧才，宏揚大化。故使三藏聖教，晦而不彰。則佛學院之設，固不容緩也。而我七塔報恩禪寺，爲浙東古刹，甬上叢林。自慈老人中興以來，百廢俱舉，有欲培植僧材，荷擔佛法，闡揚大乘，普利人羣，故有報恩佛學院之出世。經云：「假使頂戴恒沙劫，身爲牀座遍三千；若不説法度衆生，是則不名報恩者。」

圓瑛頻年諸方宏法，未得相與諸生晤對一堂，但望既爲佛子，自當愛惜光陰，立志學佛，從聞而思，從思而修，從修而證。依此學佛之途徑，一往直前，解行相應，品學雙優。他日堪爲人天師範，續佛慧命，報佛深恩，是所望焉。今者，本院院長溥常和尚，同教務主任諦聞法師，欲將辦學情形、學生成績，彙出院刊一册，俾令見聞隨喜，爰述數詞，以示忻忭云爾。

民國二十五年秋本寺退居圓瑛題

——可祥主編：《栖心圖書館聚珍輯刊（第一輯）》，上海古籍出版社，二〇二〇年，第四九七—四九八頁。參見釋本性主編：《圓瑛大師全集》第六卷，宗教文化出版社，二〇一六年，第二七二—二七三頁。

寧波七塔報恩禪寺進院二首

（公元一九二九年四月）

（民國）圓瑛

第一義諦不思議，無相無形無名字。
視之不見聽不聞，悟之頭頭無不是。

萬法由來只一心，分明直截報知音。
堂堂露出真消息，春滿人間花滿林。

——圓瑛：《一吼堂詩集》，上海圓明講堂，一九八七年，第四九頁。釋本性主編：《圓瑛大師全集》第六卷，宗教文化出版社，二〇一六年，第四二一頁

賀道亨法兄主席七塔寺

（民國）圓瑛

豎拂本無心，振錫曾游衡嶽去；
卜杖難以卻，浮杯仍渡洞庭來。

——釋本性主編：《圓瑛大師全集》第六卷，宗教文化出版社，二〇一六年，第九五頁。

寧波七塔寺彌陀法會二首

（民國）圓瑛

鐘鼓齊鳴上法堂，不離當處即西方。
娑婆極樂原無間，染淨情忘理自彰。

西方殿内鳥和鳴，演説摩訶般若音。
料亦彌陀悲願化，欲令聞解證無生。

——圓瑛：《一吼堂詩集》，上海圓明講堂，一九八七年，第五三頁。釋本性主編：《圓瑛大師全集》第六卷，宗教文化出版社，二〇一六年，第四二八頁。

迷信辨

（民國）溥常

近聞各報章，皆有「迷信」二字加於佛教團，爲迷信機關，殊不甚解。然亦不無誤會之處，特平心静氣以申辯之。我佛出世二千九百五十餘年，法流寰旦，歷代尊崇，久爲人民所崇信。梵語「佛陀」，華言「覺者」，爲釋迦十號中之一，略言云「佛」。自覺覺他、覺行圓滿謂之「佛」，即孟氏所謂予氏之先覺者，以先覺覺後覺也。等覺大士，一分生相無明未破，猶在迷夢中，惟佛一人，稱大覺悟。九法界衆生，無一不迷，謂僧徒在迷則可，謂之迷信則決不認可。何以故？《華嚴》云：「信爲道元功德母，長養一切諸善根。」尼父云：「人而無信，不知其可也。」軍政商學，凡白職業，誰不以信爲首先入手？舉世之專權恃勢、竊業圖利者，信此功名富貴爲一生受用，可以流芳百世，故敢犧牲一切，任憑流血，居然冒險，天理循環，因果昭彰，毫不顧慮，損人利己，奸計百出，肆無忌憚，如此之事，亦不外乎信，而實爲大迷已極。經云：「法性本空寂，無取亦無見。」何必昧昧然向此幻相光影中，造成莫大業果也。或有人曰：「理事不明，信非真正。」吾應之曰：「真如理證，絶生佛之假名；事攬理成，得千差以無殊。」經云：「心佛衆生，三無差別。」

法界圓融，事理原本無礙，何得謂之信非真正、理事不明者乎？或又曰：「經懺取利，事非正當。」吾應之曰：「實大不然。如來攝化，有隨智隨情兩種。前代諸祖仰體隨情説法之遺意，曲全華夏人民信根淺薄，特開方便，財法兩施，等無差别。檀越信心喜捨，並非牽强能成，夫豈可與牟利營生，武斷威逼者，所能同日而語哉？」目睹近今時勢，道德墮落，人心危急，弱肉强食，公理難伸。如曰僧徒不良，正常淘汰，執政自宣應爾。果然決曰迷信，用意别在，實難逃乎輿論。滿清末年，以「不守清規」四字，作越俎代庖之批判；現今青天白日之下，巧立名目，變本加厲，以「迷信」二字，爲没收寺産之準備。嗚呼痛哉！我佛如來，處此五濁惡世，乘慈悲願力，見有以不省自迷，而返加入之迷信，是乃迷中倍迷之人，而爲如來最可憐愍者也。

——《觀宗弘法社刊》，一九二九年第三期，第二五頁。黄夏年主編：《民國佛教期刊文獻集成（補編）》，中國書店出版社，二〇一一年，第三六卷，第六一頁。

過七塔寺與（普）［溥］常法師話舊

（民國）玉皇法師

昔是今非已不同，浮萍難托自行蹤。

曩時客笑雙童子，此日人呼兩老翁。

天目山前同聚散，毗盧寺後各東西。
百年仔細從頭數，一日其如一夢中。

——《大雲》，一九二九年第二四期，第二九—三〇頁。黄夏年主編：《民國佛教期刊文獻集成（補編）》，中國書店出版社，二〇一一年，第二〇卷，第三三—三四頁。

遊江東七塔寺訪溥常長老率贈

（民國）趙伯辛

塵塵剎剎現圓通，不見魚龍護梵宫。
虛費草鞋錢可惜，海南了不異江東。寺舊名補陀，虔禮世音亦如南海諸剎。
性海心光處處融，宗風能暢辯能雄。
千門萬户從渠指，都在重重帝網中。老人精《華嚴經》，以十玄六相課門徒，博辯宏通，在南北法筵中尚爲稀有事也。
水有源頭蓮有根，砂盆無底養兒孫。
分來滴滴曹谿乳，始信僧家解報恩。老人方創爲宗譜，報恩亦寺之舊名。
滄海横流辨道難，栖心何處覓心安？寺舊賜名栖心。

勞師拈出金剛眼，重向豪端豎刹竿。時有創修寺志之議。
南朝多少名藍盡，塔影頹然恐未知。
卻鑄光陰原彈指，一千年後我題詩。唐大中十二年，分寧令任景求始捨宅爲寺，至是千七十有餘年矣。
——《海潮音》，一九三五年第一六卷第一一期，九八—九九頁。

步趙居士游江東七塔寺訪溥常長老韻

（民國）澹雲

聖境無門道可通，行來處處琉璃宮。
樓臺百八鐘聲裏，七佛道場彼岸東。
一念精明萬法融，惺惺寂寂觀心雄。
三千妙境宛然具，生佛同居空假中。
色身虛幻死生根，無量劫來作子孫。
骨肉皮毛遍世界，敢入何處報親恩？
下手工夫誠所難，時長月久易心安。
西風掃盡秋雲影，慧日高懸百尺竿。

心燈到處任人續，祖意從來非我知。
秋水長天明月夜，不勝千遍讀君時。

——《海潮音》，一九三五年第一六卷第一一期，九九—一〇〇頁。

溥常長老囑題《七塔寺志》次水月上人六十感懷原韻

（民國）太虛

勤磨古鏡發新明，幻作人寰一化城。
盡導述流歸覺海，更憑仙筆暢文情。
廢興舊事殷殷紀，緇素遺聞細細評。
珍重甬東留七塔，天童雪竇共長庚。

——《海潮音》，一九三六年第一七卷第七期，第六九頁。

題七塔寺兼柬溥大和尚

（民國）式昌

萬井闤闠軌轍通，長虹橫駕甬江東。

旌幢表識前朝寺，塔影高懸古佛宫。
起廢與衰欽哲匠，修詞重範仰羣公。
刹竿南北遥相望，無限興亡感慨中。

——黄夏年主編：《民國佛教期刊文獻集成（補編）》，中國書店出版社，二〇一一年，第八六卷，第三九六頁。

輓溥常法師

（民國）陳寥士

七塔建唐代，吾甬大叢林。
無志師所憾，蒐輯丐余任。
開廚飯香積，同聽鐘磬音。
華嚴最心得，微妙參精深。
一别逾六載，魚燕兩沈沈。
戰後聞圓寂，萬感襲我心。
文字證緣法，懷舊一悲吟。

——陳寥士：《單雲閣詩·戊寅孟秋輓溥常法師》，《國藝》，一九四一年第三卷第四期，第四〇頁。

壬午夏月假日偕韓强公闞子良諸友游七塔寺

（民國）大素

逃禪息影我何能，六邑花明即佛燈。
墮劫不忘三字偈，官衙著個打包僧。

——《中國詩刊》，一九四二年第二卷，第七頁。

壬子歲朝述懷偈 並注

（民國）顯宗

顯宗顯宗胡爲乎，昂藏七尺大丈夫。憶昔垂髫趨庭日，余七齡啓蒙，十歲先嚴攜往上海，居天津路隆慶里。負笈攻讀春申浦。初入和安小學，畢業後升讀澄衷中學，上海爲戰國時楚相黄歇封地，稱春申君，故上海曰春申浦，簡稱歇浦、申江。

課外自修古典文，孤燈朗誦秋聲賦。苦恨二豎常侵擾，肄業不成習商賈。先嚴見余讀書多病，遂輟學，在自營發記綢緞莊内學習商務。

依人作嫁厭鍼線，奈何將伯年年呼。自一九一六年至一九一七年，自一九一九年至一九三八年止，糊口四方，不在先嚴莊内，先後擔任過綢莊、洋布號、銀樓、轉運公司、煙草公司、五金制罐廠會計員、主任、金庫等職，所得薪水，常入不敷出。小小夙抱煙霞癖，經遊兩浙行八府。曾游杭、嘉、湖、紹、台、温、處，及本府凡數十縣，名山大刹，皆有余之足迹。

風光最愛明聖湖，明聖湖，杭縣西湖别名，平生數數到此，尋訪名勝，考察佛迹，輒留連不忍去。南山北山頻訪古。理公西天靈鷲小峰、抱樸子絶勝覺場、永明塔院、蒼水墓道，皆頻往弔古。淮月鍾雲留鴻爪，金陵鍾山，龍蟠虎踞，氣象雄偉；秦淮歌台舞榭，風流自古著名。余於一九一八年，先嚴命處理分莊業務，盤桓石頭城下載餘，誦「殘花舊宅悲江令，落日青山弔謝公」，又「松楸遠近千官塚，禾黍高氏六代宫」句，不勝懷古之情。謝屐僕僕吴與楚。一九二六年至一九三三年，供職中國南洋兄弟煙草公司總公司，因公外勤，歷游蘇州、常州、無錫、丹陽、鎮江、南通一帶，並往皖之鳳陽，採購煙葉，任發款之職，留蚌埠數月。又一九三五年始，服務上海康原五金制罐廠三年，奉派漢口擔任辦事處會計，春節休假，曾往武昌洪口寶通寺坐香，漢陽歸元寺弔古。

遥陟東海勞山巔，勞山佛書作牢山，在山東即墨縣東海之濱，距青島約百里左右。余因尋訪明憨山大師海印道場遺迹，登山宿下清宫道觀，華嚴庵佛刹數朝。想見秦皇與漢武。傳説秦始皇、漢武帝俱因尋訪神仙駐蹕勞山。余登山見岑旁有秦始皇石刻一方。年過不惑諧素志，余幼年已萌厭世之懷，得悟苦、空、無常、無我之理。十八歲持居士戒學佛，顧浮沉商場，蹉跎家園。因循至一九三九年，時年四十有一，破釜沉舟，不令家屬知曉，密赴天台出家，蓋宿緣成熟所致。五峰脱白從浮屠。天台山國清寺是隋煬帝爲智者大師立，寺有五峰環抱，雙澗合流，名五峰道場。

抱屙古院歷三載，余在國清參學，常患吐血之症，往往而劇，多蒙可興長老照顧，將别，彼此不勝惆悵。余返甬後，可公自蘇州來書，謂返山過甬，當來視余，及客中惟疾，改道由石浦返山。未幾，即圓寂。前途劉郎之約，不獲重踐，嗟夫！同學邀我還故土。七塔宗悟堂主、可亮住持，函邀余返甬醫治，始下山，居七塔寺内華嚴閣。華嚴閣爲諸方長老，或寺内首領有勞績者所居，余出家異鄉，資歷復淺，得住此寮，異數也。從此不復背鄉井，老驥伏櫪自勤苦。

水遶東津伴群僧，一九五一年冬，余被選爲七塔寺住持。七塔寺最初原名東津禪院，山門前原有小港河道舟楫，解放前填塞成爲街道。月映北郭撫諸孤。一九四二年，佛教孤兒院慧開院長，通過市佛教會推選余爲此院會計，未幾，張申之董事長升余爲主任，凡十三年。至一九五五年四月，市府民政局召開會議，將本市舊社團三十餘單位，同時合併或結束，佛孤遵命停辦。佛孤位址在舊通利門内，北門附近。搜奇四庫幾萬卷，抗戰階段及解放初，故家藏書，散出頗多。余收購外典經史子集，如《四部叢刊》諸編、《百衲本二十四史》、影印《四庫全書珍本》、《叢書集成》、「萬有文庫」，以及各地局刻家刻精槧共一萬餘卷。又蒐集宇内名山大刹志乘一百餘種，朝斯夕斯，以當臥遊。讀破三藏十二部。余少年時喜讀佛經，爲僧後遍購各藏零種單行本，亦不下數千卷。於是三藏靈文十二部妙義，廢寢忘食，好學不倦。經藏、律藏、論藏是謂三藏；長行、重頌、授記、孤起、無問自説、因緣、譬喻、本事本生、方廣未曾有、論議，是謂十二部。

縹帙不盡出龍宫，水府富佛經，昔龍樹大師入龍宫，看題不遍。余所蓄内典，除宋藏、清藏、日本續藏、頻伽藏及各地經房本外，亦有名家刻藏外本。影印亦有借天府。余插架如晁説之《嵩山集》、宋釋文珦《潛山集》、明釋宗泐注《金剛經》等書，皆借自明清二朝内廷貯本影印出版，皆不易羅致之書。煙嶼主人丹鉛新，黃梨洲撰《四明山志》，有吾甬藏書家徐時棟眉批，閱百餘年，朱墨爛然如新。海上書賈，歲歲求吾書室，欲以四十金相易，余不忍割愛，後竟厄於運動。扶桑文庫圖書故。自海上搜購日本出板古德著作單行本數部，其間有「東洋文庫」之印。

竭來有客入吾室，綑載以去等戰俘。乃知讀書需有福，曇華一現空吾廬。余孩提時，剪紙作夫子書堂，書聯句云：「門對千竿竹，家藏萬卷書。」數十年未嘗去懷，少年販賣，囊橐無餘，不果所願。中歲游方以外，因盡罄缽盂之資，廣采東魯西竺典籍，始滿所願。晨香夕燈，坐擁書城，不謂僅二十載，頓成泡影，乃知讀書、藏書，皆需有福，其語不虛。

物換星移七十四，非僧非俗一傭奴。路遥方知馬力遠，歲寒幾見松柏枯。

悠悠光陰已虛度，白雪無端上頭顱。政治運動五六載，親朋書疏一字無。

顏淵短命原憲貧，策文虛陳悲賈傳。賢聖遭遇複如此，永夜徘徊氣難吐。

我今不求長生藥，唯願華開見佛祖。世出世間思維遍，獨有彌陀足恃怙。

余門學道多迂緩，古德論修行難易云：余門學道，如蟻子上于高山，唯依念佛得度生死，如風帆揚于順水。執持名號是徑路。馬鳴大士造《起信論》，讚歎浄土法門，是謂最易行疾至之道。也知有禪有浄土，永明曾道帶角虎。

縱然無禪有浄土，見佛何愁不開悟。「有禪有浄土，猶如帶角虎；現世爲人師，來世作佛祖。無禪有浄土，萬修萬人去；若得見彌陀，何愁不開悟。有禪無浄土，十人九蹉路；陰境若現前，瞥爾隨他去。無禪無浄土，鐵床並銅柱；萬劫與千生，没個人依怙。」此偈出永明大師《四料簡》文。指行人倘能禪浄雙修，喻如帶角虎，即使獨修浄土到家，亦得萬修萬去。參禪無非求悟，得見彌陀世尊，何愁不開悟哉！知恩報德願無盡，斷惑證真眉可舞。

桑榆晚景且自樂，已往不諫退思補。

一九七二年壬子元旦古鄮學人時年七十有四書

——顯宗契西：《悲壯集》（未完稿），藏七塔禪寺。

《悲壯集》選録

乙卯母難日前七日，曇翁自題時年七十七

思親

辛亥十二月二十日

我父號半癡，自稱曰山人。生男實不肖，夙夜慚趨庭。
中歲棄塵網，遁迹入山林。流光何迅速，七旬有三齡。
蹉跎復蹉跎，依然故我身。思之五内焚，雙淚奪眶傾。
回憶七筆勾，蓮池有遺訓。誓持阿彌陀，度親出垢塵。

安貧詩拟古

日三餐盡形壽，精粗随分莫貪求。更有却病延年法，節欲少食當講究。
勿過飽勿過飢，佐膳園蔬最適宜。珍羞異味逞口腹，病苦來時悔已遲。
食飲事得便好，飯蔬飲水樂陶陶。日食萬錢難下箸，崖山道上多懊惱。
以上食

棉織物製作衣，冬温夏凉最適體。勸君切莫輕剪裁，服不衷兮身之災。
糞掃衣著在體，無煩無惱無是非。古來大德住山時，百衲縫補度年年。
衣遮體免露醜，何必件件稱心求。我慕聖門高弟子，衣敝緼袍推仲由。
以上衣

支身牀倦時眠，伸足早已入黑甜。展覧會上千工牀，任人譏評剧可憐。
八関齋有嚴防，不得坐臥高廣床。奉勸世間勤息士，守之勿失壽而康。
以上眠

營宮室更非宜，三尺椽下足自便。近來多少華堂家，個個轉業貧如洗。
富潤屋德潤身，潤身自有鬼神欽。君看貧民窟裡客，孰非當年潤屋人。
釋迦文樹下宿，那有高堂與華屋。可憐後世方袍士，崇樓傑閣不知足。

以上居

我作詩淚盈眶，追悔少年太孟浪，不但辜負闍梨德，也辱庭訓違義方。

上列《安貧詩》作於一九七零年一月七日，時抱疾書於雪牕，因檢舊稿得此，重録册上，以爲座右銘云。古鄮學人時年七十有五，癸丑夏曆四月初八日記。

續安貧詩

整理書屜，得《續稿》四首重录如下。時乙卯春，時年七十七。

思古人歎大賢，劃粥斷虀范仲淹，一旦廊廟秉鈞軸，周卹親堂盡免飢。
持午齋守時分，藥食本是方便門，寄語林下毘尼客，杯盤切莫動黃昏。
論食祿半前定，烹猪宰羊罪非輕，他生因緣會遇時，喫他四兩還半斤。

以上食

古聖人崇節儉，茅茨不翦土堦居，可憐秦王阿房宮，項羽到來付一炬。

以上居

題新字典

小少不讀書，識字無多子。投老悔何及，借作座右師。字書良友貽，脱落如敗葉。更爲手裝訂，心目多怡悦。

謝慧仁餽食物

臘鼓頻催逼歲年，漂母念我缽囊虚；厚貺珍品愧無報，但寄俚歌紙一卷。

注：漂母事見《史記·淮陰侯傳》，述韓信微時得漂母救濟，后信貴報以千金，即世傳所谓一飯千金故事。此係借用表達施恩報德意義，唐詩李白亦曾引用有「暝投淮陰宿，欣得漂母迎。有德必報之，千金耻为輕」之句。

謹步原韻二首

梁武帝在華光殿宴飲群臣，有武將曹景宗者，席上賦詩云：「去時兒女悲，歸來笳鼓競；借問行路人，何如霍去病？」

其一

寄語當世士，名利莫相競；何必汲汲志，爲世所詬病。

其二

良筵結佳賓，拈韻各自競；問君何默默，將謂維摩病。

感懷

癸丑十月十三日午夜失寐，枕上口占一首，录而存之，以爲紀念云。

不住天台寺，來爲鄉邦僧；白發垂垂老，青瞳年年昏。未報闍黎德，辜負罔極恩；道業何年就，悲思腸欲崩。

贈楊菊庭教師

舊作。楊君居鄰花菓園廟，余嘗趨其府，君坐客常滿，余以沙門身列席，道俗相契頗以爲樂。今楊君作古數年，偶在敝紙中檢此舊句，曷勝人琴之感。按楊君昔年曾任教育界职务多年，解放后任政协委員，性好禪悦，常向余借佛經。

月湖橋邊高士家，門前常停長者車；時展香山九老图，座中有客着袈裟。

枕上口占

七五年七月十三日，内二联引用成句。

七十七年悔蹉跎，知否來日已無多。革命路綫君記取，持名法門莫錯過。一失足成千古恨，再回頭是百年身。慈父久已倚閭望，遊子從速出迷津。是自不歸歸便得，故鄉風月有誰争？

讀書偶成

四大假合亦偶然，勞生七十有七年。猶憶雙澗五峰寺，脱却塵服换衲衣。讀書學佛兩無成，日往月來愧我身。唯願大悲重加被，帶業往生證天真。

贈黄生一首

黄生年十五，双親在堂篤信佛法，下有弟妹二人，弟年十歲，妹十三，宿植良因，一門奉佛持齋，予歎爲末世希有。黄生肄业初中，予贈日記本一册，感而題此以为紀念。

物理固如此

物理固如此，於人莫不然；苟堅厥初志，水到自成渠。君不見蘇聯高爾基，艱苦歲月受寒飢，若非童年勤苦讀，何來世界文名傳？又不聞善財童子勤參學，百城煙水不辭遠，五十三員善知識，弥勒樓閣證菩提。勗哉黄生能如此，世出世間庶幾焉。

贈黄國成濤**一首**

大江初濫觴

大江初濫觴，溯源本芷微。及其滔滔時，東流數千里。蒼松與翠柏，萌芽枝欲春。經历百千歲，勁挺拂雲衢。

短偈贈黄國成濤同學。

一九七五年　月　日　古鄮曇翁時年七十七

和贈顯宗法師

（民國）釋遠峯

按：顯宗法師即俗馬契居士，親近印老有年。出家後，主持寧波佛教孤兒院。

無告孤兒有孰憐，惟君惻隱出天然。
食本兩事施無缺，教養兼行稱完全。
慈育兒童期長大，善科稚子學仁賢。

閑來一句彌陀佛，更作娑婆苦海船。

——《覺訊》，一九四九年第三卷第三期，第一二頁。

人生應有之認識

閩南佛學院　月熙

一　叙言

茫茫渺渺的宇宙，莫能知其究竟，故世人稱宇宙爲萬有的全體，萬有爲宇宙之一部分；便可知道這人生在宇宙間，真是渺小短促得可憐。莊子説：「號物之數謂之萬，人處一焉。人卒九州，穀食之所生，舟車之所通，人處一焉。此其比萬物也，不似毫末之在於馬體乎？五帝之所運，三王之所争，仁人之所憂，任士之所勞，盡此矣。」這就是説明，人在萬物之中，猶小石小木之在大川，即是等於滄海之一粟，不可以自見其多與自大。雖然人生在萬物中，等於滄海之一粟，但是我們真正將這人生問題研究得很澈底了解，寫出來供給世人看，人生究竟從何地方而來，既來了又爲何而去，人生在世間究竟爲的是甚麼呢？這種種的問題發出來，叫我們回答，實在感覺很困難了。所以過去一般學者，對於這種種問題雖亦有下過一番苦工去研究，但研究出來所得的結果，都是得不到一個圓滿的答案。到了這二十世紀科學文化發達的時期，關於研究這個問題的人更加比從前來得多了，稍微有一點知識的人，都覺得這個人生的問題非是小可；所以現在一般學者，對於這個問題，便將他成爲一種專題研究，如此便可知這人生問題之重要。在我們平常的人看看好像似乎一件不重要的事；但我們將他真正的研究起來，實在是一件頗不易的事。現在我依佛教的道理來説明此問題，同時上面所横在我們眼前待我們解決的各問題，亦惟有拿佛教的教理來才能解决。

二　人生觀的定義

把人生觀下一個定義，本來是一件不容易的事，在過去有許多的學者，雖説都嘗試過，可是他們所下的定義，結果都不能十分圓滿。不過他們的定義，都是對於他們自己研究人生哲學做主觀的背景，這種我們現在姑止不談，因不是這裏所要討論的。我對於人生觀的定義，可以很簡潔地説：人生觀就是對於人生一種看法——就是對於人生之認識，人生之由來、價值和最後之目的。我現在把這四個問題分别寫在下面。

三　人生觀之認識

什麼叫「人生觀」，梁任公先生説：「人類從心界、物界兩方面調和結合而成的生活，叫做

『人生』。我們懸一種理想來完成這種生活，叫做『人生觀』……」我們看：凡是一個人，不論他是怎樣，攷查他日常所行的，所做的事，乃一切的一切，似乎都帶着一個自己認識的目標。俗話說：「各人頭上一塊天。」可見人們因爲着自己的生存，大家都各有各的把柄，亦即是各有各的人生觀。大家都共住在這個現世間幾十年裏頭生活着，你們看他們每日忙忙碌碌的，究竟爲點什麼呢？將他歸根到底推求起來，無非是爲圖名，或是想利，哪個不是爲着這一團肉的軀身拼命。這種不過在平常人看來，以爲認識真正的人生觀的歸宿；但是以我們佛教的眼光觀察起來，這「名」和「利」等，皆不認爲人生究竟的歸宿，因爲名和利根本是一個虛偽的東西，假如我們在世上，忽然一口氣不來，泯泯以没，試問，能不能將這「名」和「利」帶去呢？這我想決定做不到的事情，大概是無可諱言了。若假定的說，「名」和「利」是認爲人生的歸宿，那末我們研究人生的問題，畢竟有何困難。所以我們應該對於人生觀要特別的注意，務必先把「人生觀」認識得確確切切，然後再去觀察「人生」其餘種種的問題。那末我們究竟怎樣去認識人生觀呢？等我慢慢的道來。

當認識一個除爲現世肉體的生活之外，尚有否超越肉體生活的東西。人生不臻爲這個肉體而生活的，人生的歸宿，有個真實不虛的東西在那裏，那個東西是甚麽？就是要了脱「人死」這一件大事。我們要曉得世界的種種東西，對於我們的關係是外面的，了脱「生死」這件事，才是我們最切要而最應當討論的問題，我們除了爲這個現世的肉體生活而外，還當注意到這一件事體。我們人生在世間，就此白白地混過一世嗎？這是我們各人自己應當猛省之。所以我覺得，觀察人生觀，不單向外面去馳求觀察，須知要求得一個真實不虛的歸宿地方，若能夠這樣，就算把「人生觀」認識了。

四　人生究竟從何地而來

這個問題成爲研究人生觀的人，一個最難研究的大問題。同時研究人生觀的人，對於此問題，比較其他的問題來得要緊。我們大凡要研究一件事物，先要把根本的問題解決了，然後才討論其餘的小問題。假如對於此根本問題不明顯了解，那末也無須再去討論其他的問題了。因此本文所説人從何來，這即是人根本的問題，所以我現在不可不把他説明。但講起人生之由來，據中國古代神話，人之始祖，實爲鑿開混沌分天地之盤古。西洋舊説，以爲上帝所造成的，至進化論興，則以人爲原始動物進化而來。現在這裏將神話可姑止勿論，即假定人爲上帝所造成的，或原始動物進化而來，我們試問究竟此上帝與原始動物，又何從而來的呢？如此一問我想恐怕這等人，就閉口無言，無從解答了。而我們佛教所説的人生之由來，説得很有道理，並且非常之透澈圓滿。我們佛法中所説世間一切有情無情，皆是因緣和合而成。何謂爲因？何謂爲緣？現此因篇幅的關係，不能將他詳細的説明，現在祇好概括言之，即以「無明」「行」「識」爲因，四大地、水、火、風和合爲緣。而吾人有生死之身者，此則虛妄顛倒因緣之結果也。譬如茶杯，泥土爲因，火與人工爲緣，由因緣和合而成杯。凡世間一切事物，皆非常住，不久即變壞，是名無常。但無常之物，原是虛妄，既是虛妄，即不能斷其始終。惟人亦然，以業力爲因，父母爲緣，因於欲有，色有，無色有之三有業生。故《圓覺經》云：衆生以淫慾而正性命，是欲爲人托生之始因。此三有業，從何而生，則從取、愛、受、觸、六入、名色、識、行等而生，識行等又從無名而生，無明又曰不覺即所謂十二緣起是也。蓋緣起而成無始無終之業力，故所以吾人在生死輪迴裏流轉不息，其初托父母之體，以成形質，而爲地水火風四大假合之身。即堅濕煖動四種質言之，此業力能感一定之緣，初爲業力，後即中有，所言中有身者，就是吾人在死有之後，生有之前，要生而未生的中間，名曰中有身。攬父母赤白二點而成胎，由胎漸諸根，次第完具，出胎之後，諸識具現起，才成爲一個人。等到這種種因緣分散後，吾人亦就泯泯而死。所以我們能明了世間一切法因緣和合而有之説，換句話説，亦即悟我生本自不生，生尚不生，滅何所滅？既了生滅，尚非生滅，即知內身外物，都無實事，畢竟皆空。如莊子云：「察其始，本無生也。」以上觀之，則可曉得人生之由來，完全由我們自己各人業力所招感而來的。

五　人生之價值

佛家有言：「人生難得，佛法難聞。」這句語的的確確是不錯的。我們人生雖然在這世間，不過數十寒暑，雖上壽百年，中壽七十，而末世之人，則壽命日短，現在不管無論命長命短，總有數十載之經過。但做人亦不容易的事，因爲在人以下的，還有地獄，餓鬼畜生等，他們爲什麼受這種苦呢？爲什麼不投胎來做人呢？這可見做人並不是一件極簡單極平凡的事呀！我們此世所以能做人者，因爲前幾世所招的善因，才得到今世做人之果。所以上而說「人生難得」，這四個字誠然不錯。然而在通常一班無知的人看來，一個人並没有大了不得的樣子，這種人是渾渾噩噩，醉生夢死的糊塗人，對於人生是不成問題的，但他的思想上，也不知人生是怎樣一回事，大家怎樣生活着，他也怎生活着。所以這種人，簡直可以説没有思想，每天祇要有飯吃，有衣穿，有屋住就好了。除此三種外，別無他事。那末這種人，既不管人生是什麼，當然對於人生無須用思想，亦無須求解決之必要，所以這種人的一生，到也不覺得什麼不安。同時此種人根本亦就失卻人生的價值了。大凡對人生有問題的人，平常觀察世間上之事物，必生出種種疑難，有了疑難，便要求解決之法，這種人和上面説的那種人就大不相同了。因爲人生之價值不獨僅僅乎在於衣食住之解決，不過衣食住是人生的一部分之問題而已。至於講到人生價值的估定，在社會上向來有兩派別：一樂天主義者，把人生看得極其快樂；一厭世主義者，把人生看得極其痛苦。這兩派依我的愚見看來未免太偏激了，我以爲人生真正價值，只在乎一個「意志」上肯定之。人類向來稱爲萬物之靈，不爲被天演所淘汰者，亦正以負有此意志故，可以人力勝天行，能勝物而不爲物所勝，所以立定意志者，爲一切事物成功之母也。如我佛世尊，因出遊四門，見人老病死之苦，見一切有情自相殘殺之悲，於是毅然決然的立定志向要出家修道。後來固然能得他所要求目的，在菩提樹下成道，了達宇宙萬有諸法實性之理，通達一切法無我，並度脫一切衆生……這便是世尊人生的價值。所以世人欲得人生之價值如何，那專靠各人的志向高低區別而定之。

六　人生最後之目的——終歸於大覺

上文已經說明了人生之由來，本文所提出討論的問題，人生既已經來了，在這宇宙間最後目的是甚麼呢？這個問題亦成了我們討論的重要問題。因人在世間，轉眼無常，如白駒過隙，倏而即逝。若僅以吃飯穿衣，爲最後之究竟，這豈不是毫無價值了，虛度一生，諒非人之所以爲人之道。吾人居處夢想顛倒之中，長此醉生夢生，亦何從知其究竟耶！須知吾人實由因緣和合而生，本無自性可言，如夢中事，如鏡中像，但誑惑於心，實無真相。而衆生終日行於夢想顛倒之中，毫無覺察，殊爲可憫，故出世大哲，教人最後之目的，要終歸於大覺，就是叫人超出顛倒夢想之見，脱離妄念，返妄歸真，解脱生死，以達人生之究竟目的。此究竟目的，即永離一切戲論，名爲涅槃。要知涅槃者，乃對於生死而言。諸法本來未曾生死，亦非涅槃；但爲衆虚妄，故成生死。欲止其虚妄，故强説涅槃耳。生死若除，則涅槃亦息；如病投藥，病既去，藥亦不須矣。故涅槃者，不爲戲論，本無所得，無處可止，不斷不常，不生不滅，方名涅槃。吾人若覺此等顛倒夢想分别戲論，皆非究竟，内息自心，一切法不受。如此即得見真相，如此即得常樂涅槃，方爲人生最後之真實目的也。

七 結論

凡一個人生在世上，人生觀個個都有，因爲世上之人程度萬一不齊，故所以人生觀之範圍，亦有大小之區别。無論孰大孰小，對於人生之意義，皆欲知其所始，則有同一之傾向，知識豐富者，他的人生觀大，知識淺薄者他的人生觀小。這是一般平常的人表面上看來，似乎是一定標準。但是依我們佛陀平等智的眼光看來，其實無所大小之區别，因我佛説：「一切衆生，皆可成佛。」既然一切衆生皆可成佛，换句話説，就是大家都能證到無常正等正覺菩提平等之位，哪有甚麽大小區别之可言。因大家都被無明所迷惑以爲在這世間上，唯「有名」「有利」的人，他的人生觀就大；「無名」「無利」的人，他的人生觀一定很小。這皆是我們世人一種謬誤的思想，這種都不算我們的人生觀，我們人生觀，我可以用一句簡單的話説出來，就是「要求一個真正不虚、不可磨滅的人生觀」。那末同時我亦希望世人快快醒來罷！在這個時候，趕快向佛法中，求一個真實不虚的人生觀罷！

——《海潮音》，一九三三年第一四卷第九號，第六四—六八頁。黄夏年主編：《民國佛教期刊文獻集成》，中國書店出版社，二〇〇八年，第一八五册，第七二—七六頁。

月西代表書面發言

對劉德焜書記、葛仲昌市長、于光禮委員、左文軒副市長等的報告和發言，我表示完全同意和衷心的擁護。

解放六年來，寧波市佛教徒在党和人民政府領導和關懷下，和全市人民一起參加了各項偉大的社會改革運動，改變了舊的面貌，明白了應該以當家作主的態度，積極地參加各項愛國運動、經濟建設和政治學習。尤其經過總路線學習後，大大地鼓舞了僧尼們對於建設社會主義熱情和信念。

我們寧波市佛教徒，解放後參加手工業生産的僧尼有八十餘人，現在已走上合作化的有六十餘人，走上公私合營有十餘人。尚有一部分青年僧尼現在還没有工作，雖然他（她）們思想上有些苦悶，但參加學習後，他（她）們都自覺積極地争取就業條件，一面努力學習政治，提高思想認識和文化水準；一面參加各項社會活動，響應政府號召。上山開荒，應徵兵役，肅反運動，以及義務勞動等，最近我們動員了五個青年僧徒參加農業生産，還有許多人自動組織起來飼養英國種長毛兔。

現在還有四百人左右，在這四百人中有四分之一是青年僧尼，其餘都是年老和殘廢的。其中一部分年老殘廢僧尼，生活較困難，幾年來都得到政府救濟照顧，生活得到飽暖，他們看到國家在各方面都一日千里的迅速前進，感到祖國的可愛；紛紛要求參加學習，提高政治認識。大家都知道，要愛宗教，必須先愛祖國；凡是有害於祖國，也必有害於宗教。如界没有統一富强、獨立自由的祖國，佛教徒要想實現信仰自由的宗教生活，那是不可能的。經過這次肅反運動教育後，他們都進一步明白了這道理。

幾年來，我們對佛教工作雖做了一些，但是總跟不上形勢的發展，和各階層人民比起來，我們還是落在時代的後面。爲此，我們必須要加緊趕上去，在原有基礎上繼續加强對全市僧尼的學習領導，廣泛深入長期地對全市佛教徒展開愛國主義的教育，並動員和團結全市僧尼爲實現國家過渡時期總任務而奮門，要求在不同崗位上，積極支援國家的社會主義建設事業貢獻出自己更大的力量。

——《寧波報》，一九五六年一月二十一日，寧波市第一届人民代表大會第三次會議代表發言（摘要）。

政協委員的議政意見不能成爲空話

——訪市九届政協委員月西

四月十五日晚，記者在七塔寺採訪了市九届政協委員、市佛教協會會長、七塔寺方丈月西。

七十四歲的月西方丈看上去恬淡、清朗，言語之間透著一種出家人的虔誠和坦率。我們的話題從他再次成爲政協委員開始。

記者：月西方丈，您作爲市政協的老委員，您覺得我市這届政協工作和以往各界相比在哪些方面應該改進？

月西：我認爲以往我市的政協工作不夠活躍。委員們只能在幾次會議上履行參政議政的職責，「舉手表決，没有異議，鼓掌通過」幾乎成了不成文的規則。我希望這届政協工作能在這些方面有所改進。委員要敢於直言，敢做諍友，而政協工作要增加透明度，讓我們委員知情，知情然後才能言嘛！

記者：月西方丈，在這次大會上，您準備就哪些方面的問題發表您的看法？

月西：我是代表宗教界參加這次大會的，所以，我想在會上就目前我市宗教工作中存在的問題談談我的看法。寧波號稱東南佛國，天童寺、阿育王寺、七塔寺等在日本、東南亞享有一定的聲譽。因此，我覺得，隨着我市對外開放的發展，利用我市的重點寺院，通過聯絡宗教感情，進一步開展宗教界海外聯誼活動和發展旅遊業。這對聯絡三胞「愛國愛鄉」之情，爲家鄉開發建設出力，發展我市創匯事業都有著重要的意見。然而，從目前來看，我市的宗教政策卻並未得到全面的落實。如宗教團體的房産問題、宗教活動場所的管理制度等問題的解決，往往是「雷聲大而雨點小」，使人失望。因此，我呼吁有關部門要重視宗教工作，幫助宗教界人士解決一些他們自己無法解決的困難，爲他們在寧波建設中貢獻力量創造有利條件。

記者：那麽，您是否準備把這些看法作爲提案上交大會？

月西：我没有考慮過。我是市政協的老委員了，經驗讓我對提案的落實可能性缺乏信心。

記者：月西方丈，最後請您談談對這次大會最大的期望是什麽？

月西：我期望委員們提出的意見和建議能確實得到採納，而不是「研究、研究」之類的答覆。如做不到這一點，那麽政協委員的議政意見就會成爲一句空話。

（本報記者：洪放　温興邦）

——《寧波日報》，一九八八年四月十八日。

過七塔寺呈月西大和尚

盧靜安

千年蘭若古，歷劫又重新。
瞻宇懷任氏，移澤福甬民。
經傳心字訣，修整妙容身。
七塔山門外，危然隔市塵。

——寧波市政協文史委員會，寧波詩社編：《當代寧波詩詞選》，寧波出版社，二〇一三年，第六五頁。

紀念月西大和尚示寂十周年

桑文磁

西方聞極樂，一去十秋春；
大願公云了，鉢衣承有人。

——可祥主編：《月西大和尚圓寂十周年紀念集》，香港佛教文化事業有限公司，二〇〇三年，第一二七頁。

月西上人圓寂十周年紀念

鄭玉浦

政協堂前幾度臨，大師風采令人欽。
陳詞每念蒼生苦，論事常懷赤子心。
七塔重光見功德，千身依舊托珠琳。
難忘共賞梅花月，問道談經到夜深。

——可祥主編：《月西大和尚圓寂十周年紀念集》，香港佛教文化事業有限公司，二〇〇三年，第一二四頁。

桂侖禪師偈三首

桂侖

其一

兩眼覺照胸前月，打破念頭井底天。
簷前蓮花觀自在，七寶塔中見如來。

其二

財色不忘莫問道，淫欲不斷休參禪。
祖師西來一字無，全靠心地用功夫。

其三

財色名食睡，地獄五條根。
根本不沾汙，坦白極樂人。

——賈汝臻主編，黄夏年副主編：《七塔寺人物志》，宗教文化出版社，二〇〇八年，第五一九頁、五二九頁。

寧波訪七塔寺

趙樸初

明月待圓滿，三分已二分；
佛殿喜重光，像器一一新。
廊下一僧坐，晝夜不倒身；
終年一布衣，不因冬夏更。

一足無人扶，面色光粼粼；
自言不識字，能説《金剛經》。
懇懇爲我道，難治衆生病；
云何病難治？家鬼弄家神！
斯言何凜凜，思之意味深；
興亡與禍福，由己非由人！
拜别七塔寺，七佛鑒我心！

——趙樸初：《趙樸初韻文集》，上海古籍出版社，二〇〇三年，第四八一—四八二頁。

賀可祥法師升座

心澄

可賀可敬，宇内年青一方丈。
祥瑞祥和，佛光普照七塔壇。

金山寺心澄率兩序敬賀
二〇〇三年三月二十五日

——存七塔寺

端午節訪七塔禪寺贈可祥和尚

熊召政

今日端陽節，七塔寺中過。
衲子迷三徑，禪機共九歌。
書香侵殿瓦，蒲劍伴頭陀。
且問誰家子，炊茶到汨羅。

——《報恩》，二〇一七年第二期，第六五頁。

己亥暮春謁七塔禪寺兼呈可祥法師

宗性

信知廛市有深山，壽者棲心智鏡圓。
大士何年來息足，金輪無日不高懸。
衆生得濟離塵垢，七塔重輝現妙蓮。

車馬喧囂歸静寂，千燈續焰度無邊。

——《報恩》，二〇一九年第二期，第二〇頁。

七塔寺謁上人不遇

應鶴鳴

野夫性好求清浄，嫋嫋煙中悟此身。

大德潛心翻貝葉，聞聲檀板替囂塵。

——《報恩》，二〇一九年第二期，第二一頁。

浴佛節意寄可祥大和尚

應鶴鳴

緇林德水拂塵泥，醒世當除五濁迷。

今我無緣隨法喜，有情草木認菩提。

——《報恩》，二〇一九年第二期，第二一頁。

七塔寺白梅

徐瓊

庭前冰雪仙，寂寂獨開妍。
息足闤闠地，栖心梵唄邊。

——《報恩》，二〇一八年第一期，第四七頁。

桂侖禪師圓寂十周年紀念

傳印

桂侖禪師，
佛門大德。
當代高僧，
本色禪和。
江西廬山東林寺傳印敬題

——賈汝臻主編：《無言潮音——桂侖禪師紀念集》，西泠印社出版社，二〇一〇年，封裡。

桂侖禪師紀念撰拙句以示景仰

連登

龍盤松定坐如鐘，五十餘年一屹峰。
不倒單參觀自在，桂公心法悟禪宗。

三寶弟子連登

——賈汝臻主編：《無言潮音——桂侖禪師紀念集》，西泠印社出版社，二〇一〇年，封裡。

七塔禪寺建寺一千一百五十周年紀念集作品選

道風蔚然

行草橫披　桑文磁

靈應昭垂

楷書條幅　嚴東生

七塔鎮門前，囂市紅塵飛不到；
三江流郭外，禪房花木静無聲。

行書對聯　鄭玉浦

弘揚佛法；
普濟衆生。

行書條幅　徐祖耀

源溯一千歲月，志耀五八春秋，高僧心鏡梵宫修，幾度滄桑依舊；
七塔浮屠弘法，三江鬧市藏幽，道場美譽滿神州，澤惠炎黄後胄。

行書條幅　陳鴻培

梵唄播邇遐，志耀三江古刹；
佛緣惠桑梓，名揚七塔浮屠。

行書對聯　陳鴻培

過去心如何、現在心如何、未來心如何，茫茫浩劫，奚是冥冥古今佛；
琉璃世可住、娑婆世可住、極樂世可住，歷歷前因，無非渺渺往還塵。

篆書對聯　李文國撰　劉江書

道場光盛世；
華藏海莊嚴。

楷書對聯　傳印

雲擁慈航，白蓮華散諸天雨；
香生貝葉，寶殿鐘傳五戒聲。

隸書對聯　葉元章撰　沈定庵書

龍象擁蓮華，大士慈顔雲際現；
人天宣聖教，空王法駕日邊來。

隸書對聯　李文國撰　沈定庵書

水唯善下能成海；
山不争高自極天。
行書對聯　浄良

暮鼓晨鐘；
福佑萬民。
行書條幅　徐良驥

萬法朝宗歸七塔；
上方飛錫授三衣。
行書對聯　葉元章撰　周律之書

千年古刹適逢春，盛世重光貌一新；
塔影巍巍籠水月，鐘聲隱隱滌寰塵。
行書條幅　周律之

悟得靈機十二因，菩提樹下有前身。
他時再傍如來座，又是傳燈説法人。
行書條幅　葉元章撰　沈元魁書

晨鐘暮鼓時，每念可祥師。
待客敬梨意，揮毫臥虎姿。
和諧心迹厚，叙舊友情慈。
古刹芳林里，應嘉七塔治。
行書條幅　沈元魁

釋教尚掄材，文化競上臺。
高風贏信衆，慈善望中來。
行草條幅　沈元魁

七寶飾莊嚴，千載古刹新，僧績佛慧命；

塔婆存聖迹，百幀應真舊，圖傳法正行。

行書對聯　樓宇烈

藏奐慈運圓瑛可祥，一脈相承；
東津崇壽七塔報恩，源遠流長。

行楷條幅　舒乙

鴉翻紅葉夕陽動；
鷺立蘆花秋水明。

行書對聯　沈元發

澄空無慮參真悟，
丈室清涼聽法華。
又是明月花妥夜，
得聞柔語出頻伽。

草書橫批　李文國詩　吴山明書

疊曆中興更復興，
煙灰法脈證傳承。
與時俱進人間佛，
寶像莊嚴滄海澄。

行書條幅　張海

千年古刹，梵宫深邃，鬧市傳貝葉；
七塔祖師，佛法無量，塵寰度衆生。

行楷對聯　李羨唐

名緣七塔，斗角層層藏貝葉；
恩報三江，觀音處處渡蒼生。

行書對聯　樓明月

禮佛越千年，一瓣心香爲最敬；
參禪登七塔，漫天貝葉悟真如。
行書對聯　連登

自心鏡開山，千秋花雨紛飛，七塔傳經輝浄土；
以慈航濟世，萬里宗風遠播，十方問道締禪緣。
行書對聯　連登

般若誠無相，道心静似中天月；
真如自有源，禪境清於太古泉。
隸篆對聯　劉心敏

弘法利生
楷書條幅　俞劍明

登寶塔游古寺聽鐘聲，傳承文化；
揚名城利社會惠百姓，共建和諧。

行書對聯　巴音朝魯

大士浄瓶雲外水；
如來寶相法中身。

楷書對聯　陳虎雄撰　誠信書

七塔招提，覺海慈航，流芳百世；
三江勝地，祥雲吉雨，澤福千秋。

隸書對聯　毛燕萍

雲擁慈航，白蓮花散諸天雨；
香生貝葉，寶殿鐘傳五戒聲。

行書對聯　葉元章撰　林邦德書

東津禪院，築七塔以崇壽；
南海補陀，棲一心爲報恩。
楷書對聯　陳白夜撰　允觀書

香徹蓮花界，靉靉慈雲依七塔；
禪安貝葉宫，煌煌寶典釋三乘。
行書對聯　葉元章撰　陸愛國書

七佛同印可；
塔光現禎祥。
行楷對聯　達照

報四重恩
弘法利生
行書條幅　福建省佛教協會賀

浙東名藍，宗風永繼，四衆欽仰；
甬南聖迹，莊嚴正因，千載傳揚。

行書對聯　香港佛教聯合會賀

七塔巍巍，七佛恒在傳正教；
報恩切切，千年古刹展新姿。

行書對聯　上海玉佛寺賀

斜月西沉，護門外七塔；
祥雲東升，慶寺建千年。

隸書對聯　蘇州寒山寺賀

寶塔生輝；
慧燈無盡。

隸書條幅　成都文殊院賀

普雨潤大地；
明月行虛空。
行書對聯　美國佛教正信會賀

貝葉千秋，無愧四明佛國；
彩虹百丈，永輝七塔禪林。
隸書對聯　寧波寶慶講寺賀

千年古刹溯前唐，幾度淪衰幾度昌。
重響鐘聲遍海宇，喜隨國運導輝煌。
行書條幅　寧波觀宗講寺賀

所演妙法無窮盡；
唯有諸佛能證知。
行書條幅　南京毗盧寺賀

參得詩禪似可通，
七如來塔影浮空。
天花不著阿羅漢，
散落街頭作彩虹。

行書條幅　寧波法王寺賀

三佛殿上下，法輪常轉；
七塔寺内外，普渡衆生。

行書對聯　香港安樂精舍培德

四明秋月春山昭古迹；
七塔歲修時護焕新容。

行書對聯　香港净慧苑智圓

古刹增秀色；

叢林長新顏。

隸書對聯　香港馬秀貞

——可祥主編：《千載傳燈——七塔禪寺建寺一千一百五十周年紀念集》，西泠印社出版社，二〇二〇年，第九四—一四一頁。

七塔禪寺賦

陳洪勳

明山麓，東海濱。三江畔，都市心。古佛七塔，開鴻蒙覺路；普門一柱，安浙東厚坤。寺院規整，青磚黛瓦顯古樸；寶殿連綿，歇山重簷接青雲。「三園」錯落，清幽更添静雅；「兩館」恢弘，釋經儒典森森。金蓮淩空，三十二應周塵刹；三聖高瞻，百千萬劫化無痕。舉目遠眺，千年古刹諧和摩天玉宇；側耳細聽，市井喧嘩呼應栖心妙音。鵬來西極，龍聚東津。象發南海，獅吼禪林。僧侣晨鐘暮鼓，共祈民安國泰；信衆忙中覓静，修培報恩善根。好一派莊嚴净土，城市叢林。

徜徉古刹，鬱鬱乎文哉！看闊廊，環雪牆；瞻佛殿，仰棟椽。高樑支華榱，井然而空闊；長聯嵌玉柱，緇素鐫箴言。今古名家，敬獻墨寶；哲理禪對，意蘊深含。字則篆摩李斯，隸仿漢碑；行草效羲之，楷書追歐顔。或騰龍起鳳，或古樸莊嚴。錯落有致，賞心悦目；聯林漫步，滋潤心田。藏經閣今拓圖書館。書藏十萬卷，佛家經與百家典並列；海涵大百科，人文目共自然類齊肩。僧俗咸宜，老少無偏。步入館內，則清幽静雅，茶香浮動；書友栖心，學風沛然。

念千年古刹，幾度興廢；鳳凰涅槃，重光何因？時矣，勢矣，人也。但逢興隆，皆爲盛世；每次重建，適得其人。且人皆儒家飽學之士，佛門得道之昆。儒爲基，則家國天下，成就功業爲己任；釋爲幹，則捨身忘我，普度衆生爲本根。唐有心鏡，宗風振遠；明承補陀，寶刹生輝。清繼慈運，龍象滿門。今有月公祥師，更盛況空前矣。師徒秉先師宏願，宵旰忘倦；深思熟慮，戮力親爲。計四十餘載，募善款億萬。終至古刹焕彩，館園新建。成就禪寺今日之盛，不亦壯乎。

予觀夫，萬事萬物，看似尋常最奇崛；一功一業，成如容易實艱辛。寺建千年，歷多少寒暑冰霜，風雨雷電；經幾番蟲牙鼠口，匪欺兵侵。倭寇犯邊，觀世音幾無立身之地；洪楊之劫，衆寶殿竟無一室倖存。近則八年抗戰，山河破碎；寶刹傾頽，僧侶無根。月公祥師，白手起家，自擔風險；一磚半瓦，尺草寸木，萬事求人。何其難哉！恰如玄奘取經，劫難九九；釋迦弘法，飼虎捨身。信然！

世路千條，敢問通途安在；塵網萬張，怎覓圓融法門？君觀浩浩宇宙，朗朗乾坤。日行月健，亙古不息；北斗横空，卓爾不群。大地廣袤，榮萬物而不語；海洋浩瀚，納千川於無痕。知矣。大道至簡，大道至衡也。人亦當如此。能畢終生心血，爲一事一業，攻堅克難；矢志不移，心無旁騖者，方成功業。果如此，不亦人生之幸、社會之幸哉！如月公祥師然。

壬寅　菊月　陳洪勳撰

——陳洪勳：《七塔禪寺賦》，《報恩》二〇二二年第四期，第四三頁。

栖心圖書館賦[一]

應緑霞

書能啓智，館可栖心，七塔寺内，文化生根。領公益之先河，秉利生之宏願；聚中西之經典，彙今古之圖文。一圓閲讀夢，大開方便門。禪儒交輝，開拓讀者視野；文明傳繼，滋養心路乾坤。嗟夫，萬卷館藏，四海聲聞；功於百代，惠澤世人！

風雅之地，首鍾其静。觀夫小院四合，簡約無華；明窗紅綫，花竹相映。大氣不失温馨，古雅亦攜新穎。一磚一瓦，彰顯人文厚重；一簷一角，引領思緒馳騁。絶市曹之囂煩，有知識之饋贈。

書海徜徉，尤證鴻名。藏書十萬，不輸天一閣[二]盛象；涉足多元，媲美嘉業堂[三]仁聲。佛教經典與地方文獻並秀；文學藝術與經濟科學共呈。亦專亦博，亦詳亦精。琳琅卷帙，浩若繁星。千載書香，彙歷代賢哲智慧；八維鴻制，藏當世名家精誠。萃百科之著，越萬有之庫，經圖齊備，史集充盈。爲靈魂之棲所，燃學者之激情。

復觀服務，更傾其忱。設施一流，檢索器功能齊備；管理科學，志願者細緻貼心。陳列明瞭，分類條理有致；登記周詳，所需頃刻可尋。更兼雨具地暖，温人心坎；咖啡茶水，免費取斟。

於是好學志士，紛至遝來；明燈廣座，把卷盡歡。閲《大藏》[四]兮，探佛法之真諦；品《春秋》[五]兮，跨諸史之波瀾。或汲其深而探秘，或沿其流而溯源。學風於斯蔚起，才思在此發端。心胸明玄理，耳目極大觀。成開慧之寶地，辟育人之文淵。

夫一館之興，蒼生之福；一地之盛，寧波之祉。衆生進出，受益館藏，提振文風，教化桑梓。乃至得圓翌日騰飛之願，盡展報效中華之志，能不感念棲心博愛於民，博施於衆乎？能不感念慈善家之熱情奉獻，志願者之篤誠高義乎？能不感念可祥大師公益仁懷，明識深旨乎？

——應緑霞：《棲心圖書館賦》，《中華辭賦》二〇二二年第一〇四期，第二一〇—二一一頁。

［一］栖心圖書館：位於寧波七塔報恩禪寺内，是寧波地區首家正式對外開放的民辦圖書館，是浙東地方文獻中心，也是佛教文獻中心，兼有中外各類圖書十餘萬册。

［二］天一閣：地處寧波，是我國現存歷史最悠久的私家藏書樓，也是世界上最古老的「三大家族圖書館」之一。

［三］嘉業堂：近代中國規模最大、藏書最富的私家藏書樓，後捐獻，成爲浙江圖書館的一部分。

［四］《大藏》：指《大藏經》，佛教典籍的叢書。又名一切經，略稱爲藏經或大藏。凡以經、律、論爲中心的大規模佛典集成，皆可稱爲「大藏經」。

［五］《春秋》：中國古代儒家典籍「六經」之一，是我國第一部編年體史書。

遊南嶽山記

（民國）溥常

余湘人也，南嶽乃我生長地。少時，爲母燒香朝嶽帝，茫然也，嘗以此名勝介懷。適衡山之同道超有、離塵來寧波七塔寺，談及列祖聖迹，邀與覲禮，余應曰然。離家鄉四十餘年，值佛學院暑假時，能與之同歸者亦善。辛未（一九三一年）夏曆六月初，同乘火輪上游，先回湘鄉，了清俗務。五月下澣，坐汽車到嶽市，進祝聖寺掛褡。不日遊歷市場，參觀嶽廟，崇巍鉅麗，足起人敬。世傳嶽廟在峰頂，陳朝惠思祖開山欲踞其地，與帝約曰：「吾抛一石，視石止處，創爾祠，今年麓是。」志乘云：衡嶽七十二峰，山高九千七百三十丈，以祝融爲最。周行八百里，以回雁爲首，嶽麓是足。南嶽衡山，本朱陵之靈台，太虛之寶洞，上承軫宿，銓德鈞物，故稱衡山。下踞離宮，攝位火鄉，赤帝館其嶺，祝融宅其陽，威神堂堂，陰映峨峨，是以宅藪神靈，寶宇仙羅，號爲南嶽。《虞書》所稱舜南巡狩，至於南嶽，參於五嶽之一者。古詩有「五嶽歸來不看山」之句，何其壯麗偉觀乃爾。

六月初十日，游水簾洞，道家所謂朱陵太虛洞天也。越陌踏澗，田間禾青抽穗，澗中亂石流影。遠望山岩，推一片白光，從紫蓋峰下流注，匯入石池，池溢爲水簾，高二十餘丈，石壁光滑，泓廣二丈許，半因橫石作小折，如簾之中押。朱坐雪浪亭觀瀑，跳珠噴玉，雪濺雷轟，直垂入龍潭，水忽不見，伏流亂石，抵罅躍出，則一怒而吼，數出數沒，如白龍蜿蜒入雲中，時露鱗爪，景最奇絶。宋之題刻甚多。游者皆欲步沖退後塵，每去九仙觀，爲九仙飛升壇也。過仙關，仰望中央，琳宮巍巍，四圍岡巒環抱，幽邃逼人，真仙境也。此日清晨晴和，乘輿而回，興趣頗佳。

十三日，超長老接住方廣寺，邀與同去，由大善寺坐轎，冒雨而行。到黃庭觀，曠伯華君指示魏夫人成道處，古迹昭著。過西嶺，到馬迹橋，朱張游嶽由此進。有詩云：「下馬驅車過野橋，橋西一路上雲霄。我來自有平生志，不用移文遠見招。」是夜宿佃户家，大雨寒甚，三伏内穿夾衣。余曰：「少選，必漲西水。」

十四日上山，始則滿望荒嶺，漸入羊腸險路，大林壑岩，溪流曲折觸石，琅琅有聲。過黑龍潭，進方廣寺，蓮花峰下，殿宇崇高，匾上「天下名山」，宋徽宗題。梁朝惠海禪師開山，誦經得五龍聽法，自言願獻寺基，一夕大風雷雨，擁沙成平地而建梵刹。夜住石澗潭紫蓋庵，亦寒甚，圍爐一宿而回。後閱報章，果爾湘西發水，天災兵禍，人民苦極。

十八日，天朗氣清，三人肩輿上山，空淨大師引導，始登雲梯，過溪澗上嶺，見毗盧洞，羅青錯黛，深塢中有廣濟寺，繞故友僧晙和上塔。午膳後，上獅子泉，去高臺寺，觀念庵松，明代羅洪先先生手植。觀音岩前，泉湧甘露，楚石禪師成道遺迹。再登上封寺，同道歡迎，啖茶食已，上祝融峰，朝聖帝，禮思大禪師聖像。此時燒香鼇禱者亦甚衆，半皆村甿，羅拜爐煙下，信口喚喁，不辨如何語。三四同道，邀上大石觀月臺，傾談飲茶，忽然覺得少時間，夜雨上頂進香，明知石牆鐵瓦，登此石一望黑霧，勁風號號驚人，了了然八識發現，曠觀四方，窮天亙地，盡入目圍，下睇千山，蒼苔萬點，如湘波繡碧，疊浪雲湧，向之昂首未降者，皆伏地不起。觀至此止，意愜心融，愧無李白詩詠，安得王維書圖於座右，時快胸懷也。夕陽西下，涼風颯颯，同道催回不忍去，攜杖俯視老女梘，引太陽泉入寺，寺後石痕樹根下流注，曰虎跑泉。嶽山高低，無地不有清泉湧流，最奇。是夜聞鐘聲趺坐。空淨師云：「東方白矣。」急登觀日台，天宇澄淨，芥子紅光，倏遍須彌，有赤如輪，中分天地，丹霞紅色，璀璨奪目，回首西眺，月色猶相望，雲海蕩漾之奇觀，峰巒起伏之盛概。東坡云：「兹游奇絶冠平生。」不信然歟？性知客師曰：「俗例六月觀日數千人，不滿願者多，今日難得。」朱亦喜形於色。

十九日下山，游皇帝岩，宋徽宗題「壽岳」字于大石。過南天門，下火場，到磨鏡臺，禮讓祖塔，于福嚴寺午餐。圓退居引觀古迹已，辭往禮三生塔，去南台寺一覽，再禮石頭遷祖塔，回寺，輿人亦去。忽大雨，空浄師心悦而言：「遊山有福。」余曰：「慚愧。」

從來游岳評論者，高稱祝融峰，幽言方廣寺，奇推水簾洞，今既兼而有之，若更有高且幽而奇者，則未敢爬羅剔抉，徵翳伐荒，驚人詭出，與猱鶻争智勇也。大約宇内名勝，非一時可盡，亦非一人所獨擅留，其餘以俟他日後人之搜索，則意趣無窮矣。柳河東詩云：「誰爲後來者，當與此心期。」善遊者胸襟固如是。嗟乎！人心之易變屢遷也。少時，夜雨，登峰頂一望，罔然也。游西嶽，沖雪齊腰而上華山，齒壯力强也。遊歷天下名山聖道場，南洋群島諸塔寺聖境，每值山水會心處而輒忘焉，其性然也。自惟人生幾許，時當乘間有適，遊目騁懷，以極平生之志願。噫！乃人心之易變屢遷也。太虚無形，茫昧漠泯，澒濛鴻洞云爾，日月之迭照，煙雲之變態，風雨霜雷之舒慘，漱氣遊氛之清溷，日交代乎前，而太虚無所厭慕，即太虚而不自知爲虚也。吾心之本體，豈異是耶？其所履諸境不移，而吾心之所感且愕而愛取之，何足控摶？乃知向所云者，盡屬幻憂耳。夫過而留，與逐而移者，其謬亦等，殆必有不隨萬物爲欣戚，混冥惑以融觀，正古德所謂「心隨萬境轉，「轉」處實能幽」者，斯可矣。余年花甲又六，亦曰歸來不看山，以告我嶽帝靈焉耳。

——《世界佛教居士林林刊》，一九三一年第三一期「傳記」，第一—三頁。

壽山石十八羅漢記

竺韻德

夙藏羅漢一十八尊，石出壽山，（脩）琢入微，法相畢現。嘗聞佛門有八正道之持，遂萌淺見：惟外不迷境，內不迷我，方免欲海之溺也。思諸尊羅漢久居深室，殊當歸之三寶；既舍獨珍，尤供衆生瞻賞。堪喜七塔禪寺欣證因緣，頓覺抱月懷中，曠朗無塵矣。

竺韻德謹奉並撰。

丙申年春日

（二〇一六年五月）

——竺韻德：《企業與社會》，寧波出版社，二〇一六年，第四〇八頁。

七塔報恩禪寺印象記

白化文

佛應西乾，道通天地；法流東土，恩達塵凡。教義大隆，仁祠廣樹。雖靈光上際，應身入涅磐之境；而慧日旁臨，梵宇遍中華之區。甬東財物阜充，人文淵蔚。南方都會，綿亙通津；唐代肇興，巍峨寶刹。大中戊寅之歲，心鏡大師前驅覺路，兆啓叢林。大師法名藏奂，降靈吴地華亭。早明佛性，夙悟真空。統匯五葉，萃於一花；光衍列祖，上承六代。杯渡西江，錫飛東甬。檀越任公舍宅建寺，迎以居焉。顔曰「東津禪院」。排疑信士，正色兵威。郡中奏請，改禪院爲「栖心寺」。斯乃本寺之經始也。宋額「崇壽」，明號「補陀」。清初寺前因立「七塔」，口語傳播漸多。前後數百載，先極祇園香火之盛，後經紅羊劫難之殘。中興本寺慈運大師，參臨濟之正法，得普洽之真傳，擔當在荒廢之餘，主持於凋敝之際。掃塵封之道場，蓁蕪已久；修多羅之妙典，函匭僅存。佛事焕成，丕振宗風；天時默定，請領《龍藏》。敕賜嘉名「報恩禪寺」。此後文白兼用，雅俗結合，常稱「七塔報恩禪寺」。此乃今日寺名之肇始也。選佛場開，宗風嗣闡。法子四十八人，法派蔚成，衣鉢綿衍。化流海外，道播寰中。根深枝茂，源遠流長。昭代開國全盛，天祚維新。法侶騰歡，人民樂業。詎意逆潮迭起，浩劫俄臨。所幸時逢再造，肅殺盡而繁華來；世無久虚，法鼓奏以英豪至。重興本寺月西老和尚，當大教暫微，而夙志無替。世歷横流，人堅勁節。期於興廢舉墜，慈航津逮；繼往開來，梵宇燈傳。所賴「三中」作主，重焕寺容；四衆同心，再興香火。僧人擁護，政府支持。重理頽垣，再興法事。道有賴於箕裘，法必資於龍象。老和尚生西，付法高足今方丈可祥法師。法師靈慧夙持，法緣早啓，識量沖和，風神雅静。外示常迹，内修宿和。克思教澤之深，式念慈蔭之厚。搴提祖印，嗣闡門風。激揚群彦，統領法門。兩代經營，卅年積聚。重修圓通寶殿、三聖殿、鐘樓、綜合樓等，辟建「栖心一覽」文物陳列室，重建東廂房，新建鼓樓；創辦七塔佛學文化網站與《報恩》雜志，修訂重印《七塔寺志》，編輯出版《七塔禪寺五百羅漢圖》等書籍。專以土木而言，著見滄桑雖有變易，棟宇又復莊嚴。寺宇光華，門房偉麗。飛簷振景，結棟淩霞。迅若化城，儼同兜率。近更改建山門牌樓。既立三門，後鎮層樓；又象雙闕，旁聳連閣。背倚殿堂，俯瞰朝盈夕散之人；前望闤闠，遍閲朝宗聚落之衆。歲居丁亥，時值河清；自今法炬方輝，山門永振。松膏常繼，殿堂顯明焕威儀；桂魄高懸，天地盡琉璃世界。僧衆静參三昧，佛光普照十方。七衆心賞勝迹，目駭奇功，僉以當刻豐碑，用光盛美。願言有述，以屬無能。承命述作，謹按《寺志》所載，勾稽連綴成文，幸世之君子垂覽焉。

佛曆二五五一年，歲次丁亥，准提菩薩聖誕之日，北京大學教授頤和退士白化文謹叙。

——白化文：《七塔報恩禪寺印象記》，《報恩》，二〇〇七年第二期，第五五頁。

第三節　序跋疏記

栖心寺建御書閣並置田疏

（宋）物初大觀

梵放薄江城，七塔宏開門徑；寶光淩象緯，九天新錫扁題。因依魏公袞繡之華，遂被聖主金湯之賜。宏規雖爾，缺典何多。既未遑崇傑閣以奉宸眷，又安能足良疇以供納子。取人天衆飯於香積國，擲大千世界如陶家輪。神通略施，公案便了。飛甍出雲雨，閟龍驤鳳翥之文；多稼接畛畦，萃鐵額銅頭之客。美裴相君之逸迹，大心鏡師之故家，集我勝緣，報公純嘏。

——（宋）物初大觀：《物初賸語》卷二十《栖心寺建禦書閣並置田疏》，日本寶永五年（一七〇八）活字本，載金程宇編《和刻本中國古逸書叢刊》第五四册，鳳凰出版社二〇一二年，第一八六——一八七頁。

募修明州補陀七塔寺疏

（清）李杲堂

南海名山無數，以洛伽小白華爲第一，則以大士在焉。稍入内地，在蛟川則曰候濤山寺，在甬上則曰補陀七塔寺，俱大士之下院也。凡海内來禮是山，有遠萬里者，有違數千里者。至甬上七塔，則如入大士之門焉；上候濤遥望大海，則如造大士之庭焉；既上洛伽，則登大士之堂矣。是以補陀諸刹，在昔日爲極盛也。至今則洛伽一區，已如三山金銀臺，可望不可即。蓋海内來禮是山者，不登大士之堂三十年矣。於是至甬上七塔，即如造大士之庭焉，不復門之矣；上候濤遥望大海，即如登大士之堂焉，不復庭之矣。然則補陀諸刹，在今日益不可不修也。年來候濤山寺，得藉有力者爲一新之，而七塔則積落已久，龍象欲泣，過客同哀。茲幸某和尚主席是山，愾然思復堂構，重起家風，復念此土涼瘠，特遣諸上人偏告四方檀那長者，共發悲心，則重整大士門庭，正在今日矣。異時諸公扁舟至甬上禮七塔，更上候濤伽藍，居然大士堂上客也，因爲之疏。

——（清）李杲堂：《杲堂詩文集·杲堂文續鈔》卷四，浙江古籍出版社，一九八八年，第七〇二—七〇三頁。

重刻地藏菩薩本願經序

（民國）溥常

夫天下以儒爲孝，而不以佛爲孝。嘻！是見儒而未見佛也。《地藏菩薩本願經》者，乃我佛所説之孝經也。升忉利天，爲母説法，令見道迹，正以示出世之大孝。及乘時放光，集分身地藏來會。以大士因地，救母發誓，即以舉行孝之榜樣也。是以地藏願王，偏向幽冥界内，以同體慈悲，劫劫救援而未艾。

釋迦父佛，特升忉利天宫，報聖母恩德，諄諄付囑，以頻申。令向佛法中，獻少水少花，並［脱］幽途之苦。俾从大士前，能一瞻一禮，咸蒙勝地之歡，其功莫京焉。慧朗上士，募刻清奇法師楷書，皆秉天經地義之孝思，以期流傳救世而索序。余欣然允可，發隨喜心。憶昔薙髮時，曾七七日讀誦此經。追念父母爲行生之大本，人道之大恩也。惟我佛先聖，能重其大本，報其大恩也歟！謹序。

民國二十年秋，退隱困叟溥常撰於七塔報恩佛學院主講室。

——《地藏菩薩本願經》卷首。

筆者注：《地藏菩薩本願經》（三寶經房）版存寧波七塔報恩禪寺，萬壽寺跟文正齋刻。

諦聞塵影集序

（民國）太虚

中國之社會，頃在古今東西一切文化之蜕變期内。而建立其間之僧寺，自是無能例外，故亦時有過渡之紛遽情狀，非疇昔之悠閑暇逸，獲享山林清福。諦聞法師乃深有學問之素養，兼具禪和之風度者也。嘗在雲南有改進寺制僧制之舉，顧格於先習，所志未遂什一。近年應寧波七塔寺報恩佛學院主講之聘，循循善誘，既深得學衆之敬愛，而與全寺之耆舊，亦能水乳交融，翕然靡間，殆庶幾僧伽和合之模範歟！近集其積年之讀經感言、議論、書札、法語、演詞等七十餘首，顔曰《諦聞塵影集》，將以付欹劂。余閲其所爲文，乃恰似其人，讀之可使躁者少安，而頑者漸化，誠有禆於今之佛門，因識數語弁其端。

民國二十六年四月十五日，雪竇丈室太虚。

——《海潮音》，一九三七年第一八卷第七期，第六七頁；太虚大師全書編委會：《太虚大師全書》第三二卷《雜藏·文叢二》，宗教文化出版社，二〇〇五年，第四〇六頁。

寧波七塔寺志序

（民國）諦聞

粵稽吾國之有志乘，肇源於晉之《乘》，楚之《檮杌》、魯之《春秋》，由來舊矣。降及近代，凡屬名山大刹，亦皆風起雲湧，燦然大備。誠以志乘之關係於史地人文者至鉅，而未可或缺也。鄞縣七塔禪寺，開山於唐，迄今千有餘載。文物彬彬，古迹歷歷，殿廡禪室，既宏既麗，佛制清規，亦嚴亦整，堪爲一方之名勝。然則往事舊聞，水源木本，詎可略而不著，使後之人無所考哉？溥常長老，初膺七塔主席，即建纂志之議。周折幾經，竟觀厥成，所有古迹、法物、文藝、建置等，可以藏之名山、垂之不朽者，均在搜編之列；科分類别，細大不捐，藉紹前猷，用規來軫，洵七塔之宏圖，佛教之壯觀也。謹序。

民國丙子，滇南梦梦道人谛聞書于報恩佛學院教务室。

——《諦聞塵影集》，香港炎黄文化出版社，二〇〇八年，第三二一頁。

寧波七塔寺志序

（民國）式昌

道本無言，以文言而通載；事與易謝，必紀籍以流傳。故凡先賢往行，當世規範，以及地址形勝，有可記録者，皆當銘諸簡牘，而昭垂久遠，有所遵循。夫道也者，體空而用繁。體空，則慮絶思亡，不可擬議；用繁，則知穿衣吃飯，資生事業，咸體達無遺，罔有一法而能例外。故曰：「開門見山，觸目菩提。」夫二諦雙融，真俗並行，所以上堂秉拂，説法譚禪，理也，真諦也；遊興記載，清規法則，事也，俗諦也。合之同一體也，俱爲要端，故不可以不紀。四明山輝川媚，人物薈萃之地，刹竿相望，稱爲東南佛國。大江之東，有七塔寺，原名報恩寺，開建以來，隆贊遺迹，載諸史乘，故不多述。今堂頭溥常和尚，以寺正志，尚付缺如，思有以創之，乃聘本城陳寥士居士主其事。閲二載，志成，請序於余。余曰：「寺有志書，猶國家之有鑑史。叙遞代之興亡，詳古德之言貌，遇目警心，有所徵勸。且其中非唯文章之斐𡢃，又可與道術相感發者他，扶宗翼教，豈曰小補之哉？」是爲序。

時民國丙子孟夏月，於觀宗退閒室。

——黄夏年主編：《民國佛教期刊文獻集成（補編）》，中國書店出版社，二〇一一年，第八六卷，第四〇三頁。參見陳寥士纂：《七塔寺志》卷首《序》，中華佛教出版社，二〇〇四年，第五頁。

七塔寺志序

（民國）葉恭綽

佛之爲教，廣大悉備，遍十方界，其視大地之一隅，若一漚之於大海也。其爲觀也，刹那之間，萬劫過焉。其視數十百年興廢遞嬗之迹，若目之一瞬也。然就一寺一塔而紀其始末，以吾屬視之，誠偉矣勞矣；自佛觀之，其無過一之漚微一瞬之傾而已。難然，十方界之大，一漚之所積也；億萬劫之久，一瞬之所累也。則其廣也其久也，又安得薄此一漚一瞬之微哉！且佛之滅度久矣，其教之所能廣庇衆生以至今日者，豈非藉傳衍之力？而古刹名山則結集之場，說法傳戒之所也。其繫佛說推布遞嬗之大如此，則其考其興廢成壞之迹以行世，亦皈佛者所有事也。甬上故道場勝地，僧俗薰修，梵宇相望。而七塔寺創自有唐，千年以還，雖名數易，而宏法之旨則無少異也。獨寺迄無志，緇白欲考其事迹，乃無所據，識者憾焉。四明陳君寥士，念末劫之方來而宗風之不可不振也，輟輯是編，以廣宏教之旨。書成，請序於余，余雖學佛而所得於教義者至淺，姑推論廣微久暫之義，序以歸之。

——《國藝》，一九四〇年第一卷第三期，第三頁。

報恩堂宗譜序二

（民國）智圓

夫日星之光，俱麗天上；江河之水，同歸海中。是故樹大分枝，終不離乎根本。人多分派，當勿望其法源。而我七塔報恩寺，創始於唐代心鏡禪師，初名東津禪院，繼號栖心寺。宋祥符元年，復賜額崇壽。明洪武年間，又更名補陀。歷千數百年，興衰靡一，廢而復舉者，不知凡幾。迨至清季光緒十六年，我師慈運老人接住以來，力圖建設，百廢俱舉，並親詣北京，請頒龍藏，蒙恩賜額報恩禪寺。自此規模宏偉，足增東浙之美；宗風遠播，悉種西方之因。法門鼎盛，甲於諸方，衣鉢傳繼，已達四十八人；子孫蕃衍，實逾數千百衆，散處他方，各興法席。道德之隆替不一，人物之代謝孰稽？若無正當之系統，難期永久之榮譽。此固宗譜之待修，實有不容稍緩也。今者本寺住持溥常法兄，道行高遠，學業宏富，歷主諸方法席，久为法門欽戴。因有鑒於斯事，乃毅然興起，集法衆而會議，行登記之方法，歷時既久，始告成功；復立法規，以杜流弊，俾後進之賢者，有所依據，而邪疵放僻之徒，勿容混迹。斯誠法門之善舉也。余喜本寺宗譜之成立，復感溥兄之偉德，爰不揣鄙陋，略叙數語，以紀其大概云爾。

民國二十三年仲春月，報恩退居智圓宏一謹述。

——可祥主編：《栖心圖書館聚珍輯刊（第一輯）》，上海古籍出版社，二〇二〇年，第二五八頁。

報恩堂宗譜緒言

（民國）溥常

溯吾教主釋迦尼佛，應機示現，誕生西域。十九出家，三十成道。始從鹿野苑，終至跋提河，經歷四十九年，演説十二分教，隨根利鈍，頓漸兼收。迨至法華，普與授記，極暢本懷。復於靈山會上，拈花示衆。迦葉尊者，領悟心宗，傳持正眼藏，爲西天第一祖。直至二十八代，菩提摩大師，航海而來，宏揚教外别傳之旨，不立語言文字，直指人心，見性成佛，以爲東土第一祖，名曰宗門。傳至六世，而有曹溪大鑑惠能禪師，其法特盛，分爲兩支：其一，青原行思，思傳石頭遷，遷傳道悟，悟傳崇信，信傳宣鑑，鑑傳義存，存傳雲門匡真偃禪師，爲雲門宗。玄沙師備爲偃同門友，傳地藏桂琛，琛傳清凉法眼文益禪師，为法眼宗。遷之支出藥山惟儼，儼傳曇晟，晟傳洞山良价，价傳曹山本寂，爲曹洞宗；其二南嶽懷讓，讓傳江西道一，一傳百丈懷海，海傳黄檗希運，運傳臨濟慧照義玄禪師，法運更昌，爲臨濟第一代祖。海之支出潙山靈佑，佑傳仰山本寂，父唱子和，爲潙仰宗。以上自曹溪而來，宗門有五家派别。兹浙江寧波市鄞縣江東七塔報恩禪寺，嫡傳臨濟正宗。自臨濟初祖第一世傳至三十世明州天童密雲悟禪師，悟傳林野奇祖爲第三十一世。述法派偈云「行大源遠」等十二句，載《後法派源流》内。傳至三十九世我先師慈運慧老人，爲本寺中興，光緒間進北京請藏經，賜寺額名報恩禪寺。自此報恩堂上，傳宏字四十八支法嗣，各各弘化一方，分燈續燄，綿綿不已。而報恩祖庭，留名登記，爲不可少之事，因立報恩堂宗譜。百丈云：「見與師齊，減師半德；見過於師，方堪傳受。」斯時也，法運垂秋，人心不古，其或趨向偏邪，師徒授受，難免混亂法門，處不得已，於民二十三年夏正十月初六日慈祖誕辰，召集諸法門，成立宗譜登記，議決法規，杜絶流弊，令後之賢者，遵守毋忽，特述顛末云爾。

民國二十三年冬月。本寺住持溥常宏鉢謹識。

——可祥主編：《栖心圖書館聚珍輯刊（第一輯）》，上海古籍出版社，二〇二〇年，第二五九—二六〇頁。

七塔禪寺正法久住梵幢普門柱記

陳洪勳

啓明星喚東方魚肚白，浴海日透朝雲幾縷紅。時維佛曆二五六四年六月十九日寅時，初開昏蒙。寧波七塔寺巽位之地，玉柱摶天，金蓮淩空。幢幡肅然，袈裟莊重。香煙繚繞，信衆景從。鐘磬悠悠，梵唄噰噰。齊頌正法久住，共賀梵幢落成。剎時，摶天玉柱共四明群峰輝映，漫天朝霞與含苞金蓮交融。

七塔禪寺，爲觀世音菩薩道場。普門柱，因弘《觀世音菩薩普門品》而立。柱承阿育王，蓮載妙法經。大願恢弘，豈一時之興；基業萬載，非計日之功。禪寺住持可祥與監院界義同策，慈善大家儲吉旺共諸多善士鼎襄。英帖廣撒，集群賢之智；金台高築，招大國精工。采昆山之玉，磨擎天之柱；用蓬萊之金，鑄淩空芙蓉。歷春秋十二，巍巍功德乃成。

予觀夫大千世界，人生百態；紅塵紫陌，歧路萬端。世有行者，初路平坦，一旦災興禍起，則成浪裡扁舟，雨中火燭。身不由己，難展青雲之志；自顧不暇，空懷白首之心。嗚呼！亡羊歧路，怎悟圓融法門？魔障六合，何處可尋鷲峰？曰：無他，但一心稱念觀世音菩薩名號耳。觀音者何？曰：善矣！心起善念，事則轉圜；力行善事，路則圓通。故觀音即善，善即觀音。心若向善，心有觀音；終身行善，人即觀音。一念善，則觀音慈佑；一行善，則蓮花爲開。善哉！

夫柱者，信也。立柱者，立信也。昔者商鞅立柱以明法度，尾生抱柱而示不欺。今普門柱冠以三十二瓣金蓮花，表觀世音菩薩三十二應身。「三十二應周塵刹，百千萬劫化閻浮」。噫！人無信不立，信無善不誠，誠無恒不靈。蓮風丕振，方悟大道至簡；普門宏開，始知萬法歸宗。信哉！

盛世開畫卷，繪甬城新景；福地啓靈樞，蔚人才泉湧。古刹伴古城，文脈綿綿永續；新柱同新宇，遠景煌煌可期。盛哉！贊曰：

誠采昆山玉，修成不朽身。金蓮卅二瓣，塵刹萬千人。

欲得觀音度，還須天性真。閻浮多聖果，善路乃通神。

庚子荷月，魚台陳洪勳撰。

——陳洪勳：《七塔禪寺正法久住梵幢普門柱記》，《報恩》二〇二〇年第三期，第二四頁。

七塔寺瑰寶：五百羅漢畫册序一

覺光

甬城千年古刹七塔寺内，珍藏着佛教文化中的稀世至寶《五百羅漢石刻圖》，如今仍嵌在圓通寶殿的内壁，人們可强烈地感受佛教文化的魅力，且深刻地爲其中千姿百態的藝術形象而陶醉。

羅漢，即小乘中的極果，稱「無學道位」，是斷見思惑出三界分段生死的聖者。五百羅漢，佛經中常有提及，如法華經中的《五百弟子授記品》。據説，浙江天台山有五百羅漢隱迹其間，惜非凡夫俗子肉眼所能見到。

七塔寺五百羅漢像石刻圖的淵源大致如此：

清代嘉慶三年（一七九八）江蘇常州知府胡觀瀾和常州天寧寺住持發心鐫刻五百羅漢綫刻。據題跋所知，羅漢的形象是按杭州浄慈寺宋望五百羅漢摹刻，今寧波七塔寺的五百羅漢石刻圖，即以此拓本爲依據。

由於歷史變遷，杭州浄慈寺五百羅漢已全都不存。幸而廣西桂林和湖南南嶽祝聖寺將天寧寺的拓本重新翻刻於壁。清代光緒庚寅（一八九〇），湖南籍高僧慈運老和尚住持寧波七塔寺，發心重修大殿。幾經周折，取得由祝聖寺心月上人按舊拓重刻，南嶽默庵禪師撰文，「始於光緒甲午年（一八九四），越丙申（一八九六）夏而工竣」的石刻圖一套，寬〇點三五米，高〇點三〇米，共二五〇塊。每塊刻二位羅漢尊像及其名號，並附有供養者姓名。

七塔寺的五百羅漢石刻圖採用我國特有的毛筆細描陰刻剔地，以刀代筆，刻工精妙，神采飛揚，清代劉權之在贊文中説：「應真五百，殊相堂堂，少叢顯迹，震旦流芳，神通備足，變化靡常，圖模杖履，筆審陰陽……有瘦而削，有頎而長，有白而晰，有老有蒼，有示遊戲，有顯端莊，有麟其車，有雲其裳，種種會意，作作生芒……」仔細品味，不禁令人拍案叫絶。

七塔寺此一文化瑰寶，在「文革」浩劫中，倖免於難，不獨爲古寺生輝添彩，亦乃文化史上之大幸也！尤爲難得的是，爲出版發行此凝聚智慧與藝術於一體的罕有綫刻羅漢畫册，讓更多的人領略到華夏佛教傳統文化風采，可祥法師數年來殫思極慮，四處奔走，其功不可没，其精神可嘉。余感其誠，余玉成其事，故隨喜爲序。

——秦孟瀟主編，邱加倫副主編：《七塔禪寺五百羅漢圖》，陝西旅遊出版社，二〇〇二年，第一頁。

五百羅漢淺釋

秦孟瀟

羅漢是指證得阿羅漢果的聖者，以證果而得名。阿羅漢是梵語 Arhat 的音譯。意譯有三義：一是殺賊，意思是殺盡一切煩惱之賊；二是應供，意思是接受人天供養；三是不生，意思是證入涅槃，不再受六道輪回流轉之苦。

佛教認爲，一個凡夫要修成阿羅漢果，需要經過四個位次，也就是有四個不同的果位，其分别是：

初果：名爲預流果 Srotapanna，音譯：須陀洹，意爲凡夫通過修行斷盡「見惑」，獲得了初果，在輪回流轉時就不會墮入「惡趣」（指變成畜生、餓鬼等）。

二果：名爲一來果（Sakrdagamin，音譯：斯陀含），漢譯一來，意爲凡夫在斷「見惑」的基礎上，進而斷除欲界「思惑」。欲界「思惑」共有九品，斯陀含只斷除了前六品，尚有三品没有斷完，因此還需要在人間天上再受生一次，故名「一來」。

三果：名爲不還果（Anagamin，音譯：阿那含），漢譯不還，意爲在斯陀含的基礎上，進而斷除欲界「思惑」後三品，不再來欲界受生，而能超生天界，故名「不還」。

四果：是阿羅漢果，意爲斷盡欲界、色界、無色界一切見惑和思惑，諸漏已盡，梵行已立，所作已辦，不受後有，即永遠不會再投胎轉世而遭受「生死輪回」之苦。得此果位的人，就稱爲阿羅漢，簡稱羅漢。

阿羅漢是小乘佛教的究竟果位，但是大乘佛教不以爲然，認爲阿羅漢遠未達到佛教的終極，視阿羅漢爲「自了漢」；在大乘的修道位次上，最高果位是佛，其次是菩薩，然後才是羅漢。從斷煩惱障的修證上，羅漢僅相當於菩薩的第七信位。在成佛的道路上，羅漢雖有八地的解脱基礎，但是尚缺乏大乘入世度生的慈悲精神。因此，大乘鼓勵羅漢由小乘嚮往大乘，從第七信位慢慢修起來；針對羅漢已進入小乘涅槃，大乘要羅漢「住世不涅槃」，護持佛法，普度衆生。

關於五百羅漢的來歷，在佛典中有多種説法，例如：

一、據《十誦律》卷四所記，認爲佛祖釋迦成道後，即有弟子五百人，在佛説法時常隨侍左右。已證得阿羅漢果位的五百位聲聞，稱爲「五百羅漢」。

二、依據《法住記》，認爲十六羅漢各有駐地，各有部下，從五百羅漢到一千六百不等，五百羅漢是其中最起碼的一組。

三、據《法華經·五百弟子授記品》，其中記有佛爲五百弟子（羅漢）授記之事。

四、據《舍利弗問經》中記載，弗沙密多羅王滅佛法後，有五百羅漢重興聖教。

五、西晉竺法護所譯《佛五百弟子自説本經起》記載，佛滅度之次年，迦葉尊者與五百羅漢（比丘）最初結集（即編纂佛經）的事；南傳佛教又有五百羅漢參加在斯里蘭卡舉行第四次結集的傳説。

六、根據《賢愚經》所記，認爲他們前身是五百隻大雁。一次雁王誤入網中，獵人欲待捕殺，雁群中一雁在雁王前撕心裂肺地哀叫，雁群亦在半空中盤桓不去。獵人大爲感動，便放了雁王。此雁王即是佛祖釋迦牟尼，五百大雁即五百羅漢。

七、據《大唐西域記》，南海之濱有一株枯樹，内中穴居五百蝙蝠。一日一群商旅燃火取暖，其中一人誦讀經藏，蝙蝠聞經，不避火燒而心歡喜！此五百蝙蝠即在迦濕彌羅國結集之五百羅漢的前身。

八、據《智度論》，五百仙人飛行空中，有甄陀羅女于雪山池中載歌載浴，衆仙聞女歌聲，心狂意亂，頓失禪定，失足墮地。此五百仙人即五百羅漢。

九、還有一種説法認爲，他們是佛祖感召下的五百强盜，放下屠刀而成羅漢的。

總之，有關五百羅漢的傳説，在佛經中多有記載，各有其不同因緣，且充滿神異，但都没有一一記下名號。

早在唐代有畫家開始創作五百羅漢形象。《五代名畫補遺》記載，唐代著名雕塑家楊惠之，在河南府廣愛寺塑了五百羅漢，這是最早的五百阿羅漢形象。五代時期，崇拜阿羅漢之風興盛，吴越王錢弘俶造五百銅羅漢于天台山方廣寺。後周顯德元年（九五四年），道潛禪師得到吴越王錢忠懿的許可，遷雷峰塔下十六大士像於浄慈寺，創建五百羅漢堂。宋太宗雍熙二年（九八五年）造羅漢像五一六身，奉安于天台山壽昌寺。宋代以後，各地寺院中普遍設羅漢堂供奉五百羅漢。現存的五百羅漢堂有北京碧雲寺、成都寶光寺、蘇州西園寺、常州天寧寺、寧波七塔寺、上海龍華寺、武漢歸元寺、昆明筇竹寺等處。

由於五百羅漢的盛行，南宋時有位高僧道素上人特爲五百羅漢一一編號定名，並專門刻了一道《江陰軍乾明院五百羅漢名號碑》，他定名的五百羅漢第一位是阿若憍陳如尊者，即最初跟隨佛陀出家的五比丘之一，第五百位叫願事衆尊者。就這樣，本來没有家世、没有姓名的佛典裡的五百羅漢被具體化、個性化了。自此，佛寺羅漢堂中的五百羅漢都援用其名。道素所爲雖然是附會之舉，但他確立的五百羅漢每一位都有經典依據和歷史來源，有些是佛陀的大弟子，如第二位阿泥樓尊者；有些是印度佛教史上的著名祖師、高僧，如龍樹、龍猛、無著、世親等；還有些中國佛教史上的大德，如悟達尊者（第一一七尊）、善慧尊者（第一三一尊）、法眼尊者

（第一五一尊）等有四十九位尊者，都是經過嚴格篩選而定的。值得指出的是，這個五百尊羅漢的名號記載，並不是最早的，就目前有關文獻來看，現存較早的是廣西宜山縣白龍洞摩崖上，發現了北宋元符元年（一〇九八年）的《供養釋迦如來住世十八尊者五百大阿羅漢聖號》摩崖碑刻，且排列順序與道素和尚有所不同。必須説明，以白龍洞摩崖和乾明院碑相比較，兩者所列羅漢名號和排列次序雖不完全相同，前者鐫刻雖早於後者三十六年，但因發現甚晚，所以，自宋代以下，尤其是近現代的寺廟中，有羅漢堂供奉五百羅漢的，均大致以乾明院碑爲根據。

事實上這些羅漢，固然滿足了五百之數，如果仔細研究，是極爲混亂的，不符合佛經上所説五百聲聞弟子（羅漢），至於名號，有的用梵名，有的則爲漢名，極不規則，稽其出處，都是從一些經論或傳説拼湊而成。

説到石刻型的代表作，如「五百羅漢像貼」原石于清嘉慶四年（一七九九年）於常州府（今江蘇常州）天寧寺鐫立，乃是仿杭州淨慈寺塑像繪圖勒石，有拓片像貼流傳。清光緒七年（一八八一年），釋心月翻刻立石于湖南衡山祝聖寺，並附平江李元度所作《祝聖寺鍥五百阿羅漢像記》及吴錦章序，已有拓本像帖流傳。光緒庚寅年（一八九〇年）七塔寺住持慈運和尚（湖南籍）曾往祝聖寺參訪，喜獲五百羅漢拓本攜回寺内，于重修圓通寶殿内壁刻五百羅漢碑石，至今保存完整，誠浙東梵刹瑰寶也。本寺監院可祥法師聰慧睿智，氣魄宏偉，重興殿宇，巍峨壯觀；

佛門俊傑，大有作爲，彼護持常住心切，發心策劃出版《七塔禪寺五百羅漢石刻圖》精美畫册。這不僅是文化上的成果，且具有特殊的涵義。衆所周知，羅漢神通廣大，與世人有緣。如典型的濟公活佛即列在羅漢群内五百羅漢名號不同，形色各異，但卻有一個共同的特點：在人們心目中，羅漢被視作「力量」與「吉祥」的象徵，人人皆知，人人喜歡。而今出版《五百羅漢圖》以滿足世人不同的心願，可謂「弘法利生」權巧方便法門也。

壬午年四月初八佛誕，于九龍嘉湖山莊浮雲齋。

——秦孟瀟主编，邱加倫副主編：《七塔禪寺五百羅漢圖》，陝西旅遊出版社，二〇〇二年，第三—六頁。

七塔禪寺五百羅漢像的藝術初探

李樹聲

佛教在東漢傳入我國，據史書記載，最早出現五百羅漢像已經到了唐代，相傳是由唐代雕塑大師楊惠之塑造的。五代以後，修建的數量逐漸增多，但是今天能見到，又比較完整的五百羅漢，都是清代建造的。如昆明筇竹寺羅漢像（一八七五—一九〇八年修建）、蘇州西園寺（建於明代一八六二年，一九〇八年重建）、北京西山碧雲寺羅漢堂（一七四八年建）。這些寺院中都是泥塑、泥塑貼金或木雕金漆像。刻在石頭上的石刻五百羅漢像並不多見，寧波七塔禪寺現在珍藏的石刻五百羅漢像，製作十分精美，是傳世之寶。

在禪宗盛行的清代，羅漢題材遍佈各地寺廟，有十六、十八羅漢，也有五百羅漢。這些羅漢都是佛的弟子，他們的塑像不像佛的塑像那樣高大、肅穆，不是寺院殿堂裡的主要膜拜對像。特別是五百羅漢，人數衆多，形象豐富多彩，形神各異，貼近人生，顯得平易近親切，多少年來一直是人民喜愛和崇敬的宗教藝術群。

到了清代乾隆七年（一七四二年），内閣編譯《造像量度經》，對佛教種種禮拜偶像的姿態、服飾、比例、尺寸、座子及背光等，都做了極嚴格的規定，以皇帝的名義頒佈實行。它作爲官私工匠製作佛像的「則例」有不可改易的權威性。《造像量度經》的種種規定，有些並非完全没有意義，確有許多是歷代塑像經驗的總結，但認定造像不可逾越的規範、模式，嚴重地束縛了工匠的創作個性，因此清代佛教造像比任何時代更程式化、概念化，更呆板和僵化。儘管如此，《造像量度經》對羅漢像的造像規定，相當靈活，除「頂無肉髻」「着僧衣」「目正鼻端，最忌根肢缺傷」外没有更多規定，因此藝術匠師在創造羅漢像群時，可以充分發揮藝術想像力與創造性。寧波、蘇州、温州又是民間製作佛像非常馳名的地區，因此，寧波七塔禪寺五百羅漢像雖然是清代建造的，但没有當時的共同缺點。只有從頭大手小的特點，才能看到清代造像特徵。

七塔禪寺五百羅漢像顯著特點是繪畫性很强，雖然是刻在石頭上的線條，摹刻毛筆在紙上效果非常成功，顯示刻石技術的高超。其採用的粉本也是繪畫高手繪製的。明清以來，出現以專門畫仙佛著稱的專業畫家。像丁雲鵬（一五四七—一六二八年）、丁觀鵬（一七三六—一七九五年）這樣的名家。佛畫成爲人物畫的專門類別。

中國人物畫一向重視傳神，不但要外貌形似，而且講究描繪「情性笑言之姿」。畫五百尊羅漢，人數衆多，每位事迹、經歷不同，性格各異，要刻畫得生動傳神，就要依靠幾項基本變化。起臥坐倚等的不同恣態，特別是頭和四肢以及身軀的不同動態，老少腴瘦的不同形貌，喜怒哀樂的不同心理與表情、個性，以及衣妝、飾物和外部環境，包括座椅、拐杖的不同，雖然有程式化的一般繪畫規律，但是因爲五百尊這樣大的數量要一一表現出區别和變化也是相當難的課題。作者往往要到現實社會當中去觀察千恣百態的人物特徵，然後運用到塑造羅漢形象當中，從七塔禪寺的五百羅漢也能看到這種痕迹。雖然有程式但並不概念化，各個形態各異，生動傳神，有各自的性格特徵，雖有誇張，動態和表情還是寫實的，有的清朗，有的沉鬱，都較温和恬静，含蓄而親切。臉型有的蒼老，虬髯滿面，有的秀骨清純，有的偉岸，顯然是從大千世界中儘量搜尋到變化的依據，彰示出五百羅漢都是現實人物的化身，讓人感受到精神的升華，體驗到生命的崇高，同時又給人以十分親切感。

七塔禪寺五百羅漢像，除鐫刻水準很高，應該説粉本作者線描的技藝高超。以線條造型是中國繪畫特點之一，以勾勒出的線條表達出不同物質的材質，羅漢面部的肌肉、頭髮、眉毛、鬍鬚和與生活烙印相關的皺紋，身着的袈裟、端坐的蒲團、巨石、木椅、石台、蕉葉……不但變化多樣而且質地的感覺都很真實，清楚地看到各種線描的運用，如釘頭鼠尾描（第一阿若喬陳如尊者的衣紋）、鐵線描、蘭葉描……處處都很純熟、表現得流暢、輕快、飄逸，線條的韻律和動感，更增加了形象的生命力。

總之，七塔禪寺五百羅漢像，是宗教爲現實觀衆樹立起來的楷模。它的藝術成就越高，就更加吸引觀衆，耐人尋味、發人深省、影響到對人生的追求和嚮往。顯示出宗教藝術的無窮魅力。如果説這一組五百羅漢像在造型上有些不足之處，那就是手的處理，多數不夠精采。手的動作是多樣的，手是人的表情的一部分，可能鐫刻一些變化有一定困難，因此藝術效果不太理想。

——秦孟瀟主編，邱加倫副主編：《七塔禪寺五百羅漢圖》，陝西旅遊出版社，二〇〇二年，第五〇一—五〇二頁。

七塔禪寺五百羅漢圖後記

成峰

佛教傳自西域，歷經變遷，全憑歷代僧侣，承傳上代而加以發揚，得使佛教文化，源遠流長而日漸光大。

七塔寺亦然，自唐大中十二年創道場以來，由東津禪院至栖心寺，再由崇壽寺而至迎普陀觀音而爲補陀寺，由興建七塔爲報四恩，而至現今之七塔寺，經千餘年而仍能矗立于寧波江東者，乃因佛教文化爲人類文化之不可或缺也。

圓通殿内壁之五百羅漢石刻圖，是本寺湖南籍慈運和尚住持本寺重修大殿時在湖南祝聖寺看到心月上人按杭州浄慈寺舊拓重刻，而發心欲延續佛教之「無學道位」「應供」之五百羅漢肖像，接受世人之膜拜供養，而幾經周折，經三年辛勤，終使寧波有此珍貴畢肖之形象展現在佛殿内。

三中全會後，殿堂得到歸還，五百羅漢像，也由牆角、地面逐漸找到、彙集，而重嵌於圓通殿内，百年遺物重新展光。年輕監院可祥法師慧眼獨具，諳佛恩浩大，使古文化適應時代而重振，發掘寺中文物，請專家鑒定，與行家共研，重整典集，付梓印行，俾精湛之雕刻，羅漢形象之内涵，不僅于殿堂之壁上放光，且將流傳于佛教徒、藝術家之案頭，永貽於後世！

——秦孟瀟主编，邱加倫副主编：《七塔禪寺五百羅漢圖》，陝西旅遊出版社，二〇〇二年，第五〇三頁。

七塔禪寺同戒録序

可祥

如來教法不出三學，戒爲定學之勝因，定爲慧學之由藉，是三學以戒爲首，沙門三千威儀、八萬細行由此而出，乃三乘修證之道本，三世諸佛皆共尊敬戒。末法鈍根，戒法下衰，僧者應高樹戒幢，以戒燈續焰，萬載不墜爲己任。

時維丙申（二〇一六年），正值伽藍修葺完竣，道場莊嚴，衆僧和合，道風蔚然，蒙諸方知識護持，七塔常住再興報恩戒壇，法訊張榜，四方英賢，不呼而至，來兹求具，誓欲修善，利濟衆生。

據《七塔寺志》載，中興慈祖老和尚于清光緒丙申（一八九六年）、丙午（一九〇六年）兩次倡演毘尼，成就新學法身慧命；住持溥常大師又于民國甲戌（一九三四年）開壇傳戒，親自爲得戒正授，智圓老和尚爲羯磨阿闍黎，圓瑛老法師爲教授阿闍黎，納新戒六百餘人，大闡波羅提木叉法，盛況空前，七塔宗風大振。本次「傳授護國興聖三壇大戒法會」，是七塔史上三次戒法之傳承。此次戒會，以如法秉承世尊遺教，宏彰如來戒法，闡揚臨濟宗風，延綿七塔祖制，續佛慧命，紹隆佛種爲宗旨。

本次戒會余忝列教授之席，本寺監院戒義法師擔任第七尊證阿闍黎外，得戒、羯磨及其他尊證，由天童、雪竇、靈隱、國清、育王、五磊、廣德等巨刹叢林堂頭和尚擔任；延請寶華律堂傳人、南京建初寺住持大初和尚爲正訓阿闍黎，副訓阿闍黎爲月和、照果律師；引禮師父由隆華律師等十六位律師出任。戒會敦請光泉法師、達照法師、智宗法師、静賢法師等任授經或講律阿闍黎。以期戒子學有所獲，不致寶山空回。

七塔常住克己所能，垂範新學；義工菩薩舍己爲法，奉獻利他；本寺檀越儲吉旺、丁雪居士等懇切護戒，促法會圓滿而舉。

諸新戒登三壇大戒訖已，踐行三衣掛體，一鉢嚴身，秉持戒相，入戒體性。戒爲苦海之浮囊，歧途之指針。當誓願持净戒、學問誦經、圓融三學、得證聖果，善授教法，勸化萬類，以報四恩。

戒會即將圓滿，諸新戒亦將告假出山，弘化四方。因緣難得，諸仁者同爲此期報恩戒壇之同學，七塔常住爲此特製戒録以資紀念，是爲序！

可祥於報恩丈室。

二〇一六年十一月十一日

——《七塔禪寺同戒録》，存七塔禪寺檔案室，二〇一六年，第一頁。

在七塔禪寺修復開放二十周年慶典大會上的講話

傳印

各位領導、諸山長老、法師們、來賓們、朋友們！

今天是七塔禪寺恢復開放二十周年慶典暨圓通寶殿千手觀音聖像開光法會的雙喜日子。我有幸出席盛會，感到十分榮幸，在此我預祝此次盛會圓滿成功！並向光臨七塔參加盛會的各位領導、諸山長老、法師及貴賓們表示崇高的敬意。

七塔禪寺位於港城寧波三江之濱，是浙東四大叢林之一。始建于唐大中十二年，距今已有一千一百四十餘年歷史。雖飽經滄桑，卻依舊屹立于甬江畔。落實宗教政策後，在地方政府和四方信衆的保護和支持下，七塔道場不但恢復了莊嚴恢宏的氣象，而且更加莊嚴，兼富現代氣息。

七塔禪寺爲觀音道場，素有「小普陀」的美稱，數百年來香火興盛，遠近聞名。從前水陸交通不便，中外朝拜普陀的佛教弟子常于此中轉，並憩足參禮。七塔禪寺在歷史上頗負盛名，高僧輩出，寺中興之祖代慈運長老之禪德馳名天下，其法嗣凡四十八人，皆當時法門龍象，如南之圓瑛（中國佛教協會第一任會長）、北之道階（北方著名講經法師），這些高僧都出自七塔門下。

七塔禪寺恢復對外開放二十年來，在地方政府宗教部門和各級佛教協會的大力支持與關心下，寺院在修復殿宇、弘揚佛法、整頓道風、培養僧才、慈善事業、海外聯誼和科學化管理等方面均取得了可喜的成績。這一切不能不歸功於七塔禪寺已故住持月西大和尚及其徒可祥法師的不懈努力。特別是月西大和尚在重修七塔禪寺十多年中，嘔心瀝血、鞠躬盡瘁之精神尤爲難得。可祥法師接任監院以來，不但秉承其師爲法忘軀之精神，開拓進取，整修道場，做了許多卓有成效的工作，值得肯定。

最後，我熱情希望七塔禪寺四衆，在新世紀中，繼承發揚佛教優良傳統，不斷開拓進取，爲佛教事業作出更大的貢獻！

祝各與會的各位領導、大德法師、來賓們六時吉祥，身心自在！

二〇〇〇年十二月十日

——傳印：《石泉音集》，東方出版社，二〇一八年，第七—八頁。

承千年歷史　樹人間名藍

——寫在寧波七塔禪寺開山一千一百五十周年之際

可祥

七塔禪寺于唐大中十二年（八五八）開山，至今已走過一千一百五十個春秋，歷經滄桑，巋然屹立于甬江之畔。歷任住持秉承先賢開創之精神，建寺安僧，高樹法幢，弘法度衆，宗風遠播；千百年來高僧輩出，法脈綿延，文人雅士咸集，歷史積澱深厚。寺院曾四次受到帝王敕封：唐咸通二年（八六一），懿宗（李漼）詔改「東津禪院」爲「棲心寺」，由宰相裴休書匾，以表彰開祖心鏡禪師以定力退兵之功德；宋大中祥符元年（一〇〇八），真宗（趙恒）敕改棲心寺額爲「崇壽寺」；明洪武二十年（一三八七），明太祖（朱元璋）詔改寺額爲「補陀寺」，遂成觀音菩薩道場，人稱「小普陀」；清光緒二十一年（一八九五），光緒皇帝（載湉）敕賜寺額爲「報恩寺」，因此全稱「七塔報恩禪寺」。寺院現存建築及珍藏文物，即爲寺院一千一百五十年來滄桑變化的見證。

七塔禪寺始自唐代朝官江西分寧宰官任景求先生施捨宅院給佛門，由馬祖道一裔孫、五泄靈默傳人——心鏡藏奐禪師開山。藏奐禪師爲蘇州華亭（今屬上海）人，少年慕道，受業道曠禪師，在嵩山受戒，得法於五泄山靈默禪師。唐「會昌法難」後，朝廷敕令藏奐禪師住持重建後的東都洛陽長壽寺，其間編修法難遺存藏經，保護聖教法寶，爲佛教的復興作出顯著貢獻。後應邀住持四明天童禪寺，被尊爲天童開法之祖。大中十二年（八五八），藏奐禪師應任景求之供養，開山建寺，冠名爲東津禪院，便是今日七塔禪寺之伊始。

藏奐禪師禪旨高妙，門風高峻，廣設禪席，從者如雲。十方英靈衲子紛至遝來，擁圍左右，奉志沖闢，直參本來面目，使東津禪院逐漸聞名於浙東；後更因禪師以定力懾退裘甫之亂兵，得朝廷褒奬，敕賜「栖心寺」名，寺院由此名聲大振。藏奐禪師圓寂前預知時至，荼毗後喜獲三千多顆舍利，五彩交輝，殊勝無比。咸通十三年（八七二），爲旌表禪師功績，其弟子戒休法師捧呈七粒舍利及表章，遠赴長安，奏請朝庭。唐懿宗下旨將此舍利供奉於皇宮内道場，頒旨褒誄藏奐禪師，賜謚號爲「心鏡」，賜塔名爲「壽相」。明州刺史崔琪撰有《心鏡大師碑》，客觀全面評述心鏡藏奐禪師一生事迹，載入《全唐文》。在《景德傳燈録》和《宋高僧傳》等典籍中，也有相關記載。

繼心鏡藏奐禪師之後，寺院歷代湧現出不少法門將才。如宋代爲天台宗中興道場延慶寺培養了明智中立、覺雲智連兩位山家派領袖，以及以持律聞名的戒度法師等；元代栖心崇壽寺以弘揚《法華經》教義爲主，知名天台學家有允則、是乘、浄珠法師等。明代洪武二十年（一三八七），因抗禦倭寇海防需要，普陀山觀音聖像内遷至七塔寺，太祖詔改寺額爲「補陀寺」，遂成觀音菩薩道場，汝慶、永詵、文彬三位住持在建置上貢獻頗多，載入史册。尤其是在《永樂大典》編纂中擔任釋教總裁的著名高僧祖芳道聯禪師，曾經住持補陀寺，弘宗演教，廣度有情，使道場輝煌一時。

清初，密雲圓悟法孫拳石沃禪師及其弟子自天育先後住持寺院，弘揚臨濟禪法，法脈綿延不絶。咸豐十一年（一八六一），寺因太平天國革命，成爲廢墟。同治十年（一八七一），周文學醫生母子發心重修圓通寶殿、廂房、山門等，寺院初顯規模。光緒十六年（一八九〇），天童寺退居方丈慈運大師應地方紳董邀請，出任七塔禪寺住持，廣集浄資，大興弘法利生事業，重建數座殿宇及數十間房舍，門前造七佛寶塔，塑千手觀音聖像等，梵宇一新，成爲四明地區三大叢林之一。慈運大師在寺内大弘臨濟禪法，傳法嗣四十九人，多爲法門龍象，其中以圓瑛、道階、溥常、岐昌、智圓等最爲著名，四明地區大多寺院住持皆爲其法子門徒，七塔禪風因此廣傳海内外，分佈在湘、滇、蜀、陜、閩、浙、蘇、贛、皖、豫、台等地區，乃至南洋、日本、韓國、印度，形成了具有一定規模的「七塔寺法派」，七塔禪寺因此成爲中國近代臨濟宗中興祖庭之一。後人緬懷慈老之功德，特建「慈蔭堂」以作紀念，尊其爲七塔禪寺中興之祖。

民國時期，岐昌、道亨、僧畯、智圓、常西、覺圓、圓瑛、溥常、指南、顯宗等近代佛門大德曾先後擔任七塔禪寺住持，他們宗説兼通，精通教理，弘傳法門，使七塔道場經久不衰。太虚大師就曾依止岐昌和尚學習經教二年多，受學《法華經》《楞嚴經》等大乘經典，兼習詩文，深受教益；岐昌和尚德行粹美，修養精深，深爲太虛大師所敬仰。圓瑛大師得法于慈運長老，住持七塔報恩道場時，講經弘法，聲名遠播；民國時期連任六屆中國佛教會會長，新中國成立後，又當選爲中國佛教協會首任會長，被譽爲一代愛國愛教高僧，當之無愧的教界領袖。華嚴學大師溥常長老，以光大教門爲責任，深知人能弘道，非道弘人，教育培養僧才之重要性，創辦了七塔報恩佛學院，辦院十年（一九二八—一九三八），培育學僧二八八人，多爲佛門俊才，弘化各地；同時注重文化建設，先後編纂出版了《七塔寺志》《七塔報恩寺宗譜》《七塔報恩佛學院院刊》，自著有《華嚴綱要淺説》一書，對近代華嚴宗復興做出顯著貢獻。諦聞法師任報恩佛學院教務主任時，出版了個人專著《諦聞塵影集》，收入與七塔禪寺相關文章二十餘篇。這些豐厚歷史著作，奠定了七塔禪寺作爲文化寺院之地位。此外，默庵、虛雲、諦閑、道階等高僧常于寺内講經説法，大施教化，影響深遠，在佛教界享有盛名。

「文革」期間，七塔禪寺破壞較爲嚴重。改革開放後，宗教政策得以貫徹落實，古道場又焕發生機。恩師月西老和尚秉承愛國愛教之精神，以復興佛教、光大教門爲己責，毅然挑起修復七塔道場之重任，從一九八〇年開始，廢寢忘食，苦心經營，費求撙節，事必躬親，積十餘年之辛勞，遂使千年唐刹重新恢復舊貌。他老人家對七塔禪寺之特殊貢獻，得到當地黨委和政府領導高度褒揚和贊許，也得到前任中國佛教協會會長趙朴初居士充分肯定和讚歎，深受四衆弟子擁護和支持。恩師月西老和尚早年就讀于閩南佛學院，是太虛大師得意門生亦幻法師的入室弟子，受太虛大師佛教革新思想影響深遠；在抗日救亡運動中，他慷慨大義，把慈溪金仙寺（恩師時任該寺監院，主理寺院事務）最好的房屋讓給新四軍浙東抗日縱隊三五支隊司令部駐紮，爲部隊籌措資金，傳送情報，遠赴上海採購藥品和糧食，乃至不惜冒着生命危險，掩護營救抗日志士。其間曾被日僞軍抓獲，投入牢獄。但他不畏强暴，始終如一，不改初心，享有「紅色和尚」之美譽。恩師從一九五一年開始長期擔任寧波市佛教協會會長，協助黨和政府落實宗教政策，爲天童寺、阿育王寺、雪竇寺、金仙寺、居士林等佛教道場的復興作出了積極貢獻，爲佛教事業貢獻了畢生精力，被教界和學界稱之爲七塔禪寺復興之祖。

一九九三年恩師圓寂後，拙衲受到兩序及常住耆宿大德信任，從一九九四年開始主理道場內外事務，以繼承恩師遺願、光大祖庭爲責任，十多年來克盡所能，未敢絲毫懈怠放逸，團結四衆，攜手並肩，共謀道場之興旺；協助黨和政府落實寺院「文革」時期被占房産，前後兩次落實歸還五千多平方米土地，緩解了道場捉襟見肘、日益擁擠的困難；爲改善叢林清浄莊嚴之環境，毅然拆除寺内違章建築，以保證寺院格局完善，同時保護文物、修繕古建築等。經過七年努力，爲後續事業奠定了良好基礎。

從二〇〇〇年開始，七塔禪寺提出堅持以「人間佛教」思想爲指導，確立「以城市作爲依託，以制度强化管理，以經濟促進發展，以教育培養人才，以文化確立品位，以道風贏取信衆，以慈善回報社會，以聯誼擴大交流」的發展理念。近八年來，堅持道風建設，加强學修並重，提高僧衆整體素質；經常舉辦講經弘法，大衆獲益良多，普遍受到歡迎。積極開展、參與社會慈善事業，近年來在貴州、青海、重慶等地投入逾二百八十萬元先後捐建七座希望小學；今年「五·一二」四川汶川大地震發生後，七塔禪寺在次日就開始籌集善款，向災區捐贈六十五萬元；至此粗略統計，各項公益事業支出達六百多萬元。在寺院建設方面，重建了東廂房，新建了鼓樓，改建了山門牌樓，重修了五進殿堂等，使道場面貌進一步得到改善。在文化建設方面，堅持文化興寺計畫，編輯出版了《七塔禪寺五百羅漢圖》《月西大和尚圓寂十周年紀念集》《七塔禪寺珍藏書畫集》等；二〇〇五年創刊了《報恩》雜志，至今已發行十三期，受到教内外讀者普遍好評；另外校對重印了民國版《七塔寺志》和《諦聞塵影集》等書籍。剛剛出版面世的《七塔寺人物志》，歷時六年多，從收集資料到考證研究，撰寫文稿到幾經修訂，圖文編排到整體設計，傾注了賈汝臻居士和黄夏年教授等諸多心血。此書共撰寫了三十二位傳主，還收入了一百〇八位與七塔禪寺有關之高僧大德、居士、文人、書家資料，係目前中國佛教寺院首部全面介紹相關歷史人物的志書。

總結過去，是爲了理清歷史脈絡，不忘先賢開山立寺、光大道場之恩德； 展望未來，我們將堅定不移走愛國愛教道路，高舉「以戒爲師」旗幟，努力踐行「人間佛教」思想，發揚觀音菩薩慈悲濟世精神，積極爲經濟社會發展做出自己應有的貢獻。

一座具有千百年悠久歷史的寺院，早已超越佛教自身範疇，它是寧波立城千年來滄桑巨變之見證，優秀人文及歷史文化之載體，融入了無數先賢之智慧與心血，彙聚了諸多護法之慷慨與熱情。我們可以預見，再過五十年，到開山一千二百周年大慶之時，這座唐代古刹一定會更加清淨莊嚴，佈局恢弘，伽藍完備，成爲浙東佛教古刹中的驕傲。

——可祥：《承千年歷史 樹人間明藍——寫在寧波七塔禪寺開山一一五〇周年之際》，《世界宗教文化》，二〇〇九年第一期，第二一四—二一六頁。

簡述《心經》大義

可祥

《般若波羅蜜多心經》簡稱《心經》，漢譯版本多個，唯玄奘大師所譯本流傳最廣、影響最深。它是六百卷《大般若經》的精要、心髓。此經文句簡約、密義幽深，是大乘佛教重要的理論基礎，被奉爲「諸佛之智母，菩薩之慧父，法海之泉源，如來之秘藏」，爲大乘般若思想代表經典之一。

《心經》雖然文義浩瀚，但是歸納起來無非彰顯般若智慧，闡述諸法皆空之理，破除執著爲旨要，通向成佛之法寶。全經結構可分爲：能觀之智、所觀之境、所得之果、讚歎般若等。

一、能觀之智，即能觀察真理者：觀自在菩薩。《心經》云：「行深般若波羅蜜多時，照見五蘊皆空。」即是觀自在菩薩所修觀法。修般若波羅蜜多，通達五蘊皆空，即是因；由此體達空性而能「度一切苦厄」，即是果。佛陀把世間法總分爲五類：色、受、想、行、識。一切物質的現象，總攝爲色；精神的現象，開爲受、想、行、識四種，總名曰五蘊。這就是説人是物質與精神的結合體，五蘊結合的自我，以及五蘊法的自身都是因緣條件的存在，是關係的假像，皆不可得。佛法要衆生在現象上去觀察本性空，能這樣觀察、體驗，即能「度一切苦厄」。菩薩深觀般若已證得畢竟空實相，瞭解現象界的緣起法空無自性。菩薩不但明瞭因緣起其性空——「色不異空」，依性空而緣起——「空不異色」，而且進一步明瞭諸法衆緣而起莫不當體空——「色即是空」，性空爲緣起所依即緣起之本體——「空即是色」，證悟色空不二之理，即是菩薩能觀之智的表現。

二、所觀之境，即顯示諸法畢竟空之空相。《心經》云：「不生不滅，不垢不浄，不增不減。」這六不、三對，即是對衆生一切法的種種認識予以否定，使衆生從此否定悟入諸法空性。顯示法性空，不是拋棄一切現象，而是閲衆生在一切法上知道超越相對的空性，即可證得畢竟空境界。所以《心經》要求衆生遮遣諸法，如内「六根」加外「六境」構成一切法，括爲「十二處」，它是根境和合的結果，根與境都是緣生無自性，無不皆空；分析宇宙諸法有十八種要素，即有能取的「六根」、所取的「六塵」，及根塵和合所發「六識」，總計爲「十八界」。「十八界」各各是衆緣所成的，求其實性不可得，故畢竟空寂；説明有情生死流轉的「十二緣起」，在菩薩修般若時没有生起相，也没有滅盡相，所以也是畢竟空；「四聖諦」括盡了世間的「流轉」因果和出世間的「還滅」因果，一切從衆緣起，緣起無自性，故菩薩修般若時，觀此「四諦」畢竟空；包括能空諸法之智與空智所得之法空，二者俱不可得，便是「無智亦無得」，因爲法法求其自性皆是不可得。以上所述是菩薩所觀諸法的境界。

三、所得之果，即涅槃果與菩提果。菩薩依般若波羅蜜多法門修學，觀一切法性空不可得，功成理顯，故得心無罣礙。鈍根凡夫，不了解法法皆空，執有我法而患得患失，即心有罣礙。菩薩離煩惱執障，無生死恐怖，則無顛倒煩惱，「三惑」既空「三德」乃顯，得解脱境界，故名究竟涅槃。不但菩薩，諸佛也是依此般若法門修行而成佛的。如《大般若經》卷五百二十二云：「十方三世諸佛世尊，皆依六種波羅蜜多無盡法藏，精勤修學，證得無上正等菩提。」所以説：「依般若波羅密多故，得阿耨多羅三藐三菩提。」「阿耨多羅」譯爲「無上」，指所悟之道爲至高無上，「三藐三菩提」譯爲「正遍知」，即對宇宙人生真理有根本的正確覺悟，合稱「無上正等正覺」。聲聞緣覺雖可證得宇宙人生真理，但不能普遍； 菩薩雖能證得此理，但還不圓滿，唯有諸佛證得菩提果。

四、讚歎般若與開方便，即讚譽般若的功能以及爲鈍根作方便說。《心經》經文至「故知般若波羅蜜多」經句之前爲顯說般若，後爲密說般若。 關於讚譽般若，《心經》云「故知般若波羅蜜多，是大神咒，是大明咒，是無上咒，是無等等咒」等。「大神咒」，讚歎般若能破魔障；「大明咒」，讚歎般若能滅癡暗；「無上咒」，讚歎般若能顯至理；「無等等咒」，讚歎般若如涅槃覺果。依般若修行能得究竟樂，故說「能除一切苦，真實不虛」。爲何既顯說而又密說呢？由於衆生的根器不同，所入有異，故佛陀爲鈍根作方便說。 此方便即《心經》云：「故說般若波羅蜜多咒，即說咒曰： 揭諦，揭諦，波羅揭諦，波羅僧揭諦，菩提薩婆訶。」簡言之，就是「去啊！去啊！到彼岸去啊！願大衆速疾成就正覺」之義。

五、結語

《心經》的核心要義是「諸法性空」，通過對五蘊、六根、六境、十二處、十八界、十二因緣、四諦等諸法的否定，達到諸法畢竟空實相。《心經》之目的是要破我、法二執，以至「度一切苦厄」、「能除一切苦」，也就是說，要起到離生死苦、得涅槃樂的果報。 能除卻人生苦痛的良藥，無疑是「般若」智慧。

——陳宏峰主編：《般若波羅蜜多心經篆刻圖典》，西泠印社出版社，二〇一六年，第一七—二二頁。

覺海明燈

——紀念覺公圓寂三周年

可祥

海城谷氏子，夙根深厚，幼不茹葷； 童真慕道，遂投青公落發，於本邑鎮河寺出俗，法名安童。天童圓公座下得戒，賜法名覺光，告假太白，參觀宗名藍，初修戒法，肇始預科，中入研究社，後晉弘法社，寒窗九載，精研教典，旁參世學，乃得大成，悟圓融之旨，立法化四方之志。

己卯，前往香江，住弘法精舍，深造華南； 依學寶公，請益教觀，心融神會，故蒙寶公俯允，由其上首弟子顯師授記付法，爲臺宗教觀第四十六世總持。

辛巳，日寇入侵，香江淪陷，避難桂平，協助贊公，任職龍華，故獲太虛大師「人間佛教」旨趣，浸染漸增，深明振興聖教，重在契理契機度化衆生之法。

乙酉，日寇投降，香江光復，遽即返港，開創正覺蓮社，領衆熏修，參建港佛聯，躬行興教辦學、文化弘法、扶貧濟困、安老助醫之業。

丙午，公推榮任港佛聯主席，進取於弘法事業，團結四衆，聯誼海內； 踐行愛國、愛港、愛教之精神，促香港復歸祖國，功勳卓然。

己卯，以鍥而不捨、磨磚作鏡之志，近四十載，引導港人成功争得佛誕爲法定假日，被譽爲彪炳史册之舉。

香港復歸祖國之後，二度迎請佛陀舍利蒞港供奉，爲香江祈福，安定人心，莊嚴社會；興辦僧伽教育，陶鑄英材，續佛慧命，紹隆佛種。其爲香江之貢獻，謂「功德巍巍如嵩泰，悠悠如江海矣」！

覺公不忘初心，貫徹始終：講懺不輟，隨宜攝化；嚴奉木叉，謹身敬法，堅持静慮，定慧等持；慕廬山之風，勤修净業，憑願行而升安養。其威德遠振，學人驟集，稟法者數十衆，開枝散葉，顯耀門庭。

覺公受業觀宗名藍，與斯法緣殊勝，心系甬江佛教，襄助祖庭復興，眷注報恩再興，嘗爲《七塔禪寺五百羅漢圖》賜嘉言偈語，惠澤綿延，令後蒙潤。

丁亥，於香江觀宗道場，蒙覺公慈悲付以拙僧法卷，忝列門牆，法乳深恩，感銘五内。值此覺公西歸三周年之際，略撰數言，以資紀念。

謹撰聯一幅：

切法海真源，躬踐人間佛教；

證止觀奧義，妙登净域蓮臺。

弟子可祥拜記。

二〇一七年九月十二日

——《報恩》，二〇一七年第四期，第一三頁。

貼單

七塔報恩禪寺　凡聖交參

歲次戊子，時國曆十一月十四日

民國三十七年十月十四日貼單

東序　座元智圓和尚

源龍和尚

監督宏一和尚

戒旼和尚

首座德軒和尚

慧朗和尚

大智和尚

莊嚴和尚

悟静和尚

竹林和尚

西序　座元圓瑛和尚

式堂和尚

監督戒惠和尚

戒慈和尚

首座普洲和尚

念性和尚

明校和尚

寬明和尚

嘉善和尚

醒悟和尚

西堂滙三大師
妙安大師
真濟大師
智遠大師
清奇大師
後堂浩明大師
常慧大師
果成大師
明峰大師
堂主自空大師
萬圓大師
西堂勛明大師
圓成大師
嵩庭大師
夢軒大師

聖真大師
後堂法悟大師
空印大師
能悟大師
道安大師
堂主寶池大師
妙禪大師
空觀大師
靜明大師
梵行大師
寬潤大師
圓融大師
監院醒悟大師
副寺聖真大師
維那大道大師

典賦廣心師
知賓一乘師
惟安師
義明大師
普周大師
性超大師
顯宗大師
潤迪大師
課堂清奇大師
糾察梵行大師
知客徹修師
知客素勤師
寫法圓明師
寮元華初師
悦衆戒香

性慧

衣鉢通靈

燒香克勤

祖侍善亮

燒香聖維

紹宗

本緣

清浄

德清

藏主善亮

見性

華初

觀和

榮心

惟真

了空

法定

果圓

知藏玄通

滿宗

八年正月十六日送寮房

民國卅八年正月期頭送寮房

通靈

戒香

性慧

智超

會源

記録月明

妙蓮

清衆心安
性犍
覺妙
博清
妙宗
妙嵩
妙海
福善
隆福
悟廷
蓮峯
海普
普教
參頭燅善
柜頭榮心師

監收現鍾師

書記徹修師

蓮度師

素勤師

廣心師

守原師

大道師

一乘師

坤山師

惟安師

如管堂見性師

佛管堂見性師

書記發心師

微雲師

楹楷師

現鍾師
真道師
道元師
禪蓮師
見善師
圓明師
妙湛
侍者聞修
佛緣
同妙
崇性
寬慧
香燈雪觀
悟如
慈智

慧元

寬量

乘嵐

悟心

大有

參禪

清衆永寬

了慈

本圓

自嶙

寶光

司水心悟

《策彥合適初渡集》所載七塔寺

［日］策彥周良

（嘉靖十八年六月）廿五日卯刻。謁城隍廟。廟裡塑北斗星君之像，像前有牌書「寧波府城隍之神」七字。各獻香資者壹緡。次詣補陀洛寺。寺前有石橋，榜門以「天下名山」四字，佛殿揭「圓通寶殿」四大字。又殿裡揭「真如法界」四字。寺僧十數輩出迎而禮，正使及予、兩居座、兩土官并二號、三號諸役者入堂，於觀音像前各消拜者三，獻香資者拾緡。寺之稱長老者，供香資并願文者再三，同音唱大士寶號。唱了，投願文於爐中火却。堂后又有堂，堂中央安釋迦尊像，迦葉、阿難爲左輔右弼。又堂内左右有床，塑二八羅漢之像。寺僧設椅子及案，請正使以下諸官員就坐。坐定，給胡桃、李實、干荔等果。拏茶來，三巡而止。歸路，通事周文衡假坐於叔父家裡設茶果。補陀之爲寺，蓋觀音大士堅坐三摩地也。生等在海東之日，亦諳其爲名藍。前月於大洋風波蕩突，船不克進，淹滯中流。生等念彼大士，默禱者良久，遂勠精進力，預推願轂。須叟，風順波滑，得輒臻此，豈非大士靈驗之所然乎？是故，今日造詣，奉拜慈容之次，聊有燒香之資，開書於后，計孔方拾緡。嘉靖十八年六月日。

日本國正使碩鼎、副使周良、居座梵琢、居座等越、土官正賴、土官增重，二號、三號諸役者亦書于後。

——[日]策彦周良：《策彦合適初渡集》嘉靖十八年六月廿五日條，見[日]牧田諦亮：《策彦入明記の研究》(上)，京都：法藏館，一九五五年，第六三—六四頁。

（嘉靖十八年七月）廿七日早旦。詣補陀寺，歸路訪張古岩。蓋謝前日來扣，携以山口紙三帖、隻金扇一柄。古岩出迎莞爾，遂設嘉肴美酒，且又炊白雲飯，供白雲杯，惠余以《李白集》四册，全。又謁古岩賢兄，携以山口紙二帖、胡椒一包。渠又報予以文錦二册、紫金丹一包。古岩有令子，頃喪其妻。正使和上贈偈一首、香一瓣見悼。予亦依韵助哀，謹依正使湖心大禪師華偈之韵，追悼曹娘掩粧云：「二十餘年四大床，無陰陽地涉陰陽；吾翁宣偈傾香后，粧鏡臺成正覺場。海東散釋怡齋合尖。」

——[日]策彦周良：《策彦合適初渡集》嘉靖十八年七月廿七日條，見[日]牧田諦亮：《策彦入明記の研究》(上)，京都：法藏館，一九五五年，第六九頁。

（嘉靖十九年十月）二日庚申。齋罷，同即休、三英扣盧月禪門，携以山口杉原一帖、胡升一包，遂會于待月軒，有茶酒之設。題《待月軒》：「古來待月莫如樓，飽看清光忘却愁。只爲詩人賞心切，四時何夜不中秋。」次詣補陀寺。三正統上司惠栗子一盆、桑郎兩瓶。予偶不在，歸館之后，俾中林孫六言謝。

——［日］策彦周良：《策彦合適初渡集》嘉靖十九年十月二日條，見［日］牧田諦亮：《策彦入明記の研究》（上），京都：法藏館，一九五五年，第一五二頁。

（嘉靖二十年正月）二十日晴，餘寒酷。大光設齋，待正使和上，予洎鈞雲、吉治、矢備、阿備、兩船頭光伴，酒五行。齋后，同正使和上詣補陀寺。寺后有塔頭。一僧迎候，延入小堂宇。揭以「繼遠堂」三大字，左右柱題句云「竺國宗枝大」、「天台氣象新」。「宗枝」之字新奇。今夜，夢江心座元；又少焉，夢潤仲西堂、心叔上司。

——［日］策彦周良：《策彦合適初渡集》嘉靖二十年正月二十日條，見［日］牧田諦亮：《策彦入明記の研究》（上），京都：法藏館，一九五五年，第一七八—一七九頁。

（嘉靖二十七年六月）十八日晴。齋罷，三府來。補陀寺參詣，予暨副、居士、以下役者並轎馬而出，携銀五兩，又各自携扇壹柄而付與寺僧。僧長設茶菓。

——［日］策彦周良：《策彦合適再渡集》嘉靖二十七年六月十八日條，見［日］牧田諦亮：《策彦入明記の研究》（上），京都：法藏館，一九五五年，第二三一頁。

第四節　七塔禪寺楹聯匾額輯選

山門牌坊

七塔禪寺　趙樸初敬書（一九八七年）

栖心蘭若　東津禪院（集颜真卿字体）

同登彼岸　報恩可祥（二〇〇四年）

般若徑　解脱門（借用弘一法師字）

南海佈慈雲，千手遍護持，光明如是；
東津沐法雨，萬邦昭感應，真實不虛。
寧波七塔禪寺住持可祥撰聯　南海戒忍敬書
佛曆二五四八年甲申（二〇〇四年）春

鏡師始作，弘臨濟正宗，廣傳聖教；
慈老中興，仰觀音靈感，代出高僧。

報恩懷海撰　尉天池書

佛曆二五四八甲申（二〇〇四年）春

古刹建晚唐，臨濟紹家風，兩浙禪林推巨擘；
分燈溯南海，觀音蒙化雨，四明佛殿遜恢宏。

四明張秉全撰　山陰沈定菴敬書

佛曆二千五百四十八年甲申（二〇〇四年）春仲吉日

古刹重光，市塵別開清净境；
禪門永焕，梵宫長護吉祥雲。

新安居士詹瀛生撰聯

甲申（二〇〇四年）歲朝迻一日馮其庸八十又二書

天王殿

七塔寺

沙文若

一九八五年秋重修

天王殿

俞德明敬書

辛未年(一九九一年)仲秋吉立

三洲感應

啓功書

韋陀殿

三寶弟子連登敬書

寧海儲吉旺闔家敬獻丙戌(二〇〇六年)春

塵劫歷千年，幸賴三中作主，重復寺容依舊，鳴鐘聞闤闠；
浮圖起七塔，更逢四衆同心，再興香火從新，執杵護伽藍。

剡川毛翼虎撰句　天台山麓釋了空敬書
一九八五年秋月　日本華僑傅寶順敬獻

左右側門

補陀示迹　戊子年（二〇〇八年）張海
臨濟正宗　戊子年（二〇〇八年）張海

觀音寶殿

觀音寶殿
南海戒忍敬書
二〇〇三年二月十九

地藏寶殿

地藏寶殿

池立群居士敬獻
乙酉（二〇〇五年）春燕下少康題

圓通寶殿

圓通寶殿

譚建丞敬書 時年九十又六
九二年壬申（一九九二年）九月 重修

慈航普渡

寧波佛弟子劉建勛居士敬助 廣修敬書
辛巳年（二〇〇一年）九月十九日吉立

文殊菩薩

弟子陳兆勲率子沛時、淵時、浩時、女麗君敬獻
一九八三年二月吉日

普賢菩薩

弟子陳兆勳林雪珍敬獻

一九八三年二月吉日

大慈悲父

古越陶孝潔謹獻

民國三十二年(一九四三年)冬月

潮音法雨

甬上劉亞玲袁欣居士敬獻

三寶弟子常安居士任斌强敬書

覺路潛通

信女徐門邵氏蔡門邵氏敬助

光緒丁酉(一八九七年)夏月之吉徐惠霖敬書

慧海慈雲

信士郭鶴端　女陳淑明敬獻　一九八二年壬戌五月重修

同治四年歲在乙丑（一八六五年）無射月仝澣吉旦邑人陳勷敬書

圓通妙諦

信士張順華志康敬獻　一九八二年壬戌（一九八二年）五月重修

濟世慈航

信士陳兆勲率子沛時、淵時、浩時、女麗君敬獻

西元一九八二年壬戌（一九八二年）夏月重修

法雲廣蔭

丁丑年（一九九七年）張伯舜題

澳門弟子林玉榮、洪棟樑、蔡水噴、鄭福炎、庄文芳、蔣海山、謝敬宗、庄金錠敬立

佛從海上飛來，息足小普陀，無量無邊，誓願衆生超苦海；
僧似山中習静，栖心大自在，即喧即寂，始知塵市有深山。

同治十一年（一八七二年）孟秋之月重修七塔寺
布政使銜寧紹台海防兵備道顧文彬敬書

南海渡慈航，甘露普霑千世界；
東津開梵刹，法雲長蔭七浮圖。

同治十一年（一八七二年）九月中浣
里人童華薰沐謹書

海南久駐慈雲，大菩薩照恩光，早共仰千手千眼；
甬東聿新佛地，小普陀傳聖迹，不須著一色一塵。

鐵峰張恕敬書

勝地接虹橋，古刹重新，七寶莊嚴觀自在；

法輪轉鹿苑，元門入妙，六通朗徹見如來。

里人趙佑宸敬撰　廖祖憲敬書

同治十二年（一八七三年）癸酉嘉平月

小補陀福地重開，浩劫化成金粟界；

大菩薩慈航普渡，衆生穩涉鐵蓮洋。

弟子周晉麒敬獻

同治十有三年（一八七四年）歲次甲戌杪冬之吉

選佛重開場，仗大慈悲，立小普陀，無量威神觀自在；

破慳同結願，師善知識，種諸福德，不可思議契真如。

長洲彭慰高撰句敬書

同治十有三年歲星生次甲戌（一八七四年）六月之吉

古刹閱三修，問我佛西來，度苦厄經幾魔劫；

浮圖輝七寶，看大江東去，放光明照徹迷津。

甬上淩忠鎮撰句並篆

同治十三年（一八七四年）長至月

浩劫閱紅羊，七寶裝成金粟界；

真如參白馬，三明悟到鐵蓮洋。

溪上張廣埏書

同治十有一年（一八七二年）九秋之吉

萬劫現金身，南海祥光瞻滿月；

七重留寶塔，東郊勝迹拓棲霞。

里人章鋆敬撰並書

同治十年辛未（一八七一年）歲八月全浣

紫竹蔚叢林，現大士身而說法；

赤堇修古刹，宏衆人願以成材。

里人周岱敬撰並書

同治十年（一八七一年）十月上浣

三昧悟真修，化宇咸遊，何處非西方世界；

四明留古刹，慈航普渡，此間是南海津梁。

張家驤敬題

同治甲戌（一八七四年）歲仲夏穀旦

地脈接鄮山，梵宇巍峨，震旦雲霞圍舍利；

道心悟清夜，禪關寂静，乾鐘陀鼓應祇園。

陸延黻敬書

同治甲戌（一八七四年）歲小春月穀旦

南海徙觀音，澤被四明，百姓同瞻千手眼；

前唐開梵刹，宗弘臨濟，萬方共仰七浮圖。

澳門弟子 黄金概、林天種、蘇天贈、吕連榜、黄志强敬獻 里人張秉全撰 陳啓元恭書

歲次丁丑（一九九七年）菊月吉旦

示迹洛迦山，厥號普門救苦尋聲悲願廣；

分燈七塔寺，常施無畏消災弭難感應深。

張秉全拜撰　吴迅、石建鳴敬助

佛曆二五四三年歲次己卯（一九九九年）冬月天童寺廣修謹書

建刹與闤闠爲鄰，緣菩薩本超凡，煩惱皆除，也可到此間立脚；

飛錫來普渡絶頂，憫衆生而救苦，沉迷果覺，庶幾從彼岸回頭。

一九八二年壬戌歲中秋節新加坡仲德觀音堂四衆善信敬獻

湖州譚建丞敬書 時年八十有五

慈航徙南海蜚來，刦歷千年，猶認補陀真面目；

舊院合東津建復，門留七塔，何須阿育幻浮圖。

陳兆勳率子浩[時]、淵[時]、沛[時]，女麗君敬獻

壬戌年（一九八二年）盛夏古越沈定菴合十敬書

南海寄觀音，明額補陀，閲盡滄桑，依舊鐘聲鳴甬上；

前唐開梵刹，宋名崇壽，飽經憂患，重新殿宇焕江東。

圓通寶殿重修落成之喜

歲次乙亥（一九九五年）八月吉立　香港安樂精舍住持培德暨徒偉基敬助

張秉全敬撰　潮州沈建民書

自心鏡開山，千秋法雨紛飛，七塔傳經輝净土；

以慈航濟世，萬里宗風遠播，十方問道締禪緣。

蘇振學恭撰　三寶弟子馬秀貞、蘇庭軒、蘇宗智、蘇映思敬助

佛曆二五五六年壬辰（二〇一二年）蘭月　吉祥山永平寺副貫首道人謹書

最勝場稱小補陀，岈嵘海嶽，萬類瞻何極，時時覲十丈蓮華飛從海上；

大乘苑號衆香國，芳馥庭壇，三玄續有真，在在聞千聲法鼓震自庭前。

屠永祥、鮑翠菊、周銀花、孫德龍、屠亞萌、孫瑞

舟山李文國恭撰　己亥（二〇一九年）冬山陰沈定庵敬書

三聖殿

三聖殿

壬子（一九一二年）冬月景辰　長沙蕭榮爵書

公元一九八四年甲子（一九八四年）歲春月　重修

蓮邦浄域

上海善信戴珊梅敬獻

癸未（二〇〇三年）秋十月健碧書於名都城

法界蓮香

三寳弟子華可敬助

戊戌（二〇一八年）腊月上浣於海上　華林園承恩堂主照誠

當生我國

普陀山道慈敬書　三寶弟子沈重慶、陳小芳敬助

妙域莊嚴

演覺敬書　三寶弟子徐江、徐謝敬助

智德圓滿

王久芳闔家敬獻　傳印

由來號崇壽，歷劫重新，喜佛光普照十方，長爲熙朝資聖壽；
何處覓棲心，隨緣且住，願僧衆静參三昧，直從覺路證禪心。

光緒辛卯（一八九一年）仲春穀旦

里人陳烈鏞謹撰并書

自懸海有寶陀寺名，普渡慈航作津逮；

仿靈山爲諸大衆説，宏開梵宇廣燈傳。

里人林鼎梅謹撰并書

號爲小普陀，依舊慈燈輝寶塔；

奉有大菩薩，重新法苑現珠林。

里人張世訓謹撰并書

鄮山本維衛生鄉，負郭訪叢林，聽百杵鐘聲，似否西遊海會；

明代爲寶陀故址，頻年餘劫火，攬七重塔勢，依然南拱天封。

里人徐隆圻謹撰并書

殿供寶像三尊，若使伐頭合掌，當來必證涅槃果；

歷繪蓮台九品，果能歡喜讚歎，今日已培出世因。

錢錦祥、胡志煒、張艳華、李翠瓊敬助　天童寺方丈明暘妙道遐敷，平等圓融，歷千劫而不古；
法身常住，光明通徹，徧十方以長今。

同邑钱湖忻門、鼎文、鼎立、童廉範、湯叔則、鼎齊、鼎言、鄭邦棟、馬晶英、鼎京、鼎永、王惠静、吴樹茱、鼎亹、鼎亮、劉冬英、
蔡真同、蘇婷、岱嫣、臨基、鄧德生、曾偉生、姜力偉、忻小漁撰並書

十方來十方去，十方共成十方事；
萬人捨萬人施，萬人同結萬人緣。

香港佛弟子了心、培德、寬德、智圓、隨憲、玄慧、智妙、朱妙佩、李妙依、王妙禮、聞耀庭、徐妙漳、陳妙仙、龔妙場、劉妙軒
敬獻
公元一九八五年歲在乙丑（一九八五年）孟夏吉旦暨陽八十老人張慕槎謹書

浄土法門普開，被三根歸覺海；
彌陀宏願廣圓，收萬類往蓮邦。

佛曆二千五百四十八年歲次甲申（二〇〇四年）夏初
三寶弟子陳加力、趙亞男、陳青權敬助　周慧珺敬書

南海真宗四明佛地，歷千餘年滄桑變易，自得慈老中興，竟與天童育王同稱鼎足；東津古迹七塔道場，建三聖殿棟宇莊嚴，儼然彌陀示現，仍並觀音勢至共作慈航。

歲次丙寅年（一九八六年）冬月上澣鎮海蔣思豫敬書

香港三寶弟子聞儒根、聞周開福率子錦祥、瑞祥、嘉祥，孫孝盛、孝峰、孝騰，孫女孝芬、孝芳、孝圓同敬助

七塔繞慈音，妙相莊嚴三聖殿；
十方弘正教，至言利樂九蓮臺。

乙酉（二〇〇五年）初冬赴甬展前一日連登撰並書

三聖舒慈願，壽量無邊，豎窮三際；
九蓮敷寶池，光明有象，橫遍十方。

淨業學人傳印恭書

過去心如何，現在心如何，未來心如何，茫茫浩劫，奚是冥冥古今佛；
琉璃世可住，娑婆世可住，極樂世可住，歷歷前因，無非渺渺往還塵。

李文國敬撰 劉江恭書

三寶弟子秦新忠、秦瑋澤、王泉貴、王見龍敬獻

殿堂匾額 西廂

光明堂

靈隱光泉 三寶弟子吴以剛敬獻

果德堂

湛山沙門性空題 戊戌年（二〇一八年） 三寶弟子陳泓吉、郭芮莎敬獻

覺知堂

佛曆二千五百六十一年金山心澄書

三寶弟子盧仁初敬獻

殿堂匾額 東廂

方丈

民國戊辰年（一九二八年）吉立
鎮海陳修榆書

龍池

心澄

象窟

心澄

慈蔭堂

本寺住持弘一敬立
民國十二年（一九二三年）四月穀旦安化陶思曾題

玉佛閣

三宝弟子施清海敬獻
蘇州寒山寺性空書
丁丑年（一九九七年）桂月

五觀堂

明暘敬題

清規堂

一誠

法堂暨藏經樓

法堂

傳印

藏經樓

南懷瑾題

法轉常轉

七塔寺藏經樓甲子（一九八四年）初夏温嶺張直生書

延生信士馬問遐、女馬門陳氏 法名恒建、因慧敬獻

此間珍裝法寶，曰經曰論曰律，總稱三藏；

者裏彌滿清淨，即中即真即俗，的指一心。

延生信士馬問遐、女馬門陳氏 法名恒建、因慧敬獻

七塔寺藏經樓甲子(一九八四年)初夏温嶺張直生書

寺擁龍藏，頒北闕；

樓供貝葉，出西乾。

美國張祖華敬助

里人張秉全撰 丹崖伯舜書

昭德揚善

七塔禪寺建寺一千一百五十周年志慶

新加坡何蕙忠攜闔家敬賀

法壽無量

紀念七塔禪寺建寺一千一百五十周年

戊子(二〇〇八年)九月廿一日 天童禪寺敬賀

方丈誠信書

金經誇貝葉；

寶匣萃龍藏。

己卯(一九九九年)冬月許維楨、張彩蓮敬助

天童寺廣修謹書

登法王座

可祥法師榮膺七塔寺方丈志慶

天童禪寺敬賀廣修書

七塔巍巍，繼往開來傳薪火；

雙鐘兀兀，殫精竭慮振宗風。

三宝弟子徐日光敬助
己丑（二〇〇九年）秋 周律之敬撰並書

光照大千

七塔禪寺一千一百五十周年志慶
貴州弘福寺方丈心照率兩序敬賀
戊子（二〇〇八年）中秋林良豐書

正法久住

寧波七塔寺圓通寶殿觀世音菩薩開光紀念
廈門南普陀寺方丈聖輝率領兩序大衆敬賀

七塔重光

佛曆二五四七年
香港佛教雜志社、香港佛教文化事業有限公司秦孟蕭、許成彪、張芸、蘇杏璇
傳印書

恒轉正法

可祥法師榮膺七塔禪寺方丈之喜

美國紐約品道、明通、界通、濟明敬賀

名刹得主

可祥法師榮陞七塔寺方丈志慶

月昇、界義、隆聲、成峰、傳道、若禪同賀　佛曆二五四七年蘭月

開山舍利塔院

心鏡禪師真身舍利塔

連登敬書

禪學堂

禪學堂

三宝弟子周靖敬獻

傳印書

禪悦堂

三宝弟子周靖敬獻

庚子年（二〇二〇年）湛山性空九十七歲

第五節　對外賀聯挽聯選録

界源法師榮膺阿育王寺方丈升座之喜

晉開震旦八祥地；

明賜禪宗第五山。

寧波市七塔禪寺　敬賀

（二〇〇三年）

道元禪師圓寂七百五十周年紀念

如浄禪師曹洞雄，天童堂上闡宗風。

道元入宋荷傳法，歸日開山作祖翁。

七塔雖爲臨濟派，一花五葉溯源同。

欣聞貴國行追祭，遥獻心香表寸衷。

中國寧波七塔禪寺　住持可祥恭賀

（二〇〇三年）

明暘大和尚圓寂

説法遍全球，真俗歡圓融，同仰雷音周海内；

往生歸浄域，音容悲頓隔，幸留傳記在人間。

寧波七塔禪寺　敬挽

（二〇〇二年）

明暘大和尚圓寂

度生今日示涅槃，安住寂光，重返娑婆，師也自在；

付卷當年承教誨，耳提面命，追懷法乳，我等何堪。

德雲

法徒　怡藏　敬挽

可祥

界源

（二〇〇二年）

蘇州寒山寺秋爽大和尚升座志慶

古剎鐘聲崇日本；

前唐香火續熙朝。

寧波市七塔禪寺 敬賀

（二〇〇六年）

明生法師榮膺廣州光孝寺方丈升座志慶

明悟禪心開法席；

生深悲願度迷津。

寧波七塔報恩禪寺可祥率衆恭賀

（二〇〇六年）

傳義法師榮膺南京毗盧寺方丈升座志慶

傳燈相繼開嘉會；

義解圓明布法音。

寧波七塔報恩禪寺可祥率衆恭賀

（二〇〇六年）

杭州靈隱寺木魚大和尚圓寂

近代號詩僧，比美寄公，滄海吟餘留雅韻；

早年創佛院，繼蹤諦祖，天台教觀闡玄音。

寧波市七塔禪寺可祥率兩序大衆敬挽

（二〇〇六年）

大理崇聖寺舉行佛殿開光暨崇化法師升座慶典

大理名藍開盛會；

南中巨刹睹重光。

寧波七塔禪寺可祥率兩序同賀

（二〇〇六年）

智豐法師榮膺重慶羅漢寺方丈志慶

智達三心參妙諦；

豐登五穀祝升平。

七塔禪寺可祥率兩序同賀

（二〇〇六年）

温州江心寺智明法師榮膺方丈舉行升座慶典

智窮實相禪心寂；

明悟無生化道圓。

寧波市七塔禪寺可祥率兩序大衆同賀

（二〇〇六年）

泉州市東嶽少林寺常定法師晉院升座法會

武術精通拳宗五祖；
禪心湛寂道證三空。

寧波市七塔禪寺可祥率兩序大衆同賀

（二〇〇六年）

温州太平寺落成暨佛像開光

古刹高名馳五代；
山門梵運祝千秋。

寧波市七塔禪寺可祥率兩序大衆同賀

（二〇〇六年）

演覺法師榮膺北京廣濟寺方丈升座志喜

京邑伽藍尊上首；
神州佛協作中心。

寧波七塔報恩禪寺可祥率衆恭賀

（二〇〇六年）

常藏法師榮膺北京靈光寺方丈升座志喜

紺宇梵名千載盛；

佛牙靈塔八荒崇。

寧波七塔報恩禪寺可祥率衆恭賀

（二〇〇六年）

第六節　對外賀電賀信選録

賀電

揚州大明寺：

欣悉貴寺爲加强中日友好，隆重舉行鑒真大和尚東渡成功一二五〇周年紀念法會慶典，及學術文化等活動，實乃教界之盛事，我寺僧衆歡喜讚歎。本擬親臨法會祝賀，只因公務纏身，未克前來，謹致歉意。遥祝法會圓滿成功！祝與會大衆六時吉祥！

寧波七塔禪寺可祥率兩序大衆敬賀
二〇〇三年十月三十一日

賀電

杭州市佛教協會：

欣悉貴會爲深入研究和發掘我省佛教文化内涵，提高我省文化品位，特舉辦首届中國杭州「吴越佛教文化與社會」學術研討會，我等隨喜讚歎，並表示熱烈的祝賀！本欲應邀赴會，共襄盛舉，只因近日公務十分繁忙，實難以脱身，特致歉意。

預祝會議圓滿成功！祝與會代表法喜充滿，六時吉祥！

寧波市七塔禪寺可祥謹
二〇〇三年九月二十五日

賀信

貴陽黔靈山弘福寺：

欣聞貴刹隆重舉行心照大和尚榮膺第十六代方丈晉院升座慶典，實乃可喜可賀！弘福寺是臨濟之正宗，爲貴州首刹。自清代赤松和尚開山以來，高僧輩出。心照大和尚是當今法門俊才，在慧海長老提攜之下，繼主丈席，人神雙選，龍天讚歎！不但群僧有幸，得庇帡幪，咸沾法雨，利益衆生。吾本欲前往恭賀，因于中國人民大學學習，未克親臨，深感歉仄，謹此函賀。

預祝法會圓滿成功！祝與會者六時吉祥！

寧波七塔禪寺方丈可祥率衆敬賀

二〇〇六年九月二十五日

第七節　月西法師示寂唁電、挽聯、挽詩輯録

中國佛教協會唁電

寧波市佛教協會：

驚悉月西法師圓寂，深表悼念。祈願寧波四衆弟子，愛國愛教，造福人間，以此功德，回向亡者往生净土。謹此唁電。

中國佛教協會

一九九三年三月二日

月西大和尚千古

一生維護佛門，今日西歸，師應無憾；
多載追隨法座，此時永訣，我等何堪。

寧波市佛教協會敬挽

月西大和尚千古

重修七塔，輝煌功烈追慈老；
維護法門，赫乘勲名配寄公。

七塔禪寺兩序大衆敬挽

月西老法師西歸

愛國愛教，赤膽忠心；
弘法利生，鞠躬盡瘁。

浙江省宗教事務局敬挽

月西副會長西逝

數十載愛國愛教，名重兩浙人共仰；
一刹間含頤寂默，訃傳吴越衆同悲。

浙江省佛教協會敬挽

月西老法師西歸

數十載如一日，七塔金仙得重興；
垂萬世刹那間，八德池中道再生。

杭州市佛教協會敬挽

月老法師西逝

承先啓後，七塔重光，不愧此生皈梵界；
弘法利生，功德無量，應毋遺憾返靈山。

杭州靈隱禪寺監院繼雲、根源、體嚴暨兩序大衆敬挽

月西大和尚示寂

性可圓明周法界，原徙不滅論生死；
東西不隔於毫端，爲示無常現涅槃。

天童寺明暘暨兩序大衆敬挽

月西大和尚千古

平生愛國崇教，水月清風留典範；
一世統僧修寺，晨鐘暮鼓憶慈容。

舟山市統戰部、宗教處同挽

悼念月西大和尚西歸

數十年興崇梵刹，大啓規模光祖道；
忽一旦坐化解脱，神超浄域證真常。

普陀山佛教協會敬挽

月西大和尚千古

圓滿大願，獨力重興古寺，成就無量功德；
莊嚴圓寂，撒手西歸浄土，允堪貽範後昆。

普陀山普濟寺妙善曁兩序大衆敬挽

月西大和尚千古

畢生住七塔，中興古刹傳祖印；
今朝登九品，高預海會證圓通。

普陀山法雨寺妙善率兩序大衆敬挽

悼念月西大和尚西歸

卅餘年艱苦備嘗，此處緣盡歸浄土；
一刹時含笑示寂，他年再來度衆生。

普陀山慧濟寺妙善曁兩序大衆敬挽

月西大和尚千古

從林中興時，滿門弟子方隨喜；
安居極樂土，古寺鐘聲盡帶哀。

阿育王寺住持通一暨兩序大衆敬挽

月西大和尚千古

棲蘭若以緣，修七塔以法，緣法度衆生，高而不危，滿而不溢；
遊靈山有徒，住四明有孫，徒孫承衣鉢，生也增榮，死也增哀。

上海市佛教協會敬挽

月西大和尚千古

七塔賴中興，不愧此生歸梵界；
山門資保障，應無遺憾返靈山。

雪竇資聖禪寺敬挽

月西大和尚千古

位居不退；

果證菩提。

温州市佛教協會敬挽

月公上人西歸

月降東土，弘法利生；

西歸極樂，唯願再來。

晚學根源叩挽

月西方丈大和尚千古

發廣大心，誓興梵刹，厥功告成歸淨土；

乘般若船，直到彼岸，惟願再來度衆生。

天台山高明寺釋覺慧拜挽

月西大和尚千古

度生願滿，效雙林而入滅；
興寺功成，提雙履以西歸。

餘姚龍泉寺敬挽

月公大和尚西去

月禪浄宗，惟師爲最；
西登蓮域，與佛是親。

余姚市蘆山禪寺代理兩江及兩序敬挽

月西大和尚示寂

古刹重興，法輪大轉；
宗風不墮，慧日高懸。

台州地區佛教協會
《台州佛教》編輯部敬挽

月西大和尚示寂

月照大千，花枝春滿；
西歸極樂，乘願再來。

溫州市妙果寺釋連崇敬挽

悼月西大和尚歸西

晨鐘暮鼓，驚醒世間名利客；
佛號一聲，歸程家鄉作主人。

天台山國清講寺主持可明暨兩序大敬挽

月西大和尚示寂

七塔中興，衣鉢承傳戒定慧；
三江示寂，因緣已了去來今。

北侖區佛教協會敬挽

月西大和尚千古

白洋湖畔，風雨同舟歌既往；

七寶池中，娑婆乘願望重來。

北侖靈峰寺敬挽

月西大和尚千古

功業永存，緇素十方同讚歎；

哲人其萎，山川草木亦含悲。

臨海天寧寺敬挽

月西大和尚千古

五蘊皆空，世間有相咸虛妄；

六塵盡去，大能無我即如來。

寧海佛教協會敬挽

月西大和尚千古

興梵刹，厥功已就歸蓮土；

證無生，惟願重來度有情。

寧海慧雲庵敬挽

悼月西大和尚千古

大慈大悲，此去應歸極樂國；

即空即色，合來同念阿彌陀。

奉化松嶴法輪敬挽

月西大和尚千古

七塔興起，月歸西天，四衆弟子哭長老；

觀宗待復，祥光東冉，三江佛門盼高僧。

寧波魏委敬挽

月西大和尚圓寂

勳業可觀，豈獨浮名能比美；
高風堪仰，較諸古德亦無虧。

晚了愚拜挽

月西法師功德千古

黎明前，爲根據地輸布送藥，經歷風險；
勝利後，應共和國率僧領尼，共建偉業。

生前友好傅千里拜挽

月西大和尚千古

功行圓滿，蓮池吒質師無憾；
交往情深，法座長違我怎堪。

弟子張秉全敬挽

聚散歎無常，嗟西歸何疾；

度生能不歇，望乘願再來。

弟子張秉全敬挽

月西法師千古

期弘六度消三毒；

重轉千身化十方。

王文輝敬挽

月兩大和尚千古

音容宛在歎長往；

瓶鉢尤存意涕零。

葉藕芬敬挽

月西大法師西逝

西歸極樂

晚俞德明敬挽

第四章　方志記載選録

第一節　宋元方志所載七塔寺

崇壽寺

縣東五里，舊號東津禪院。唐大中十二年，分寧令任景求舍宅建，請心鏡大師居之。師姓朱，既居於此，會剡寇裘甫轉掠四明，有衆數萬，縱兵入寺，師燕坐禪定，神色不動。賊众愕眙，悔過作禮，倒戈而退。咸通二年，寇平，郡奏其事，請以栖心名寺，旌師之德。宰相裴休捲帛書扁。七年化，謂其弟子曰：「後三年，當焚我窆于天童山。」忽一日，異香發聞，弟子相謂曰：「師有遺言，今三載矣，異香其啓我乎？」乃發龕，荼毗之，儼然如生，獲舍利數千顆，丹翠交輝。敕謚心境，塔名壽相。天童亦有舍利塔焉。刺史崔琪狀其行於碑。皇朝大中祥符元年，賜今寺額。政和八年四月七日，御筆以有常住莊産寺院改建神霄玉清萬壽宫，州以寺充焉。久之，復舊田一百七十畝。山無。

——（宋）胡榘修，方萬里、羅濬等纂：《寶慶四明志》卷十三，《宋元方志叢刊》（五），中華書局，一九九〇年，第五一七一—五一七二頁。

棲心崇壽寺

縣東五里。舊號東津禪院，唐大中十二年，分寧令任景求舍宅建，請心鏡大師居之。僧姓朱，既居於此，會㓹寇裘甫轉掠四明，有衆數萬，縱兵入寺，師燕坐禪定，神色不動。賊衆愕然悔過，作禮倒戈而退。咸通二年，寇平，郡奏其事，請以棲心名寺，旌師之德。宰相裴休捲帛書匾。七年，師化，謂其弟子曰：「後三年當焚我。」窆於天童山。忽一日，異香發聞，弟子相謂曰：「師有遺言，今三載矣，異香其啓我乎？」乃發龕，荼毗之，儼然如生，獲舍利數百顆，丹翠交輝。敕謚心鏡，塔名壽相。天童亦有舍利塔焉。刺史崔琪狀其行於碑。宋大中祥符元年賜額。政和八年四月七日，御筆以有常住莊産寺院改建神霄玉清萬壽宮，州以寺充焉。久之，復舊。

——（元）馬澤修，袁桷纂：《延祐四明志》卷十七《釋道考中・甲乙院》，《宋元方志叢刊》（六），中華書局，一九九〇年，第六三七六—六三七七頁。

第二節　明清及民國方志所載七塔寺

棲心寺

縣東五里，唐大中間任景求建，請心鏡大師居之。會㓹寇掠四明入寺，師宴坐，神色不動，盜衆倒戈扣禮而退。寇平，奏請以棲心名寺，旌師之德。大明洪武二年燬，其址創爲養濟院。

二十四年，昌國補陀觀音道場懸海，徙附郡城。是年，僧惟拳捨建補陀寺，留東首址建棲心。二十四年，並補陀。

——（明）楊寔纂修，張瓚、方逵校正：《明代寧波府志·四明郡志（卷九）》第七卷，寧波出版社，二〇一三年，第八〇八頁。

筆者注：據《（嘉靖）寧波府志》《敬止録》《（乾隆）鄞縣志》及《（民國）鄞縣通志》等，昌國補陀觀音道場「徙附郡城」，當在洪武二十年；棲心「並補陀」，當在永樂初。

補陀禪寺

縣東三里，原係昌國東海梅岑山寶陀寺，始自唐大中間。日本國僧慧諤，自五臺山得觀音瑞相，欲返故國。舟抵新螺礁，謬禱之曰：「使我國衆生無緣見佛，當從所向立精藍。」有頃，舟行竟泊於潮音洞下。有居民張氏目覩斯異，亟捨所居雙峯山卓菴奉之，俗呼爲不肯去觀音院。宋元豐三年，賜寶陀寺額。大明洪武二十年，因懸海，徙附郡城，於甬東棲心寺内空址重建。永樂二十二年建圓通寶殿，宣德七年建毘盧閣，天順二年建藏經寶閣、大悲彌陀殿及廊廡，嘉靖間建十王殿。

——（明）周希哲、曾鎰修，張時徹等纂：《寧波府志》卷十八，明嘉靖刻本。《天一閣藏歷代方志彙刊》第二四二册，國家圖書館出版社，二〇一七年，第二八六頁。

栖心禪院

舊號「東津禪院」，唐大中十二年，分寧令任景求舍宅以建。景求初貫蘇州，曾任明州判官，遂家於鄞。初治地甬東，後徙豐樂鄉東山下，遂舍甬東居爲寺，請心鏡大師居之。會剡寇裘甫掠四明，兵入寺，師晏坐禪定不動，盜衆叩禮而退。咸通二年，寇平，郡奏其事，請以「栖心」名寺，旌師之德。卒謚「心鏡」，刺史崔琪作碑銘。宋大中祥符元年，賜「崇壽」額。政和八年，有旨以有常住莊産寺院改建神霄玉清萬壽宫，州以寺充焉。後仍爲栖心寺。國初洪武二年，延毁内法堂址並塔後地，改創養濟院。餘址二十年徙昌國補陀於郡城，僧惟拳舍建補陀寺；留内東首址三分之一，復建栖心。永樂間，僧並補陀，栖心遂廢。

——（明）高宇泰：《敬止録》卷二十九，寧波出版社，二〇一五年，第六六〇—六六一頁。

補陀寺

本府昌國縣東海梅岑山寶陀寺始自唐大中年，日本僧慧諤自五臺山得觀音現相返其國，舟抵新螺礁不行。諤禱之曰：「使我國衆生無緣見佛，當從所向立精藍。」有頃，舟行竟泊於潮音洞下。居民張氏目睹斯異，舍所居雙峰下卓庵奉之，俗呼爲不肯去觀音院。宋元豐三年，賜補陀寺額。國朝洪武二十年，因懸海，徙附郡城，於鄞之栖心寺内空址建之，名補陀寺。今府志云：永樂二十二年建圓通寶殿，宣德七年建毘盧閣，天順二年建藏經寶閣、大悲彌陀殿及廊廡，嘉靖間建十王殿。

——（明）高宇泰：《敬止録》卷二十九，寧波出版社，二〇一五年，第六四八頁。

補陀禪寺

距縣三里，原係南海梅岑山寶陀寺，而址則古栖心寺也。明洪武二十年，因寶陀懸隔海外，乃徙建于此，定名補陀。門外有七浮圖，俗稱七塔寺。永樂二十二年，住持汝慶建圓通寶殿。宣德七年，永詵建毘盧閣。天順二年，文彬建藏閣、大悲彌陀殿及廊廡。嘉靖間，建十王殿。國朝順治間，住持行沃重修佛殿、方丈、山門、鐘樓。康熙二十一年，住持超珏建大悲殿及廊廡諸室；超育建雲來菴于一都地，爲本寺塔院。明張得中遊寺詩：

東津橋外白雲深，路隔塵凡杳莫尋。
七窣堵波天雨寶，一阿練若地鋪金。
道傍彷彿龍華會，行樹依稀翠竹林。
我亦心清事幽討，杖藜來聽梵潮音。

——（清）汪源澤修，聞性道等纂：《（康熙）鄞縣志》卷二十一，清康熙二十六年（一六八七）刻本。《天一閣藏歷代方志彙刊》第二七三册，國家圖書館出版社，二〇一七年，第五五—五六頁。

補陀寺鐘題字

天順六年二月十九日造。在城東七塔寺。

——（清）錢維喬修，錢大昕等纂：《（乾隆）鄞縣志》卷二十三，清道光二十六年（一八四六）刻本。《天一閣藏歷代方志彙刊》第二七六册，國家圖書館出版社，二〇一七年，第六六〇頁。

唐心鏡大師舍利塔銘

在鄞縣之崇壽寺，刺史崔琪狀其事。《輿地碑目》

崇壽寺額

在鄞縣，唐相裴休書。《輿地碑目》

——（清）錢維喬修，錢大昕等纂：《（乾隆）鄞縣志》卷二十三，清道光二十六年（一八四六）刻本。《天一閣藏歷代方志彙刊》第二七六册，國家圖書館出版社，二〇一七年，第六七六頁。

補陀禪寺

在縣東三里，本昌國梅岑山寶陀寺。明洪武二十年，因懸海，乃徙郡城，即栖心寺遺址建焉。《成化志》門外有七浮圖，俗稱七塔寺。有雲來庵在一都地，爲本寺塔院。《聞志》

——（清）錢維喬修，錢大昕等纂：《（乾隆）鄞縣志》卷二十三，清道光二十六年（一八四六）刻本。《天一閣藏歷代方志彙刊》第二七七册，國家圖書館出版社，二〇一七年，第一三七頁。

栖心寺

在縣東五里，舊號東津禪院。唐大中十二年，分寧令任景求捨宅建。咸通二年，郡奏請以栖心名寺，宰相裴休捲帛書扁。宋大中祥符元年，賜栖心崇壽寺額。政和中，改建神霄玉清萬壽宫。久之復舊。《延祐志》

——（清）錢維喬修，錢大昕等纂：《（乾隆）鄞縣志》卷二十三，清道光二十六年（一八四六）刻本。《天一閣藏歷代方志彙刊》第二七七册，國家圖書館出版社，二〇一七年，第一三九頁。

補陀寺

縣東三里，本昌國梅岑山寶陀寺。明洪武二十年，因寶陀懸海，徙建於甬東之栖心寺内空址。案：《明州雜謡》注：「洪武十九年，信國公湯和起遣海島居民，遷入江東，奏改栖心寺爲補陀寺。」與《成化志》差一年。永樂二十二年，建圓通寶殿。宣德七年，建毘盧閣。天順二年，建藏經閣、大悲殿及廊廡等屋。《成化志》嘉靖間，建十王殿。《嘉靖志》國朝順治間，建方丈殿。康熙間，重修佛殿、山門及鐘樓。《朱》志二十(一)[二]年，建大悲殿。門外有七浮圖，俗稱七塔寺。《聞志》咸豐十一年兵毁，同治十年，里人周文學募貲重建佛殿、山門。採訪

——（清）戴枚修，張恕纂，張如安點校：《（同治）鄞縣志》卷六十六《寺觀上》，浙江人民出版社，二〇二〇年，第一九九八—一九九九頁。

七塔報恩寺

唐大中十二年建，號東津禪院。咸通二年，郡紳奏請改名栖心。宋大中祥符元年，賜額崇壽，山門前河岸石橋，今尚留存此名。明洪武二年，延毁内法堂，火後空地，並開山祖塔後餘地改創養濟院。二十年，因梅岑山寶陀寺，即今普陀山前寺，懸於海邊，徙建寺内餘地，改名補陀寺。殿前香爐鐫名留存古迹，故鄞俗尚有此寺即南海普陀之説。

永樂間，僧寺俱廢，並原先留存東首空地三分之一復建栖心寺。二十二年，建圓通寶殿。宣德七年，建毘盧閣。天順二年，建藏經閣、大悲彌陀殿及廊廡等屋。嘉靖間，建十王殿。清

順治間，建方丈殿。康熙間，重修佛殿、山門及鐘樓。二十二年建大悲殿。門外有七浮圖，故俗皆稱七塔寺。

咸豐十一年，兵毁。同治十年，里人周文學募資重建佛殿、山門。光緒十六年，主持慈運補修三聖殿、大佛殿，改造天王殿，新建藏經閣、方丈殿、雲水堂、監齋殿、大廚房、齋堂、如意寮、祖堂、客堂、禪堂、玉佛閣、地藏殿、大銅鐘樓、念佛堂，添設佛學院于藏經閣，施醫院於三聖殿右廂。二十一年，賜七塔報恩禪寺額並藏經。

——（民國）張傳保修，陳訓正、馬瀛纂：《鄞縣通志》五十一編（政教志三）》，民國二十四年（一九三五）至一九五一年寧波鄞縣通志館鉛印本。《天一閣藏歷代方志彙刊》第二九八册，國家圖書館出版社，二〇一七年，第二一五—二一六頁。

仁濟堂

在江東七塔寺跟東津小學内。清光緒初年，邑紳施遠芳創立。七年，稟縣立案，月給嫠婦每名一元，額定五十名。其産業有南田塘田六百畝。邇年，農村衰落，收支不克相抵，由東津義學東津小學由東津義學改，本與仁濟堂合爲一處年貼二百餘。

——（民國）張傳保修，陳訓正、馬瀛纂：《鄞縣通志》五十一編《政教志三》，民國二十四年（一九三五）至一九五一年寧波鄞縣通志館鉛印本。《天一閣藏歷代方志彙刊》第二九八册，國家圖書館出版社，二〇一七年，第四一五—四一六頁。

咸通十四年栖心寺心鏡禪師舍利塔記

七塔寺　知造石塔僧惠中、知造舍利殿僧□□。十一行字，多寡不等。存一百一十七字。

最勝佛頂陀羅尼咒

七塔寺　唐中天竺三藏地婆訶羅重奉詔譯。行字多寡不等，可辨者一百十二字。

——（民國）張傳保修，陳訓正、馬瀛纂：《鄞縣通志》五十一編《文獻志四）》，民國二十四年（一九三五）至一九五一年寧波鄞縣通志館鉛印本。《天一閣藏歷代方志彙刊》第三〇三册，國家圖書館出版社，二〇一七年，第五四—五五頁。

天順六年補陀寺鐘題字

七塔寺　其文曰：天順六年二月十九日造。凡十字。

——（民國）張傳保修，陳訓正、馬瀛纂：《鄞縣通志》五十一編《文獻志四》，民國二十四年（一九三五）至一九五一年寧波鄞縣通志館鉛印本。《天一閣藏歷代方志彙刊》第三〇三册，國家圖書館出版社，二〇一七年，第六六頁。

泰昌元年補陀寺鐵磬題字

七塔寺　其文曰：泰昌元年仲冬。

——（民國）張傳保修，陳訓正、馬瀛纂：《鄞縣通志》五十一編《文獻志四》，民國二十四年（一九三五）至一九五一年寧波鄞縣通志館鉛印本。《天一閣藏歷代方志彙刊》第三〇三册，國家圖書館出版社，二〇一七年，第七七頁。

同治十二年補陀寺鐵香爐題字

七塔寺　文曰：清同治十二年癸卯中秋。

——（民國）張傳保修，陳訓正、馬瀛纂：《鄞縣通志》五十一編《文獻志四》，民國二十四年（一九三五）至一九五一年寧波鄞縣通志館鉛印本。《天一閣藏歷代方志彙刊》第三〇三册，國家圖書館出版社，二〇一七年，第一一三頁。

光緒二十二年五百羅漢畫像石刻

七塔寺　嘉慶三年劉權之撰像贊並書，釋默庵跋。

——（民國）張傳保修，陳訓正、馬瀛纂：《鄞縣通志》五十一編《文獻志四》，民國二十四年（一九三五）至一九五一年寧波鄞縣通志館鉛印本。《天一閣藏歷代方志彙刊》第三〇三册，國家圖書館出版社，二〇一七年，第一二五頁。

民國元年七塔寺寶鼎題字

七塔寺　其文曰：民國元年壬子冬，鎮海信士阮世龍、男文忠敬助。住持岐昌率監院常西督造，僧晉同募。

——（民國）張傳保修，陳訓正、馬瀛纂：《鄞縣通志》五十一編《文獻志四》，民國二十四年（一九三五）至一九五一年寧波鄞縣通志館鉛印本，《天一閣藏歷代方志彙刊》第三〇三册，國家圖書館出版社，二〇一七年，第一三五頁。

第五章　宗譜報刊之載

鄞南梅陽任氏宗譜・任景求傳

東任一派祖

景求，行百，字貞穎，由御史中丞謫判明州，至分寧令。

子春公任崇次子，歷仕殿中侍御史、中丞。穆宗長慶壬寅歲，直言忤當道，謫爲明州判官。遂治第甬東東津，貫籍於鄞。文宗太和中任分寧令。武宗會昌挈家居甬，仁、義、禮、智四房，將姑蘇宅産盡與智房留祀。後適寇掠明州，兄、弟、子、侄復各還居。宣宗大中十二年，同侄行規將東津草創舊居舍建栖心寺，以守祖塋，仍於寺東廡功德祠香火奉祀焉。

公生於唐德宗建中二年正月初四未時，卒于唐懿宗咸通七年九月十九日未時，壽八十六歲。配穎川陳氏，生失，卒于唐文宗開成元年四月十三日。續慈水翁氏，生於唐穆宗長慶二年正月初四日未時，卒于唐五代太祖開平元年十月初三日巳時，壽八十六歲，並被封碩人。子四：寅、明、美、四。合葬於鄞西竹湖坊戒香寺之原。

——《鄞南梅陽任氏宗譜》卷三《追遠世傳》，報本堂本，民國二十二年刻本，天一閣館藏。

周文學相關報道 三則

托保惑衆

租界佛店，前奉海關道劉觀察札飭租界會審委員，一律禁盡。無如日久玩生，英租界仍到處皆有，每逢佛會招誘婦女燒香，諷名爲念七佛。男女混雜，殊是傷風敗俗。近法租界鹿鶴春茶館斜對門，到有帶髮修行之婦女數人，設壇念佛，稱欲募資造鄞縣小普陀七塔寺之後殿。募啓高懸，其具名係董事周文學，又另書奉母遺命云云，招摇市衢，真可笑而又可惡。有地方之實者，正宜驅而逐之也。

——《申報》，一八八一年五月九日。

遺命募捐

寧郡唐建七塔寺，自髮匪燬後，無人經理。董委周文學之母蔡氏，苦募捐數年，得能重建頭門大殿，業已告竣。後母逝世，遺命兼造後殿墻垣等，造費浩大，實難成工，慕名至申，定有官宦仕商發慈悲隨緣樂助。果得一舉而成，賜者之功德無量，而文學不負于遺命。今文學奉遺命，誠心募捐，以求早日工竣，祈四方善士早發慈心捐助，幸弗聞傳言以阻好善之心。

周文學謹募

——《申報》，一八八一年五月十三日。

募化大殿

浙寧重建小普陀七塔禪寺叩募：兹因本寺燬後，晚母氏募捐重建。於今大殿天王殿以及兩廂今已告成，惟後大殿、鐘樓雖蒙各鄉衆善藥助，奈工料實屬浩大，尚未完工。是以特造貴地，奉母遺命，承敲魚音，叩求貴客殷商、號莊行鋪、仁人君子，發慈悲之心，隨緣樂助，再懇善信衆力易擎，每名每日惠賜錢一文，以三年爲度，共助大錢一千〇八十文，外加值寺香金一百廿文，庶幾集腋成裘，踴躍樂輪。本寺告竣，惟蒙佛光善照，年豐物阜，善信功德無量矣。謹此佈告。于兼外科每日門診十點鐘至十二點鐘止，過午不候。寓彩視街西首，王公記隔壁便是。光緒十年閏五日，司事周文學具啓。

——《申報》，一八八四年六月十三日。

餐秀室隨筆

（民國）劉哀時

七塔寺亦在寧波，洪楊時已遭兵燹。湘人某本爲太平天國之驍將，嗣以國事不可爲，棄俗爲僧，獨立募化，復建此寺。該寺有屋七進，門建七塔，及其莊嚴。藏經及佛書無算，尤以玉佛樓爲最特色。佛係白玉琢成之，釋迦像高二尺寬一尺，有四袈裟，上間塗以金。聞購自緬甸，運費一項不下千金，代價之昂，蓋可想見。

——劉哀時：《餐秀室隨筆》，《心聲：婦女文苑》，一九二三年第二卷第四期，第五頁。

賑災委員會駐滬辦事處自八月十六日起至三十一日止經收賑款第九次報告

王一亭君自捐洋二百元，又經募育王寺舍利殿捐洋一百元，又育王寺指助甘肅洋一百元。
晦谷師指助甘肅洋二百元。
源寵師指助甘肅洋一百五十元。
又源寵師經募無名氏指助甘肅洋五十元。

遠年師、則論師各捐洋十元。

宗愚師、源海師各捐洋十二元。

遠行師捐洋八元。

宗定師捐洋七元。

宗釋、遠瞋、法善、妙禪、遠塵、如海、恒道、明三，以上諸師各捐洋五元。

行通師、良和師各捐洋四元。

源肖、遠久、遠瑞、源澄、遠宏、普峰、濟澤諸師各捐洋二元。

遠悟、源鏡、宗耀、源泰、源才、源潮、濟川、源皓、宗學、源浄、欽傳、荷擔、了然、戒慧、遠德、仁皆、師興、慈雲、高照、心成、慎道、悟月、圓仙、禪緣、應樂、源來、證果、道静、惟心、善慧、潔安、湛兮、微妙、根方、雪蓮、能度、如華、能空、化仁諸師、汪榆庭、戴阿金、夏繼商、龔築、鶴延、阿明、阿富、林來、陳氏、周氏、遷真、性息、一方、智自各捐洋一元。

化田師等十三户各捐小洋六角。

宗見師等三十八户各捐小洋四角。

遠永師等二十八户各捐小洋二角。

妙性師捐小洋十角。

無名氏七人合捐大洋一元小洋二角、錢一千九百念文。
智明師等十三户各捐錢一千文。
海慧師等十三户各捐錢五百文。
梓月師等四十户捐助小洋銅元折合大洋五元一角三分，衡記指助陝西洋四十元。
汪居士捐洋十元。
七塔寺常住指助陝甘洋二百七十元。
圓瑛師捐洋念四元。
純保師、傳聲師各捐洋十元。
培元師捐洋八元。
指南師、常静師、式堂師、德軒師、常西師各捐洋五元。
本舟師、普周師、覺圓師、竹圃師各捐洋四元。
見福師、溥常師、道明師各捐洋三元。
盧錫盈、林德林、徐陸宗福、勛明、隆應、宗悟、義明、大智、静明、森嚴、演義諸師各捐洋二元。
滿庭、念真、攸久、嵩庭、定光、達規、志靈、智遠、秀林、玉亮、梵行、圓明、妙梵、榮華、靈光、行堂寮、鷲雲、常靜、常憘、實成、智度、了悟、神珠、紹靈、深日、彰鎮、清耀、妙諦、光明、海晏、大明、玄關、行嵩、光純、振剛、傳燈、多聞、仁玉、海超、焦靜、德義、真修、慧雲、華清、寂安、明空、光明、得就、月朗、化導、圓明、敬道、遠瑶、脱塵、月照、化定、妙峰、心耀、惟政、悟禪、培淨、常慧、華金、止于、滿開、仁安、戒智　妙勝、永成、祖道、禪宗諸師、陳明清、陳明暘、張祖田、楊和邦、趙有方、譚家榮、葉阿狗、王阿隆、王阿三、王三梅、張嘉全、李家人、林家人、徐陳明正、吴李明本、阿玉姐各捐洋一元。

德成再來等共十八户各捐大洋五角。

智義等九户各捐小洋六角。

湘敏捐小洋七角。

三性捐小洋三角。

式模等七户各捐小洋四角。

玉朗等十六户各捐小洋二角。

連舟、海藏各捐大洋一角。

寶林等三户各捐小洋一角。

清運捐錢一千五百文除解。

賑災委員會彙交各災區散放外，特此登報鳴謝！

——《申報》，一九二九年九月十一日。

寧波七塔寺臘八傳戒記

（民國）寒華

昔我世尊，說法四十九秋，談經三百餘會，偏圓頓漸，隨機應化，無非使衆生離苦得樂，超凡入聖而已。而其修習之要旨有三，曰戒、定、慧。因衆生之貪、嗔、癡三毒無時不有，故佛以戒、定、慧三無漏學治之。而實用最勝者，無過於戒。故經云：「戒爲諸法之本，萬行之先。」又云：「精進持淨戒，護持如明珠。」又云：「此波羅提木叉，即是汝等大師。若我住世，無異此也。」可見世尊在在處處，無不以戒爲前題，實我佛子修身治心之大本，不可忽焉者也。或問曰：「佛家所謂戒者，斯理若何？」曰：戒者，律也，如國家之法律焉。國無法律，則國非其國。故孔子曰：「夷狄之有君，不如諸夏之亡。」因無法律以治其國，則民綱絶矣，何國之有？若我佛教之中，無此戒律，則衆生之心，何以能安？身何以能治？而佛教偉大精神，甚深經典，亦不能彰顯流傳於後世矣。且戒律之用，在於去邪歸正，滅惡生善，治其已非，防其未然。故我佛所說五戒、八戒、十戒、比丘二百五十戒，比丘尼三百四十八戒，乃至菩薩四十八輕戒，留傳於世，永作楷模，爲衆生之導師，昏衢之明炬。至傳戒之説，佛昔於天竺，即有敬請三師、七證，傳受三壇大戒之舉。所謂三師者，即壇主羯磨教授師是；七尊者，即七尊證是。曰三壇者，即所謂沙彌、比丘、菩薩之三壇大戒是也。我國傳戒之始，在唐麟德二年，君主禮請道宣律師，於終南山建造戒壇，爲皇親六眷、官吏、庶民等，傳受具足大戒。此後遂徧全國，各地偉大寺院、有道高僧，莫不效其遺風，傳説戒法。邇來信教自由，於是仰慕佛道者，相率皈依，日多一日，而傳戒所亦隨之增多。惟是末法衆生，道根脆薄，察其能堅守浄戒者，百無一二。佛教前途危如壘卵，甚可慨也。兹我七塔寺主座溥公老法師，戒德嚴浄，行化遍海内。今年已古稀，尚終日領衆，作種種利益人類事。今歲更念世衰俗薄，佛教陵夷，非闡宗風，難期挽救，於是得本寺兩序之同意，并有戴姓檀越，助銀元數千及七衣鉢具。因擇於臘月初八日，宏闡戒法，昭告四方，凡有四衆來寺求戒者，免收戒費，惠與衣鉢。由是來著，絡繹不絶，不期月，已達六百餘。食指既衆，餐宿之處非擴大不可，故將齋堂後之木匠寮，改爲臨時雲水堂；將上客堂，改爲禪堂。禪堂則爲男新戒堂，并將佛學院及藏經閣等地讓出，作爲臨時女戒臥室。環全寺之房屋，無不居住男女僧衆及賓客等。每逢鳴梆上殿過堂，已達千二三百人之多。至冬月朔，迎請普陀山法雨寺住持學海老和尚爲大師傅，并請引禮八師，即於是日開堂，日日演習毘尼，及教訓儀規。敬請圓瑛法師爲教授，智圓老和尚爲羯磨，是日傳授沙彌十戒。臘月初三，敦請觀宗寺退隱根慧老和尚等爲尊證，傳授比丘大戒。是日微雨，清風徐起，人天歡喜，而遠近僧俗來瞻禮者，達萬餘之多。此與我佛昔日每演大法之時，必有天龍八部護衛，儼出一轍焉。初七日午後，齊至三聖殿，跪佛前，口稱佛號，合掌恭敬，頂上燃香，供養諸佛。次早傳授菩薩大戒畢，便到齋堂具膳。繼而四衆弟子作禮而去者，已有多數，咸謂本寺傳戒景況，實爲甬江數十年來罕有之勝會也。竊思今時已臨末法，善化不足，惡化有餘，倫理銷沉，已達極點。倘欲謀一偉大良善之法會，行於世間，而令一般福薄智淺之人，可以回惡向善，得到安身立命之所，捨我佛教，其誰與歸？因此有感，故需筆記之云爾。

——《佛學半月刊》，一九三五年第一〇二期，第一七頁。

圓瑛法師宏法訊　湘省法會圓滿後赴鄂　何主席特派專車護送

中國佛教會理事長圓瑛老法師，前應長沙緇素各界禮請，蒞湘宏法，開講《金剛經》十四天，《心經》二天，業於昨日圓滿，先後皈依者，共三百餘人。何主席並備素齋，恭請法師應供。法會期中，每日聽衆不下一二千人，盛況爲歷來所未有，可見佛教感化令人信仰之深切也。湖北漢陽歸元寺，聞湘省法會期滿，特派代表赴湘迎迓。何主席特備專車，派隊沿途護送來鄂，休息一二日，定月之二十三日開講《圓覺經》全部，届時當更有番盛況焉！

——《申報》，一九三六年六月二二日。

指南和尚升座消息 二則

七塔寺方丈易人

指南念[廿]七日就職本埠江東七塔報恩禪寺，爲四大叢林之一，規模宏大，戒律嚴明，深得地方人士景仰。該寺方丈任期原爲三年，現溥常和尚已屆期滿，遵例於本年一月一日召集法眷數十人，在該寺公舉現任看經寺住持指南法師爲繼任方丈。按指南道德高尚，學問深邃，辦事幹練。此次公舉爲方丈，深慶該寺之得人，並定本月念(廿)七日就職，舉行隆重典禮，届時必有一番熱鬧也。

——《時事公報》，一九三七年一月六日，第二張第二版。

七塔寺方丈升座

本埠江東七塔寺爲浙東有名叢林，該寺方丈溥常，任期已滿。經各支派公選，段塘看經寺方丈指南升任。二十七日爲新舊方丈辦理交替，是晨七時派車迎接，由圓瑛領入三門，登法壇升座典禮，並舉行講法誦經等儀式。

——《申報》，一九三七年一月三十日。

寧波報恩佛學院之發展

寧波訊：寧波素稱佛化盛行之區，僧教育方面，自觀宗寺宏法研究社提倡設立後，七塔寺法門長老，復於民國十七年，創辦報恩佛學院一所，專門造就宏法應世人才。開辦以來，成績卓著，深爲當地一般信佛人士所贊許。前歲特請諦聞法師主持教務，課程管理，愈加完善。今歲指南和尚新接任該寺住持，仍兼長佛院，益努力整頓，實事求是，期成最完善之學院，各方學僧前往就學者，日來亦大增加。指南和尚素熱心教育，崇重人才，此次住持七塔，仍請諦聞法師担任教務主任，諦師服務僧教育界多年，經驗宏富，今後共同辦理，該院前途發展，洵有無量希望云。

——《海潮音》，一九三七年第一八卷第三期，第九三頁。

僧侣轉向生産事業：七塔寺染織廠籌組中

本報記者 履倩如

（本報訊）七塔寺是寧波有千把年歷史的古迹禪寺。它是唐代大中十二年間（即西曆一千另五十年）由心鏡禪師發起建築的。其後在光緒十六年、民國六年、十四年，由慈運中興幾位禪師等先後數次重修，而有今天的規模。該寺不僅招待寧波地區的和尚，就是全世界的和尚均可來此過宿。

在千把年的歷史過程中，它一直在反動的、封建的生活中過來的。今日，儘管它外表仍然和從前一樣，黄的牆壁，紅的屋柱，金碧輝煌的韋陀菩薩仍舊神氣活現的站在那裡，和尚還是黑色袈裟光郎頭。可是，正有什麽新的東西在萌芽中，漸漸的開始蜕變了。

七塔寺在過去是多熱鬧，人死了在那裡做佛事，辦齋飯，念懺經，一班有錢的死人在那兒也真是「死有餘榮」，善男信女們不顧遠近的來朝拜，這也正表示出，過去的闊佬大亨們把搜刮來的造孽錢往那裡送，爲「來世」造福、修行。然而，解放後，人們漸漸地覺醒了，在政治認識上提高了，同時解放後的社會再也不允許那批壞蛋在反動社會裡再渾水摸魚了。所以，也正如昨天七塔寺裡的一位元接待師對記者説的：我們這行業本是貴族時代有錢人的把戲，窮人連飯也没得吃，怎會到這裡來呢？這樣他們的收入是毫無了。像往年，現在七月半，正是忙不過來的時候，也正是一年中的頂旺期，可是今日不同了，他們已經十足個把月没有買過小菜，一直在吃着早醃着的鹹菜，時還準備改吃一粥一飯。

無疑的，這職業是不適合現社會了，他們不得不在新的時代裡找出路。在新民主主義的社會裡，要生活，就得參加生産和工作，爲廣大的人群服務。寺内的一百五十個和尚，包括年青的和年老的，爲使這一批有用的力量不致長此浪費，並爲求取自己的生存，維護七塔寺常住起見，他們自動地發起了組織寧波七塔染織工廠股份有限公司，經營棉織品織造、染練工作。他們預定的股本是五百股，每股以二十支紅豹牌或雙鵲牌棉紗二小包計，共一千小包，如招足半數，即行開業。這計畫是八月六日由七塔寺住持僧方丈、監院等發起的，已經開了二次籌備會議，公推智圓老和尚爲主任委員，圓成方丈爲副主任，顯宗法師爲文書主任，夢軒法師爲經濟主任，勳明法師、妙安法師爲籌募主任，新吾法師爲庶務主任，並聘空印法師爲經理，分頭展開籌募中。

現在已經採買了四部織布機，以後面的經堂爲工廠，約在月底可以開業。寺院裡的和尚正聘請工程師在努力學習中，他們以最大的努力加緊學習。時因機車少，人手多，他們揀選能力比較强的先做，預備逐步擴充。他們還準備思想教育，提高政治上的認識，接受新的思想，本來還想邀請其他寺院的和尚參加，但因爲限於地點、經濟、食糧，暫時還不能如願。預期不久之後，那陰氣沉沉的寺院就馬上變成蓬勃有生氣的工廠了。

——《寧波日報》，一九四九年八月二十二日。

寧波七塔寺舉行月西法師升座法會

（本刊訊）中國佛協常務理事月西法師榮膺寧波七塔寺住持，八月十五日舉行升座法會。

是日寺内鐘鼓齊鳴，月西法師手持如意，緩步進入法堂，拈香禮佛。浙江省佛教協會性空會長爲月西法師送座，法喜充滿。月西法師升座拈香，祝願：「佛日增輝，法輪常轉，國運昌隆，人民安樂。」隨後，來自江蘇、上海、浙江的諸山長老七十餘人和寧波市四衆弟子四百三十餘人及來賓等向月西法師熱烈祝賀。

七塔寺創建于唐大中年間，迄今一千二百餘年，歷朝變遷，幾經興衰。清光緒年間，慈運長老中興該寺，殿宇堂閣，雄偉莊嚴，僧衆雲集，爲浙東五大叢林之一。十年内亂中，該寺遭受嚴重破壞。党的三中全會後，重申落實宗教信仰自由政策，從一九八一年開始，寧波市佛教協會幾經研究，決定自籌資金，進行修復，經三年多的努力，全寺殿堂佛像，大部分已輪奂一新。

又訊

寧波市佛教協會第五届代表會議于八月二十一日至二十四日在寧波市七塔寺召開。來自七縣一市的僧尼、居士共六十人出席了會議。浙江省佛教協會會長性空法師親臨致賀詞，各兄弟宗教組織的負責人到會祝賀。

月西法師在會上作了工作報告，並傳達了中國佛協四届二次會議的精神。會議選舉月西法師爲會長，光德、廣修、通一、淩近仁爲副會長。

（誠峰）

——誠峰：《寧波七塔寺舉行住持升座法會》，《法音》，一九八四年第六期，第四八頁。

月西、周亨頤提案被評爲省優秀提案

（本報訊）省政協委員、市佛教協會會長月西向省政府提交的「關於進一步落實宗教政策」的提案和省政協委員、市金屬材料公司經濟師周亨頤提交的「優質産品必須名副其實」的提案，最近被省政協評爲優秀提案。在甬省政協委員竺之韻、薛惠珍被評爲提案積極分子。

（姚傳盈）

——《寧波日報》，一九九二年四月二十三日。

月西法師悼念儀式昨舉行

（本報訊）省政協委員、市政協常委、中國佛教協會常務理事、浙江省佛教協會常務副會長、市佛教協會會長、七塔禪寺方丈月西法師因病搶救無效，於一九九三年二月二十八日晨在寧波圓寂，享年七十九歲，月西法常遺體告別儀式昨天在寧波殯儀館舉行。

市領導陳勇、錢念文、徐季子、陳阿翠，省宗教局局長嚴紫娟及市有關部門負責人，全國和部分省、市佛教界人士共四百餘人出席了悼念儀式。省政協、省委統戰部、省宗教局和市委、市人大、市政府、市政協、市委統戰部及部分省、市(地)有關部門、團體敬送了花圈、挽聯。月西法師病重期間，市委、市府、市政協領導，省宗教局、省佛教協會、市委統戰部等領導同志以及諸山長老曾多次前往醫院探望。

悼念儀式後，寧波佛教界四衆弟子及諸山長老三百餘人在七塔寺方丈殿舉行了示寂迴向法會。專程前來的中國佛教協會常務副會長明暘大法師、省佛教協會會長妙善大法師也參加了法會。

(張海林)

——《寧波日報》，一九九三年三月七日。

「報恩樓」上的對話

本報記者　單洪訓

在貴州歷史上曾有「先有思州，後有貴州」之説，古名思州的岑鞏可謂源遠流長，思州文化像一顆璀璨的明珠，閃爍在㵲陽河畔的岑鞏民中，就是一道亮麗風景。

短短三年時間，這座土坡上便誕生一所中學，占地七萬五千平方米，嶄新的校舍，寬敞球場，周圍緑樹成蔭，鳥語花香，難怪州長劉曉凱由衷地感歎：「幹得好哇，伙計！」

這個「伙計」便是岑鞏縣政協副主席、縣民族中學校長、高級教師謝文權。謝校長五十開外，爲人謙和，談吐幽默，在岑鞏很多人尊稱「謝哥」。得知我的來意時，拉我入座，擺開長談的架勢，於是在他的辦公室我們開始了下列對話。

記者：原來這一帶土坡是二中所在地，用李昌能縣長的話説：「那低矮的平房，那破舊的教室，那簡陋的設備，那雜草叢生的地方，坑坑窪窪、高低不平的場地，不堪回首。」如今，取而代之的是拔地而起的教學樓、學生公寓、實驗樓、食堂，一所嶄新的民族中學鶴立於新興，僅僅三年時間，您的功勞不小啊！

謝：錯！（幽默一笑），主要是歷屆縣領導的高瞻遠矚，省州領導的關心，社會各界的鼎力支持，以及教職員工的努力創業，我個人微不足道，單説寧波七塔禪院義捐四十萬元，那才讓我們永志不忘。

記者：聽説您多次换手機，但號碼仍然用一三五九五五六七一七七，對此號碼爲何如此鍾愛？

謝：是爲了永遠記住二〇〇〇年七月十七日這個良辰吉日，這天，寧波統戰部、民族宗教局、七塔寺一行九人來我校參加教學樓奠基儀式，七塔禪寺義捐四十萬元，我們教學樓因此命名爲「報恩希望教學樓」。

記者：爲何起名「報恩希望教學樓」？

謝：按寧波七塔寺捐贈方意，如果没有黨的政策和改革開放，就没有他們佛教事業的繁榮，「報恩」即報答黨恩，「希望」即義教工程，故名「報恩希望教學樓」。

記者：當時靠這四十萬元作爲建校啓動資金，以後政府劃撥土地，農行貸款，社會各界捐資，才有今天投資建設超過千萬元的局面，據説，每提起這件事時您都非常激動，爲何？

謝：因爲今天的局面的確是緣于這四十萬元的啓動資金，當時學校收到這筆款時，我夜不能寐，在奠基典禮上我揮筆寫了「善者善哉」的奠基銘，教學樓建成後，我又寫了「落成志」，全文是這樣的：「二中設庠廿六春秋，然師者無心樂教于此，學子有意擇學其它，何矣？名爲學館則無學館之實也！庚辰仲夏，甬城七塔禪院爲破敗所感，恩賜四十萬元，奠定宏基，由是，上級首肯，社會注目，仁人志士同伸手，報恩希望教學樓拔地而起，鶴立新興，是以泱泱校園煥然一新，而師者勤勤，學子殷殷，鵲躍書山，魚弋學海，志存高遠，只爭朝夕。嗟乎，佛心社稷，日月同輝，吾等頓首之至，後輩焉能淺記哉！」

記者：看來您頗能「之乎者也」，現在學校發展情況怎樣？

謝：二〇〇〇年春，學校辦學層次爲初級中學三個年級六個班三百七十名學生，教職工三十四人，如今有高中三個年級三十三個教學班一千八百〇七人，教職工一百三十人，已是獨立的民族高中。下步還將修建教學樓、女生公寓、運動場及進行校園緑化、組建現代化教學實驗室，辦成現代化的示範學校。目標就是：挑戰同行，進軍重點。

記者：看來您是雄心勃勃啊！

謝：（笑）

——《黔東南日報》，二〇〇四年三月八日，第四八七三期，第四版。

專家爲七塔古寺修建獻計獻策

七塔報恩禪寺位於浙江省寧波市江東區，爲全國重點開放寺院，自古即爲浙東四大佛教叢林之一，與天童寺、阿育王寺齊名。寺院歷史悠久，至今已有一千一百四十八年歷史。七塔禪寺總占地面積一萬三千三百餘平方米，總建築面積六千一百四十餘平方米。整座寺院坐北朝南，前後分爲五進院落佈局，爲典型的佛教禪宗伽藍七堂制。寺内並保存有唐代開山祖師心鏡禪師舍利塔、二口宋代大銅鐘、清代石刻五百羅漢造像圖、乾隆版大藏經、梵文貝葉經，以及「栖心一覽」文物室所藏各種珍貴文物等。

爲了挖掘七塔古寺所藴藏的傳統文化内涵，進一步完善寺院古典建築規格，爲行將收回的寺院西邊土地進行整體規劃論證，七塔禪寺住持可祥大和尚主持召開了「七塔古寺應該如何修建完善」專題研討會。各位專家學者就七塔古寺現有古建築的特點、存在的不足之處，應該如何更好地進行保護修繕，西邊土地初步規劃方案的可行性，以及如何加强宣傳以擴大七塔古寺的知名度等問題，進行了認真細緻的研討交流。

與會專家一致認爲，七塔禪寺歷史悠久，爲唐代古寺，文化積澱深厚，在佛教界影響甚大。寺院深處鬧市區，地理位置得天獨厚，十分優越，全方位發展的空間很大。尤其是最近幾年按照傳統規格進行的「修舊如舊」維修，很有必要，工作很有成效。「棲心一覽」文物陳列室所珍藏的各種文物，係寺院原來收藏保存至今，還有一些爲近年來可祥法師等斥資從各地搜購，其中不乏精品。

專家認爲，按照七塔古寺的現有規模以及其中所蘊藏的傳統文化内涵和文物價值，完全有資格申報國家級文物保護單位。此外，針對寺院西邊土地建設規劃，同時爲了使寺院現存古建築、文物更具傳統特色和歷史文物價值，擴大七塔古寺的影響，爲社會人生發揮更大的作用，有關專家學者特提出以下幾點建議，供寺院管理人員和政府有關部門參考：

一、七塔寺西側即將收回的四千餘平方米土地，建設方案應認真研討論證。在規劃佈局上，要做到傳統化，與中軸線古建築相呼應，形成一體化；應該按照中國傳統建築風格，講究中軸線、副軸線，進行功能區集中規範分類，設立隔離帶、防火牆，將佛事活動區與居住區分開等。寺修建獻計獻策功能規劃應按佛教臨濟宗規格進行設計，有自己獨有的特色，有文化底蘊。

二、寺院西側計劃建「垃圾中轉站」一事，應與政府主管部門再進行協商。垃圾站如果放在鬧市區，尤其是緊靠重點寺院，很不雅觀，既對周邊環境衛生造成一定影響，又嚴重影響到千年古寺的清浄莊嚴，影響其旅遊開發價值，對寺院今後申報國家級文物保護單位不利。

三、七塔寺的歷史沿革，要多方考證。如宋、元、明、清幾代歷史不是很清楚；七塔寺的名稱、七塔來由等應該再研究、再挖掘；要把寺中文物收集起來，請專家鑒定一下，尤其是開山祖師舍利塔，是否大塔包小塔，是否有塔銘等。

四、從《七塔寺志》上老照片看，寺院老鐘樓飛簷的手法非常高明，整個飛簷幾乎直立起來，飄飄欲仙，有飛翔之感。這是南方建築的典型特點。現在鐘樓較老鐘樓的飛簷要低，缺少這種味道。下次維修時，應該按照歷史原樣，對鐘樓和鼓樓飛簷進行修復，使之更有氣勢，更有味道。這些小地方很關鍵。

五、下次修繕時，在適當位置要加些彩繪以恢復（清代）最後一次大修的原狀，使七塔寺更加絢麗輝煌。

六、對七塔寺歷史文化要進行充分挖掘研究，對七塔文化要加大宣傳力度，要申報國家級文物保護單位，使七塔古寺全面走向社會。

（羅哲文　馬瑞田）

——《中國文物報》，二〇〇五年十月二十一日。

第六章　僧伽教育

七塔報恩佛學院緣起

（民國）諦聞

佛學發源於身毒，光大於支那，流傳幾千年，縱橫數萬里，不爲任何方土所限，不爲任何時代所拘，亦不爲任何民族、言語、文字所隔閡。所以然者，以其教則善知依趣，應病施藥；理則如有盡有，不增不減；行則隨順正軌，不緩不越；果則用極體圓，功不唐捐，如如善巧，圓滿究竟，故無往而非適也。雖然，法不自宏，宏之在人，是故飲光、慶喜，集結三藏；迦旃尼子，制作《婆娑》；乃至龍樹、提婆，暉光般若；無著、世親，闡演《瑜伽》，遂使微言大義，有如日月經天，江河行地，竟至五天皈命，六師稽首焉。

溯自白馬東來，傳承祖印，高僧大德，相繼發揮，演成十宗五派。十宗者，律宗、禪宗、密宗、净宗，乃至台賢、慈恩、三論是也；五派者，臨濟、曹洞、溈仰、雲門、法眼是也。自六朝以迄唐宋，代産賢哲，或則戒珠瑩潔，或則定海澄清，或則慧辯淵逸，於以宏宗演教，攝化有情。所以四衆傾心，萬流皈仰，而佛法之真義，涵濡溉注於人人之腦際，儼爲第二之佛教國也。今者大教陵夷，不絶如縷；開來繼往，端賴英髦。故欲謀佛法之昌明，須培宏揚之人才；欲培宏揚之人才，須辦佛化之教育。非人才無以宏佛法，非教育無以培人才，此教育之所宜亟亟提倡，而報恩佛學院之所由設立也。四明古稱三佛地，僧伽之衆，藍若之多，佛化之隆，甲於全國。所以四方學者，擔囊負笈，率多參訪於此；於此佛法之盛衰，關係於全國者至深且鉅。故報恩佛學院之設立，其意之重大，有勝於尋常者。

溥常、圓瑛、智圓諸大德，秉如來之囑累，負先覺之使命，不惜犧牲，倡立斯院，嘉惠後學，福利青年，續將絶之獅絃，挽既倒之狂瀾，恢宏之功，信無量也。

院名佛學者，所以簡彼異學，非外道學，非世間學，故名佛學，亦即所以學爲佛也。既學爲佛，非徒口耳之學已也，非徒文字思辯之學已也，必也學佛之所行證修得，而行、而證、而修、而得，斯爲至焉。故三果聖賢，十地菩薩，猶名有學；大乘如來，小乘羅漢，始稱無學。大哉學乎！高山仰止，景行行止。是在學佛者之勇往奮發焉耳。

——《諦聞塵影集》，香港炎黃文化出版社，二〇〇八年，第三六—三七頁。

報恩佛學院簡章

一、本院爲僧衆研究佛理兼明世法爲宗旨。
二、本院由報恩寺發啓組織之。
三、經費由報恩寺常住擔負並隨緣勸募補助之。
四、本院之職員及職務列左：
（甲）名譽院長
（乙）主任　一人，主持本院一切事務
（丙）主講　主持教務
（丁）副講　輔助主講
（戊）教員　分任各科教授
（己）學監　糾察學者勤惰、出入威儀兼教叢林規則等事
（庚）庶務　管理什物等件，由本寺監收兼任之
（辛）管理　本院出入賬目，由本寺典賦兼任之
（壬）書記　謄録講義及來往文件、信札，一切繕寫由本寺書記兼任之

五、本院學科分爲佛學、世法、行持三系列，列表如左：

系	學科								
佛學系	華嚴經	圓覺經	維摩經	梵網經	四分律	大乘起信論	成唯識論	因明論	佛教史
世法系	三民主義	國史	算學	地理	習字				
行持系	坐禪	念佛	梵唄						

六、學額　暫定四十名，分高初二級。

七、凡欲入院求學者，不論年齡，惟須品行端正，文理稍輕者，方爲合格。

八、學期　初級一年，高級兩年畢業。

九、在本院畢業者，得充本院教職員及演説團團員往各地宣傳，或充本寺住持首領，或介紹各寺菴住持。

十、欲來本寺肄業者，先具志願書，並請保證人介紹，方可入學。

十一、按月每人贈給紙筆等用費洋一元，高級畢業時給優待費洋三十六元。

十二、凡成績優勝、品行高尚者，隨時獎勵，分等列左：

（甲）衣單文具（乙）按科加分（丙）文言鼓勵

十三、若有違犯院規，得受懲戒，分等列左：

（甲）重責出院（乙）梵壇嚴斥（丙）按科扣分（丁）叱名警誡

十四、早晚功課，二時粥飯均要隨衆。

十五、每月初八、十四、二十三、三十及佛誕日各放假一天，寒暑假臨時酌定。

十六、附設演説團每逢星期日爲社會佈教，灌輸佛理，喚醒民衆愛國精神。章程另訂之。

十七、凡有大德居士深達教義、融通俗諦者，本院得隨時延請演講。

十八、諸山同道、本寺執事等衆，得隨時討論。

十九、凡各界欲來討論教義、演講教乘者，本院極表歡迎。

二十、講義、演辭隨時擇尤付印，以公同好，遠益將來。

廿一、院設寧波江東七塔報恩寺内。

廿二、定期於本年夏曆七月十八日開學，凡各寺院有志來學者，從七月初一日起來院報名，隨時試驗入學。

廿三、本簡章得隨時商酌增删之。

——《觀宗弘法社刊》，一九二八年第二期，第三八—三九頁。黄夏年主編：《民國佛教期刊文獻集成》，中國書店出版社，二〇〇八年，第一四四卷，第三九—四〇頁。

寧波七塔報恩佛學院章程

一、本院定名爲七塔報恩佛學院。

二、本院爲僧衆研究佛理兼明世法爲宗旨。

三、本院以寧波七塔報恩寺爲永遠地址。

四、經費由七塔常住担負並隨緣勸募補助之。

五、本院之職員及職務列左：

（甲）院長一人，主持本院一切事務；

（乙）主講一人，主持本院教務；

（丙）教員分任各科教授；

（丁）督學糾察學者勤惰，出入威儀，教導叢林規則，兼管院内物件等事；

（戊）庶務管理什物等件，由本寺監收兼任之；

（己）會計管理本院出入賬目，由本寺典賦兼任之；

（庚）書記謄録講義及來往文件信札一切缮寫，由本寺書記兼任之。

六、本院課分佛學、世法、行持三系。

佛學系：法華經　楞嚴經　梵網經　四分律　大乘起信論　教觀綱宗　四教儀集註　法華玄義　摩訶止觀　法華文句　佛教史

世法系：國學　三民主義　歷史　算學　習字

行持系：修觀　念佛　梵唄

七、學額暫定二十四名。

八、年齡在十五歲以上，二十五歲以下，惟須品行端正、文理稍清者，方爲合格。

九、學期分一年級、二年級爲修業，三年級爲畢業。

十、在本院畢業者，得充本院教職員及演説團之團員，往各地宣傳；或充本寺首領職務，或介紹爲各寺庵之住持。

十一、欲來求學者，先向客堂討單，經本院考試合格後，方得正式入院。須留戒牒於客堂，若無戒牒須納保證金五元，如中途退學須將逐月單銀繳還，方許退學。

十二、按月每人津貼紙筆費洋一元，能住三年期滿者，畢業時給優待費洋三十六元。

十三、經書除正文外，參考書由學僧自備，不足者，可向本院借用。

十四、凡成績優勝、品行高尚者得隨時獎勵。

十五、若有違犯院規者，須照本寺規定院規懲罰。

十六、早晚功課二時，粥飯均須隨衆，每月初八、十四、廿三、三十日及佛誕日爲休假日期，寒暑假臨時酌定。

十七、附設演説團。每逢星期日爲社會布教，灌輸佛理，喚醒民衆愛國精神，章程另訂之。

十八、諸山同道及本寺僧衆人等均得隨時傍聽。

十九、講義演辭，隨時擇尤付印，以公同好，遠益將來。

三十、本院簡章得隨時商酌增删之。

民國二十年五月一日本院重訂

——《弘法社刊》，一九三二年，第十九期，第一三二—一三三頁。黄夏年主編：《民國佛教期刊文獻集成》，中國書店出版社，二〇〇八年，第七十六卷，第四五二—四五三頁。

報恩佛學院開學紀要

（民國）宣輝、如如、常德合記

甬東七塔寺，内設報恩佛學院，創始於民國十七年，由溥常老法師主持一切，茹苦含辛，募化基金，兼之終日舌敝唇焦訓育諸僧，六七年來，有如一日，其熱心僧教育之精神，可想見也。

近以身任住持之責，不暇兼顧，特聘寶忍法師代理院務。復于（民國二十四年）二月十九（即夏正十六日）舉行開學典禮，受記其大要如左：

儀式莊嚴 一、振鈴開學，二、全體肅立，三、向佛像行最敬，四、唱讚佛歌，五、静默佛恩三分鐘，六、主席致辭，七、院長及班首執事訓辭，八、學生答辭，九、禮成。該院講堂頗清浄，光線極佳，左右皆玻窗而圍以紗幔；屋之上空均有天花板，以洋白漆漆成，故其音波亦易進入聽衆。在未開學以前，屋空，交叉懸着各色黨國旗。並在主席台的兩旁邊，排列着六把漆光太師椅。台案上放着古銅香爐一只，古磁瓶浄瓶一對。正中間的壁上，高高的懸着慈悲而和藹的佛像，頂上並掛着五色縷結的花圈，莊嚴異常。

參加人物 俄而鈴聲數响，少頃即由寶忍法師導入：院長溥常老法師，退院常西老和尚，副寺明校師，堂主風雄師，書記聖真師，及來賓等十餘人，在主席台兩傍，作八字式的很穆静地排列着。台前縱横一行一行的學僧，而迎面拱向着。始由司儀員以極清徹而沉重的聲音，吶喊着肅立。從此一步一步的照儀程做下去了。

演辭一束，

一、主席致辭（寶忍法師解釋僧教育之真義，辭長另録）

二、溥院長訓辭——略謂：剛才法師所開示的一切，你們應該牢牢的記着。但是哼了一聲，却把金黄斗口髫鬚一掀，很嚴厲的説道：現在的僧，把求學看做跑江湖了，今天背着包袱到那裏，明天又背着包到這裏，照他的程度是起碼得很，照他的態度，世界上是没有人能做他的教師，教師雖能，終不能鑽到肚裏，替他做雙簧。天天説没衣單、學金，但是他把錢送到輪船碼頭、汽車公司去了，否則那裏窮得連衣服都没穿了咧。古云：「學如逆水行舟，不進則退。」像這樣「一暴十寒」，到那去找進步呢？從今天開學起，再有溜單的事情，我老實不客氣對付你們。古來那樣鑿壁偷光、懸樑刺股，多麼辛苦，你們現在飲食器具，書籍電燈等甚麽都有，；每月還有一元單金，這樣幸福到那裡尋。只要你們立志做人，忍苦耐勞的幹去，既要做學問，又要修道德，將來就可繼續佛種不断。我年紀已七十多歲，上殿過堂一樣辛苦，你們後生稍微抖擻精神做事，未有不能成功的，况學問那有不竿頭日上呢？這是我存的一線希望。

三、常老訓辭——略謂：今天又是今年頭學期開學，教乘中有無間道與解脱道之稱。上期放假，正因氣候上、身體上的關係，不得不稍事休息，以氣候適宜生理復常以後，再加行修學。今天開學起，是你們又走入加行的階段，希望在這階段中得良師之指導，更有新發見新證得，得到日劫相倍的受用。釋迦如來在因中求學的時候，爲一句半偈不惜捨生命以求之。我們雖生在末法，仗已往的善根，聞到正法，這是何等的慶幸？還有一句很重要的話就是：你們一面求學，固可增加智慧，還要一面求福，使學有所用，假使無福報，機緣不能成熟，那能去教化衆生呢？所以釋迦如來，往昔不失穿針之福，其機緣成熟最早，故能先慈氏而成佛。現在熱心辨理僧育教育的先覺者，對於你們青年的學僧，是具有厚望的。我等是行將就木的廢物，無能爲了，希望你們早些繼續吧！

四、大師訓詞——略謂：七塔寺雖忙，但每次開學我抽空來參加，這就是表示我對於學院的熱忱。我覺得和尚裡的人材太少了！現在和尚的地位也實在低微得很，就是因沒有知識的緣故，非但世俗上的普通常識沒有，就是佛教裡頭極普通的常識，也是沒有；若長此這樣因循下去，佛教非至滅亡不可！況潮流所趨，和尚沒教育自己也立不住足；那末，並不是别人來亡佛數，却是和尚自己亡了的！我們爲成就住持佛教之人才起見，無論怎樣困難，都是要努力做的！只要諸位以人才自期，以住持佛數自任，發一個精進心，刻苦耐勞的認真讀書，認真把學問當學問做。「有志者事竟成」，世界上無有不可成功的事，只要有長期不斷的努力。我們當盡其所有的力量，來保護你們，來成就你們！

五、聖真法師演詞——略謂：鄙人承法師一再命我講幾句話，抱愧得很，在家雖在名利台上曾逐角一下，迄今出家，對於佛教的道理，亦確未有絲毫的了解。不過，古書上説文以載道，在佛書也有名句文聲能詮表道理。諸位現在讀書，在消極的標準上講，亦不過欲達到此目的而已。默察現在不少弘法大士，雖頗通一家教旨，但極於其音聲之所達，求其著之於書，使盡未來際，弘化十方，運無盡有情而登之祇席，則無也。且其音聲，亦僅限於鄉野未受教育，或於聖教已生信仰之人，以辭不雅則意亦不遠。故於發起新知識界之信仰，則甚寥寥也。諸位固欲得法詞無碍解，而運大悲心以教化衆生，扶濟佛教也，則其目的以深入文字語言三昧爲其止境。敬祈諸位努力！並祝早日成功！

除演辭從略，茲將本院職教員學僧履歷及課程，表示如左：

報恩佛學院職員學僧一覽表

分類	名	號	歲數	籍貫	履歷
院長		溥常	七十一歲	湖南湘鄉縣	南京毗盧寺退院 現任本寺方丈
教務	寶忍	愚愚	三十一歲	湖北興山縣	天台宗佛學院 閩南佛學院
教授	聖真	能賢	四十歲	四川新都縣	
教授	道隱	能得	三十六歲	四川新都縣	

續表

分類	名	號	歲數	籍貫	履歷
督學	來法	了達	二十四歲	湖南桃源縣	
學僧	心透	禪關	二十三歲	湖南寶慶縣	南岳祝聖寺佛學講習所
學僧	宣輝	空也	十九歲	湖南湘鄉縣	南岳祝聖寺佛學講習所
學僧	達照	自觀	十七歲	湖南常德縣	
學僧	圓通	印達	三十一歲	湖南常德縣	
學僧	慧覺	朗滿	二十歲	江蘇鎮江縣	寧波觀宗寺研究社
學僧	常德	妙高	二十歲	江西崇仁縣	本縣樂英小學校卒業
學僧	大海	演楊	十九歲	湖南安仁縣	
學僧	體福	印貴	二十歲	河南桐柏縣	寧波觀宗寺研究社
學僧	勝標	本圓	二十三歲	湖南龍山縣	本院三年僧

續表

分類	名	號	歲數	籍貫	履歷
學僧	心宗	智禪	三十四歲	湖南永順縣	育王寺
學僧	常恭	晓禪	二十歲	湖北蘄水縣	常州天寧寺
學僧	清光	善導	二十二歲	福建建甌縣	寧波觀宗寺研究社
學僧	弼清	仁學	二十歲	湖北黄岡縣	
學僧	智誠	能興	十八歲	江蘇江都縣	
學僧	心印	常修	二十一歲	湖南安仁縣	
學僧	慈恩	澄意	二十三歲	湖南邵陽縣	本院三年僧
總數	二十一人				

報恩佛學院課程表

時間、功課、星期	七點—八點	八點—九點	九點—十點		一點—兩點	兩點—三點	三點—四點
一	國學道	攝論忍	珠算聖	習字聖	二課合解溥	因明了	國學道
二	國學道	攝論忍	訓育忍	習字聖	二課合解溥	因明了	國學道
三	國學道	攝論忍	珠算聖	習字聖	二課合解溥	因明了	國學道
四	國學道	攝論忍	訓育忍	習字聖	二課合解溥	因明了	國學道
五	國學道	攝論忍	珠算聖	習字聖	二課合解溥	因明了	國學道
六	國學道	攝論忍	訓育忍	習字聖	二課合解溥	因明了	作文道
星期	灑掃	沐浴				講演	講演

附　逢黑白月改第一課誦四分戒本

——《海潮音》，一九三五年第十六卷第四期，第一〇七—一一一頁。

寧波七塔寺報恩佛學院續招正科僧三十名

寧波七塔寺報恩佛學院創于民國十七年。向由溥常老法師主持院務，近已升任住持，不暇兼顧，特聘寶忍法師代理院務。已於夏曆正月十六日開學上課，兹悉尚欲續招正科僧三十名云。

——《佛學半月刊》，一九三五年第一〇一期，第二三頁。

寧波七塔寺報恩佛學院續招正科僧三十名

（一）名額　正科僧三十名

（二）考試　一、考試科目：佛學國學。

二、考試種類：A 通信考試 B 來院考試。

（三）資格　一、十五歲以上二十五歲以下曾在初中以上肄業者，

二、曾在各佛學院修業二年以上者，

三、有同等學力者，

四、身體健全，無諸嗜好，有志弘法者。

（四）期限　國曆三月十五日起至六月十五日止。

——《海潮音》，一九三五年第十六卷第四期，第一一三頁。

浙寧七塔寺報恩佛學院畢業記

（民國）慧光

救世利生，非佛學莫屬。爲佛弟子，何可不受持遺教，紹隆佛種？以是因緣，我報恩佛學院乃應運而生。本院自戊辰七月十八日開學，首講二時課踊爲正己，其餘爲普通科學，已開四月。開講《華嚴》，至庚午十月圓滿。接講《禪林寶訓》，今夏《寶訓》告成。溥常老法師主講三年，觀察學生，德行漸立，學業小成，堪以宏法利生，且皆抱有偉大志願，欲化娑婆而成極樂。乃於本年四月佛誕日，舉行三年圓滿畢業典禮。其成績優秀，授以文憑者，甲班有示參、慧光、脱塵、近智、道果等，乙班有了達、天青、道開、明空、本慧、達念、德藏、玄機等。諸生各負有宏法之責，擬於各地隨緣説法，普利羣生，自度度人，同圓種智，其亦不負我佛遺教之大恩也歟！

——《世界佛教居士林林刊》第三十期。黄夏年主編：《民國佛教期刊文獻集成（補編）》，中國書店出版社，二〇一一年，第十一卷，第三一八—三一九頁。

報恩佛學院開學演説辭 七月十八

（民國）寶静

今天是貴院開學之日，鄙人參預盛典，莫名歡喜。寧波聖迹昭彰，名藍競雄，誠爲中國佛化之中心點。但於研學佛法之社團，頗憾缺如，惟觀宗有弘法研究社之創立，餘則無聞，並未有熱誠興學之舉動。幸今七塔寺，由溥首座與諸老和尚，共同組織報恩佛學院，專一研學佛理，以期造成人材。是則寧波復多一弘法團體，能不爲之鼓舞欣躍者乎！本市四大叢林，辦學者已有其二。倘天童、育王亦能得同樣之創舉，則佛教前途，當有良好之氣象。鄙人對於斯院，略有二意，願與在座諸公，一商榷之。

（一）創辦佛學社院爲救教急務之所以然

時至今日，内腐外摧，孰不謂爲佛法衰微之際。然究其所以，佛教何故爲世人所不容，毁謗之，摧殘之，搗亂之，破壞之，無所不用其極者，皆由社會上不明佛理之所在，憑諸胸臆，斥爲迷信，呵爲無稽，愚者復盲從而附和之，故有種種不良事生。今欲挽斯狂瀾，非將佛教真理力謀闡揚不爲功。或於中下社會佈教，或於智識階級宣傳，乃至醫院、工廠、軍隊、監獄等處，皆以法水灌輸之，滋潤之。既令明曉佛理，何敢有摧教搗毁之事？如韓愈初不明佛旨，致有排佛之説。

後遇大顛和尚之開示，即生浄信之心。但求佛理發揚於大千，何愁外界之摧殘？然欲宣傳佛化，又非辨學造成弘法人材不可。所謂人能弘道，非道弘人者此也。是即所以创辦佛學院，爲當代救教護法，刻不容緩之意旨，如斯院以四十學員爲額，將來三年圓滿，成就弘法資格後，即可分方説法，各設一佛學院；又各以四十院生爲額，如是則有千六百弘法幹材，勢必復各建設，則有千六百佛學院。如是展轉施設，分燈弘化，將見處處無非華藏界矣。

（二）各處佛法團體須互助精神以謀合作

審觀佛教徒，抱自顧自利之念者居多，既無嚴密組織之能力，復乏相當互助之精神。甚至門庭見，各執派别，分河飲水，互相詆毁，唯撑自己門面，不顧佛教大局。不知同一教門，休戚相關，内無真實團結力，故難禦外侮之頻來，此皆自所招感，與人何咎？今七塔有報恩佛學院，觀宗有弘法研究社，皆屬有具體組織之法團，彼此爲法爲人，並無其他作用於其間，雖各辦各的，盡可精神互助，以謀合作，則辨事易於進行，將來定得美滿效果，斷不可妄自分相，及執宗派知見。不唯觀宗、七塔之法團有合作之必要，即其餘各處之學佛團體，亦均宜聯絡，相助爲理者也。曾聞人云，七塔爲湖南會館，觀宗爲温台會館。余耳斯語，甚爲佛法悲觀，以不平等待遇，加諸佛弟子身上，至爲可憾。須知佛教完全大同主義，人毋論親疏，地不分遠近，一體同觀，平等不二，安得妄認同鄉，分人我見，貿然起門庭作用，違反旨趣，全失佛教真面目？此即法門之衰相，可痛孰甚！余心爽直，今特在各長老及諸上座前，斗膽暢吐所懷，不敢自秘，敬祈諸公泯除此等分别心，以道相親，以法相處，切不可用諸世俗情見。觀宗寺現已除此等積習，即如觀宗學社，湖南人居三分之一，其餘鄂粤滇黔贛皖等人皆有之，事事公開，平等無異。願貴院貴寺，亦具同樣之辨法，是所厚望。今天爲貴院發軔之始，略説鄙衷，未知公等以爲何如。

——《觀宗弘法社刊》，一九二八年第二期，第一二一一三頁。黄夏年主編：《民國佛教期刊文獻集成》，中國書店出版社，二〇〇八年，第一四四卷，第一三一一四頁。

報恩佛學院暑假演説詞

（民國）溥常

今日本院第四學期放暑假時間，雲集常住兩序大衆，誠殊勝緣也。本院宗旨，以《華嚴經》爲主體，兼授普通學科。講演《華嚴》大部，已經過兩年矣。現時正講入法界品，四分中爲依人證入成德分，三分中爲流通分。選舉諸學僧中十四學員，現菩薩身，登寶蓮華藏獅子之座，種智圓明，分燈傳燃，皆過去薰習善根力故，承毗盧遮那佛威神加被故。法界衆生，普沾時雨滋潤，增長信根芽，雖未敢護位後普賢甚深知見，而位前普賢，已了了無疑者，若約法性圓融，初發心時，使成正覺，成就慧身，不由他悟，始知初心後心，畢竟無二而無别也。彌伽醫人，於市肆中，坐師子座，十千人衆圍繞，説輪字莊嚴法門。善財南行，至誠參訪，作如是言：「聖者！我已發無上菩提心，而未知云何行菩薩行。」彌伽告言：「汝已發菩提心耶？」善財言：「唯。」彌伽遽即下座，五體投地，散金銀華、旃檀香、無量寶珠種種供具而供養之。然後起立合掌而稱歎言：「發菩提心，則爲不斷佛種，嚴淨佛刹，成熟衆生，菩薩所行，甚難得見。見菩薩者，倍更難有，是菩薩爲衆生恃怙救護，生長成就。譬如風輪，持諸世間，不令墮落故。」如是讚歎已，從面門放光，普照三千大千世界。其中衆生遇光聞法，皆於無上菩提，得不退轉。彌伽於是還升本座，告善財言：「我已獲此妙音陀羅尼，能分别知三千大千世界，諸天龍八部，人與非人及諸梵天所有語言。如此三千大千，及十方無量無數，乃至不可説不可説世界，亦復如是。」上乘彌伽醫人，妙音説法如是。與諸學員陞座，秉如來三軌四安樂行之遺訓，究竟是别是同。斯時也，佛門衰微，法弱魔强，世道人心，愈趨愈下。《楞嚴經》云：「近則九生，多逾百世，令真修行，總爲魔眷。」讀經至此，而不痛哭流淚，撫昔傷今，欲思有以振其頽風者，真魔家眷屬。汝等真實佛子，既已發心入學院，應爲如來使，當清夜自思，竪精進幢，披忍辱鎧。若不傳法度衆生，畢竟無能報恩者。果能如是，則與本佛學院名義相符合。余實有厚望於諸學員者，殷殷無已也。放暑假乃暫時休息，諸位趁此青年，寶貴光陰，精才强幹，不可縱情放蕩，荒棄學業，切切此囑！

——《觀宗弘法社刊》，一九三〇年第十六期，第四五—四六頁。黄夏年主編：《民國佛教期刊文獻集成（補編）》，中國書店出版社，二〇一一年，第三十七卷，第二九三—二九四頁。

七塔寺佛學院開幕日訓詞

（民國）諦閑

人心險詐，風俗澆漓，挽救之方，佛法是尚。然佛理幽深，非興學不能標其經書浩瀚，非設院曷易奏其功？此報恩佛學院，所以不能不辦也。今者，本寺退居長老，並諸綱領要職，發菩提心，修菩薩行，孳孳以佛法爲憂。當此千鈞一髮之秋，唯望諸君，認真研習，以佛法爲體，以文學爲用，共秉堅卓之精神，同求甚深之智慧。將來分燈遍照，爲法爲人，是厚望焉。凡一院中人，第一要知明分，謂明其職分之所在，上下各所當爲者。曾子曰：「君子思，不出其位。」思且不出其位，況行爲乎？慨自風教陵夷，小而傾軋，大而戰爭，舉世騷然，迄無寧日。推究其源，皆由分之不明也。分何以不明？凡人因其地位，而各有本分，即如佛學院中，教師有教師之職分，學員有學員之本分。各司其職，各守其分，即安分，亦即明分也。院中團體生活，所有規則，當共同遵守，不得任意，是所望於諸君，宜注意於明分者也。第二要具威儀，謂禮重威儀。學院爲講禮之地，舉凡上課、下課，以及内外出入，必須整肅威儀，令人見之，生恭敬心。所謂有其外，必知其内也。第三要不浮動。凡求學之道，首重沉静，苟欲定其心，必先静其身。至於静身之道，隨時隨地，謹守規則，以去其浮動。身不浮動，心自能静。静則明，明則智，一切學問，俱易進步矣。不静，則氣浮而心粗，心之粗者，必無以入乎理之精也。譬夫縫針，其孔甚小，今以粗綫貫之，寧能入乎？此理最易明瞭。第四要戒自是。人非聖賢，誰能無過？過固人所不能免，苟能不自是，而時時知悔知改，雖有小過，亦何害焉？故曰：「有過不自知，則必自反。」諸君能得反省之事項，一一記之簡册，此誠最好之修養方法也。至於師長有所訓誡，尤須致切猛省，不可自是。夫如是，庶乎能寡過矣。此誠爲師爲匠、成聖成賢之道也。第五要識言行，切不可但重其言，而不察其行。大凡讀聖賢書，便要如親對古人，受其教訓，而心體力行之。久久默化潛移，氣象自别。如此，方爲真正求學也。其實學問之道，不在言，而在行。言論不過發表意思，而成就之效果，尤賴實行親證。如吾人高瞻遠眺，步步前趣，積土成山，不棄一簣。若徒有言，而無實行，終成畫餅。而實行之要，尤在於人所不見。故曰：「有形之惡小，無形之惡大。」善亦如之。故知大學問人，其要貴乎慎獨。所謂獨者，即在吾人一念之間。須知一念之動，即十方世界。三世時劫，一切生佛，一切福禍之所關係。譬如無綫電，此發彼應。一念之獨，固不可不慎也。今於貴學院開幕之日，興聚一堂，最爲難得，以鄙見略貢一二而已。惟諸君勉之！

——黄夏年主編：《民國佛教期刊文獻集成》，中國書店出版社，二〇〇八年，第一四四卷，第一一—一三頁（《觀宗弘法社刊》第二期）。可祥主編：《栖心圖書館聚珍輯刊（第一輯）》，上海古籍出版社，二〇二〇年，第五〇五—五〇七頁。

在報恩佛學院歡迎會演詞

（民國）諦聞

此番承溥公院長的聘，來任主講之職，自己覺得才輇任重，深虞隕越，又蒙各位開會歡迎，實在是不敢當的。今天在座的各位，有些是宗教兼通、德學俱備的先知先覺，有些是腦筋新穎、學識宏富的英俊青年，故要我來講演，覺得很難措詞，不知如何説好。可是既跑到講堂上來，又不能不説幾句，以副各位的雅懷。要想擬一個適當的題目，來系統的講演，或作學理的商討，却又在這慌忙急促的當中，很難找到一個恰到好處的題目，只得拉雜的來與各位談談。

佛教自漢朝傳入中國來，到了隋唐的時際，興盛已達極度，其影響於社會人心，亦甚鉅大，上自君主，下至庶民，没有一個不崇奉佛教。所以當時佛教的勢力，幾乎成爲中國社會化，所有民情風俗、學術思想等各方面都帶佛教的色彩，完全成爲佛教化。所以那時的佛教，可以稱爲黄金時代。宋明以還，漸漸地衰敗下來。一直到現在，益呈萎枯凋零之象，要想找一個深明教理，廣行佛事的人，匪特世俗間稀如麟角，即佛徒中亦寥若晨星。考其致衰的原因，由一般佛教徒，内受小乘佛教的洗禮，外受君主專制的壓迫，或在深山邃谷間韜光晦迹，抱着遺世獨立的觀念，或在茅蓬草菴裏，清净自修，度着獨善其身的生涯，他們不願聞問社會的一切，亦不願與社會相往來，一向的以自了爲宗旨，以出世爲目的，即佛徒分内所應做的慈善事業，亦置之不顧。造成這種風尚後，把積極救人救世的大乘佛教，好像罩上一層很濃厚的煙幕，顯不出他的本來面目，社會與佛教劃成一大鴻溝，於是一般社會的人們，目佛教爲消極，譏佛教爲厭世，甚至認佛教爲阻礙社會進化的東西，這是佛教唯一致衰的原因。

到了二十世紀的今日，社會已經變遷了，人類的知識已經進化了，事實告訴我們，那條消極厭世的古徑，不容再走下去了，要想立脚在這適者生存的現社會裏，只有提起精神、鼓着勇氣深入到社會裏面，百折不撓的去發揚大乘的佛教，做積極救人救世的工作，才有我們立足的餘地，才有我們生存的希望，不然就要受天演的淘汰，被社會拋棄了。我們不要留戀千百年前的舊生活，不要泥執過去歷史的陳迹，甘爲時代的落伍者，應該迎頭趕上，站在時代的前線，去做一個新時代的新僧伽，來喚醒這現社會的一切迷夢者，方是烈火燄中的青蓮，不愧爲人間的上座導師。

我們要知道，佛教是建立在社會的當中，而社會並不建立在佛教裏面，佛教是爲社會而産生的，而社會並不因佛教而存在，顯明些説，佛教是輔助社會進化的，解決人類困難的，並不是與社會没有關係，離開社會而獨立的，因爲佛教的建立，是以教化社會爲唯一的宗旨的。如果離開社會，那佛教也没有存在的必要了，所以我們要提倡社會佛教化、佛教社會化。

再説到我們現實的佛教，好像風狂浪急中的一隻破舟，危險到了極點，正需要着一個能力堅强的人來做操舟的工作。可是這操舟的工作，非常鉅大，決不是少數無用的人，所能擔當得起的，必定要多數能幹的人，齊一意志，共同奮鬥，才能擔當得起的。那末眼前具有這種操舟的資格，備有這種操舟的能力，同時負有這種操舟的使命的是誰呢？不客氣的説，就是我們青年學僧，我們青年學僧所居的地位如此其大，所負的使命如此其重，不要自暴自棄，因循懈怠，糊糊塗塗的把青年可貴的光陰混過去，應該發奮圖强、努力進取，培養自己的學力，充實自己的才能，准備去擔當這操舟的工作，這是我今天所希望於各位同學的啊。

——《諦聞塵影集》，香港炎黄文化出版社，二〇〇八年，第七三—七四頁。

檢討過去　策勵將來

報恩佛學院寒假講

（民國）諦聞

新曆年頭，舊曆年尾，在這新舊年關交替的當中，本院今天來放寒假了。今天這天，以新曆來講，可以説是今年一年的開始，同時我們今年一年之計也就從此開始。今天這天，以舊曆來講，可以説是今年一年的告終，同時我們今年一年之計也就從此告終。各位同學應該重視今天這意義重大的一天，不要當做普通的放假日輕輕的放過了。所以我今天特地提出「檢討過去」

「策勵將來」八個字來獻給各位，請各位在這放假期間，對於這八個字上去做一番切實的功夫，才不負今天這意義重大的一天。

怎麼叫檢討過去呢？我們在這放假期間，應該回頭去想想，過去這一年中，究竟得到了些什麼，讀了幾部經，念了幾本書，作了幾篇文，寫了幾個字，請各位去切切實實地去檢討一下。復次在過去這一年中，所講的佛學完全瞭解了没有，所教的國文完全明白了没有，以及自己所作的文章完全通達了没有，自己所習的書法完全進步了没有，也要請各位去切切實實的檢討一下。

假若檢討的結果，要是過去的今年這一年中，所讀的經，所念的書，所作的文，所寫的字以及所授的一切課程，都有進步，都有增益，那就過去這一年中總算没有虛度。

假若檢討的結果，要是過去這一年中所讀的經，所念的書，所作的文，所寫的字以及所授的一切課程，全都没有進步，全都没有增益。那我們在這新生的今年中，本着「往者不諫，來者可追」的意義，應該不辭勞苦，不避艱險，堅其志，固其願，以「朝聞道，夕死可矣」的精神，向着求學的目標，勇往邁進，去加倍的努力。對於未瞭解的佛學求其瞭解，未明白的國文求其明白，未通達的文章求其通達，未進步的書法求其進步，總之不虛度時間，不唐喪光陰，俾其日有所就，月有所將，這就是我所説「策勵將來」的意思，同時也是各位在這放假期間應有的認識。所以各位對放假的意義，不要錯解了。放假並不是叫我們去休息養神，經也不要讀了，書也不要念了，文也不要作了，字也不要寫了的意思，是叫我們把已經讀過念過的經書，以及已經授過一切的課程，去重新溫習。一方面，未曾讀過念過的經書，去自動的研究的意思，換句話說，放假就是一個自修的時期。

我記得莊子有兩句話，「生也有涯，知也無涯」。他的意義就是說人的生命是有邊際的，有限量的，人的知識是無邊際的，無限量的，我們以有涯的生命，去求無涯的知識，孜孜汲汲，猶恐不逮，還有放假休息的功夫嗎？

何況我們衆生無邊誓願要度，煩惱無盡誓願要斷，法門無量誓願要學，佛道無上誓願要成，如不愛惜光陰，發奮用功，那衆生無邊，何以能度？煩惱無盡，何以能斷？法門無量，何以能學？佛道無上，何以能成？

所以古來多少大德高僧，他們求學的時間，有些是枕木刺股的，有些是廢寢忘餐的，有些是斷臂立雪的，有些是舍身亡軀的，有些是三十年五十年用功不下山的，所謂朝於斯，夕於斯，造次必於是，顛沛必於是，念茲在茲，未敢稍懈。

現在我們根機知識遠不及古人，如再不勇猛精進，自强不息的去幹，那學業還有成功的希望嗎！所以我今天提出「檢討過去」「策勵將來」八個字是有重大意義的，請各位再三致意，不要視作具文，聽了就忘了。

——《諦聞塵影集》，香港炎黃文化出版社，二〇〇八年，第七八—八〇頁。

報恩佛學院開學日講 民國廿六年上期

（民國）諦聞

「一拳打碎黄鶴樓，兩脚踢翻鸚鵡洲」。這是唐朝李白的兩句詩，當時李白有天到黄鶴樓去遊玩，一時詩興勃發，提起筆來，想寫首詩來咏黄鶴樓，可是抬頭一望，看見壁上崔浩題的詩，拍案叫絶，覺得自己作的詩，相形見絀，（連）［便］不好意思寫出來，結果就作了這兩句詩。他的意思是説崔浩的這首詩，真有「前無古人，後無來者」之概，再没有那個的詩可以能勝過他之上了。好像黄鶴樓被他一拳打碎，鸚鵡洲被他兩脚踢翻了似的。今天我跑到講堂上來，也同李白登黄鶴樓去題詩一樣的感覺，因爲今天我所要説的話，和一切美妙的言詞，在院長和諸位長老居士的訓詞中，已經説得乾乾净净了。同時院長和各位長老所説的，没有一句不是各位求學和做人最好的方法，有如醍醐妙味，好到無以復加了。所以我今天雖有一肚子的感懷，也就不好意思説出來，如同當時李白一肚子的詩情，見了崔浩的詩，寫不出來一樣。

可是我聽院長和各位長老居士演説的時候，心中生了兩種的感想，所謂「一則以喜」「一則以懼」。喜什麼呢？因爲我們從此有了這位熱心教育、愛惜人才的院長來領導，本院前途的光明，有無限的希望，而各位的學業，從此亦可日就月將，蔚爲有用之才。這是我今天喜的一點感想。

懼什麼呢？因爲今天院長和各位長老們，對於愛護我們的心太切，同時期望我們的心也至殷，所以我覺得我們站在教學地位的人們，和各位站在求學地位的人們，今後所負的責任很大，好像有幾千斤重的担子，壓在我們肩頭，不知怎樣才能解除這重大的担子，我們以後的成績是否能副院長培養我們的盛意，和各位長老愛護我們的厚誼，殊覺茫無把握，這是我今天懼的一點感想。

總之，我們今天既承院長的訓導，和各位長老的開示，應當以十二分的誠意來接受，照着一一的去努力，以期不負院長和各位長老的一番盛意。這是我們教學的人和各位求學的人，所應共同認識的。

——《諦聞塵影集》，香港炎黄文化出版社，二〇〇八年，第八〇—八一頁。

開學演詞 報恩佛學院

（民國）諦聞

今年的本院，另已走上一個新的階段，自從指公院長重新整頓以後，無論任何方面，都具有一種新的氣象，就是今天開學的情況，已與往年大不相同了。

現前在座的各位，有些是久住這裏的，有些是新從外來的。久住這裏的，對於院中的一切，大概都已知道了，無須要我再來曉舌。可是新從外來的，對於院中之一切，恐怕還不清楚，並且今年本院之辦法，已由指公院長澈底改組，以求合理化之教育。

第一本院從前之辦法，對於學生的進退，太放任了，隨便來隨便去，没有一定之限制。所以學生如同掛單的遊僧一樣，學院完全成了變相式的雲水堂。因此辦了許多年的學院，辦不出有什麽好的成績，而外面一般人的批評，説好的居少，説壞的居多。所以指公院長爲革故鼎新計，今年的簡章重新釐定了一下，對於學生之進退，嚴格之限制，以三年爲期限，無論任何學生，入學以後，不滿三年，不許中途退學。縱有特别的事故，亦必有確實之函電，或親信的師長來證明，然後才可允許退學。指公院長的這種辦法，不明瞭的以爲好像有點專制的樣子，其實這完全是爲着策勵各位的學業，督促各位的用功起見，並非有什麽惡意來束縛各位的。

我以爲要想成就一種偉大的事業，不是三日五日、一月二月短期的時間可以能成功的。一定要有三年五年、十年八年的工夫，才可以得一點成效，你看古來多少能够勳業彪炳、名垂後世的聖賢豪傑，那個不是三十五十年的寒窗苦讀得來的？所以我們規定的三年，説起來還算不得什麽長久，你們就是學滿三年，也學不到什麽很高的學問，要想造就登峯造極、止於至善的程度，那非要三五十年的長期學習工夫不可了。不過我以爲你們在座的各位，只要能够這三年繼續不断的用功下去，雖不敢説造到什麽樣子的程度，可是我敢斷定亦决不會毫無成績。《中庸》上説：人一能之己百之，人十能之己千之，果能此道也，雖愚必明，雖柔必强。這就是説，我們無論做什麽事，只要能够繼續不斷，没有不成功的意思。

反過來説，我們求學或做什麽事的人，假如一暴十寒，朝三暮四，那任你如何好的資格，[也]造不出怎麽好的學問，任你如何高的本領，也做不出怎樣大的事業來，這是一定不移之道理。

所以我今天希望你們各位，第一要有志願，第二要有恒心，如果單有志願而無恒心，學問固是不能成功，但是單有恒心而無志願，學問也是不能成功的，一定要志願和恒心兩種條件具備了，學問才得成功。所以各位真正要想求學業之成功，不能不具備有這兩種條件。有了志愿，就不會有放逸懶惰、得過且過的心事了；有了恒心，就不會有始勤終怠、中途廢學的情節了。各位果能具備這兩種的條件，没説三年的期限，就是三十年的期限，也算不得什麽一回事。

現在你們各位，不要去問能不能住滿三年的期限，也不要去問能不能達到求學的目的，只要問你們自己有没有具備這兩種條件就是了。

——《諦聞塵影集》，香港炎黃文化出版社，二〇〇八年，第八二—八四頁。

報恩佛學院暑假訓詞

（民國）諦聞

赤帝肆虐，火傘高張，教室裏的寒暑表，已緊漲到九十零度了。在這猛火般的氣候淫威壓迫之下，我們仍想埋頭攻讀，伏案鑽研，實在覺得掙扎不過去了。所以今天本院仿照社會學校的校例，也來施行放暑假了。

今天我所要對各位講的，也無非平常講過的老套子，所謂舊話重提而已，並沒有什麼新奇異樣的話獻給各位。但是今日爲本學期最後結束的一日，不妨將本學期内教學和受學兩方面的情形，簡單的説明一下。

（一）受學方面。最初開課的時候，受學的學生，僅有二十餘名，後來漸漸地增加到三十幾名，其間或因病魔纏身不能用功而退學的，或因經濟壓迫無力抵抗而退學的，或因特別事故勢不得已而退學的，至於違犯院規不服訓誡而退學的可以説是没有。由此可以證明各位專心致志的用功，無暇顧及其他的閒事，更可以證明各位資格的高尚，程度的淵深，所以學風如此的淳樸，頗得各方之同情與讚譽，這是我自已引以爲很欣慰的一點，同時對各位極表欽佩的地方。

（二）教學方面。本學期内教學的教師，除了我一人是有薪職正式在院負責外，其餘的都是外面請來盡義務的，所以受課的鐘點，只得將就教師的餘暇，不能按照準訂的時間。可是盡義務的這幾位教師，都是熱心教育，志切爲人，尤其對各位的期望很大，所以不辭厭倦的諄諄訓迪，殷殷教導，始終没有曠過什麽課，同時他們對各位所講所受的，都是契理契機、澈骨澈髓的金箴玉言，各位如果能够一一領會，那終身取之無盡、用之不竭了。

最後又聽講圓瑛老法師的《金剛經》，這也是本學期内一種殊勝的因緣，若非各位的宿根深厚，決不能得此良好的機會。總之，本學期的辦法完善與否，成績的優越與否，姑置不論，在現行的僧教育制，尤其本院所處的環境，能够獲此美滿的結果，可以説是難能可貴，而我主持教務的人，也敢説自問無愧於心了。

這學期就算這樣度過了，下學期又不知如何辦法，各位有的是到别處去轉學的，有的是到各處去參方的，有的是回家去當家的，各有各的差别因緣，各有各的志願不同。但是我希望各位，無論去轉學也好，去參方也好，去當家也好，總之在這青年時代，好好的去努力一番。現在我們的佛教，譬如一塊荒地，正待着我們去開發，無論做什麽事，先要有一種目標，如同劃船一樣，把着船舵，才不致在水上無向的亂駛。我們求學的人，要想求學業的成就，必須持之以恒，守之以堅，再貫之以勤以勇。所謂富貴不能淫，貧賤不能移，威武不能屈的精神，學業才可以成效。假使見異思遷，多翻花樣，那便是等於變戲法，結果學業的功效，愈形暗晦而已。所以我們從事學業的人，應該把自己的思想意志統一起來，集中在求學的目標上，處處以求學爲中心的準則，不好高、不騖遠、不圖虛榮、不求徼倖、切切實實地苦幹硬幹，然後學業才可有成，而這阽危的佛教才可得救。今天我所説的這話，請各位深思而熟慮之。

——《諦聞塵影集》，香港炎黃文化出版社，二〇〇八年，第八四—八七頁。

僧教育的真義説到僧教育的人才

報恩佛學院講

（民國）諦聞

中國佛教僧教育的真義，在最近幾年中，隨着歷史鉅輪的演變，漸已換上了新穎的姿態。過去佛教的僧教育，是説爲保護寺産而辦的，爲抵制外侮而辦的，這種陳腐而乏味的論調，早已被擯棄到天邊雲外去了。今日佛教僧教育的真義，是要説不但是爲負起改造社會的責任，而要復興佛教的地位，挽救世界的危機而辦的。必須這樣，佛教僧教育，然後方能達到牠的新使命，而不愧爲推進社會國家的好工具。而僧教人才的時代任務，於此也可找到深切的認識，就是提高僧衆的教育水準，並普及整個佛教教徒的教育。其次務使僧教育與國家政治經濟以及社會各種的組織，取得密切的聯繫，發生相互的關係，一面藉以充實僧教育的内在意義，一面俾可增進佛教救國的功能。可是，當今佛教僧教人才的現況怎的呢？那不能不叫我們感到意外的失望。

第一，整個的佛教僧教人才，質的方面太薄弱。當今僧教人才可分爲兩大類，一種是合格的，曾經受過社會學校的訓練，或在近代佛教僧學校裏受過相當的熏陶的；一種是不合格的，在家没有受過社會學校的訓練，出家又没有受過近代佛教僧教育的薰陶，雖説混過幾天聽大座的學教生活，能背得出幾部滔滔流水的注解，然而對於時代的輪廓，與現代僧教育的真義，毫不瞭解，於此而望其負起時代的任務，豈不等於緣木求魚嗎？

前者受過相當訓練的，教學的能力當然還有十分之六差强人意的。以後者這種僧教人才去教學僧，那無論貓三狗四，聾子啞叭，都可濫竽充數而貽誤學僧了，這又怎能負起時代的任務，以實現僧教育的真義呢？

當今僧教育的晦暗，根本就在真正僧教人才的太缺乏，其餘的尚是不緊要的問題，於此問題一日不能解决，佛教僧教育的前途就不能一日明朗，且有滅亡之虞，因爲僧教人才爲僧教育之實際工作者，僧教育之成敗，雖不能完全歸納於僧教人才的優劣，然而僧教人才的職責，却佔十分之七八。所以僧教人才之優劣與否，關係於整個佛教僧教育的問題甚大。現在中國佛教僧教育，正在萌芽發展的時期，需要培植大量優秀僧教的人才，這種工作，比任何工作爲重要。

中國佛教僧教育，在這幾年中，表面上好像雨後的春筍，發達得非常的迅速，東辦一個佛學院，西辦一個講習所，似乎佛教的復興有所期望了，然而切實檢討今日中國佛教的僧教育，因爲僧教人才的關係，外强而中幹，是否能够達到所期的目標，是否能够實現僧教育的真義，尚是一個捉摸不定的問題。

——《佛海燈》，一九三七年第二卷第八期下册，第一三—一四頁。黄夏年主編：《民國佛教期刊文獻集成（補編）》，中國書店出版社，二〇一二年，第五二册，第五二一—五二二頁。

從過去僧教育的失敗説到未來僧教育的補救辦法 報恩佛學院開學講

（民國）諦聞

今天是本院民國二十五年度第一學期開始的日子，照例舉行開學的典禮，集師資於一堂，共討佛化教育的意義，這是何等殊勝的事！本人從去年下學期承溥公院長的聘，濫竽主講之職，今天得此參加殊勝典禮的機會，自己覺得非常的欣幸，照理應該説幾句鼓勵各位，或希望各位的話來點綴這殊勝的典禮。可是我今天所要講的，及我所想説的，剛才概由院長和各位長老，已經説得淨盡無遺，再没什話可説了，不過我聽院長和各位長老演説的時候，心中生了無限的感想，不妨將此感想，來作今日講演的資料，藉以塵穢諸君的視聽。

我們中國佛教僧教育的產生，大約肇始於有清光緒三十年間，日人水野梅曉，在湖南長沙開辦僧學校，迄今已有三十餘年的歷史了。其間國内繼此而辦的，前前後後一齊綜計起來，幾有百餘處之多，可是辦得有點成績的，却是寥寥無幾，所以到現在人才依然感覺希少，佛教依然感覺衰頹，而外界的壓迫，猶是變本加厲，有增無減，在在處處都表示着悲觀，没有使人可以樂觀的地方。我以爲這些都是僧教育失敗的寫真，而僧教育所以失敗的原因，雖各有其種種之關係，但是以我觀察所得的，約有下列的幾點：

（一）辦學宗旨之不正大。三十年來，中國佛教的僧教育除了在家居士辦的少數佛學院，真實爲宏揚佛法，培植人才爲宗旨外，其他出家佛徒辦的，多數佛學院，大半都是爲抵禦外侮，保護寺産起見，很少有昌明佛化，造就人才爲宗旨的。所以，一旦發生了什麽抽提寺産、侵佔廟宇以及驅逐僧尼等問題的時候，他們感覺到閉起山門，盤着腿子，敲幾下木魚，念兩聲佛的這種主義，是不能抵禦外侮；又審今之勢，察今之情，非打教育的旗幟，喊教育的口號，是不足以應付潮流。左思右想，無可奈何之中，勉强的挂起一塊佛學院的招牌，照例的組織幾條森嚴緊密的章程，撰一篇冠冕堂皇的宣言，請一兩位法師教員，招收幾十名學僧，講講説説，寫寫作作，借辦學之名，抵外侮之實，所以到了事過境遷、風平浪静的時候，爲抵禦外侮而辦的學院，也就没有存在的必要，隨即把他拿來宣判死刑，送他往生去了。這是過去中國佛教僧教育失敗的第一點。

（二）辦學經濟之不充足。世間上無論做任何鉅細的事業，都要以經費爲先決條件，如果經濟的問題不能解決，那無論什麽事都不能辦成功的。就是僥倖的辦成功了，但是他的前途也是没有什麽發展的希望，及有什麽成績的表現。所以，經濟爲一切事業成功之母。例如民國以來的僧教育，除了一部分辦的宗旨不正外，其他有多少熱心教育的，爲法爲人的住持長老及護法居士們，以限於經濟，對於教育，實在有心無力，想辦而不能辦，終於望洋興嘆的。有些是一辦了一年半載的教育，覺得頗有興趣，很想爲佛教做番事業，爲僧伽謀點福利，鼓着勇氣，一直幹下去的，然而到了中途，發生經濟的恐慌，雖竭力掙扎，實在無法撑持，終於忍痛停辦的。總而言之，就是辦學的經濟不充足，因此僧教育不但不能發展，而且日就衰頽，到現在真是直等於零了。這是中國佛教僧教育失敗的第二點。

（三）住持長老之無公益心。中國二十二省的大小叢林，一齊綜計起來，爲數實在不少，其中有一部分的叢林寺院，每年的收入，只够自給自足外，其餘有一部分叢林寺院，實在寺産殷實，收入豐裕，很可以爲佛教做些公益盡點義務，可是他們只圖自私自利，不肯福利大衆、嘉惠後學，將十方僧所公有的佛産，據爲個己的私有物，好像誰做住持，就是誰的所有權，他人絲毫不能染指，没説别的十方僧沾不到一點餘惠，就是一個寺裏的同住大衆，也得不到什麽權利，每年鉅額的寺產，大量的收入，糊裏糊塗地耗費於無用之地，你要提到叫他們拿點錢來培植幾個人才，或辦些僧的教育話，他們吝財如命，一毛不拔。不但二十四個不肯，還要訴出一片艱難困苦的情形，裝出窮得粥都没吃的樣子。要是一旦遇着强權暴力的敲索，或發生有關於本身名譽的壞事，叫他們拿出三千五千，却又等於泥沙，滿不在乎。說到這裏，真是令人痛心疾首。話又說回題目上來，就是富有寺產的住持長老們，没有公益心。這是過去中國佛教僧教育失敗的第三點。

（四）求學者之無真實心。我們中國佛教僧教育，說起來有三十餘年的歷史了，照理教育應該昌盛，人才應該繁衍，可是現在的事實，却又適得其反。這是什麼道理呢？這種責任一方面固當歸咎於辦學者之太無恒心，忽辦忽停，乍起乍滅，弄得一般有志的青年學僧們，想學而不能學，終於一暴十寒，得不到長期繼續的脩習，專門深刻的研究，於是就誤了多少有爲的青年學僧。可是一方面又不能不責備於求學者之無真實心。現在一般求學的青年學僧，習成了一種雲水的性質，今日跑到東，明日跑到西，這個學院住幾天，那個學院住幾天，没有一個學院滿他們的意，不是設備不善，就是待遇不良，不說法師不對，就說教員不好，結果浪費草鞋，一無所獲。這是求學者無真實心的一個十足表現，同時也是過去中國佛教僧教育失敗的第四點。

（五）青年學僧之囂張過甚。只要進過幾年學，讀過幾年書的青年學僧們，外觸於社會環境的險惡，内感於佛教大勢的阽危，對於現實的佛教制度，多不滿意。改革的思潮時湧現於心頭，躍躍欲試，不能抑遏，於是在學院則反對教師，常鬧風潮；在叢林則藐視執事，時起衝突；在小廟則冒犯師長，屢謀起義。一方面每每發表過激的文字，對於現實的叢林多所指謫，對於現代的僧伽多所批評。於是，一般守舊的長老居士們看到這種情形，一齊大驚小怪起來，众口同音，一唱百和的，都説我們花了許多錢，來培植人才，而所得結果，適與期望相反，實在辦教育是無異製造敵人，無異自掘墳墓，再不能辦下去了。如果再辦下去，連我們自己的飯碗都靠不住了。大家對於此説，認爲不錯，於是相率已辦的學院從此停辦，未辦的學院不敢再辦，弄得到現在，只有幾處有特殊情形，不能不辦的學院，不死不活的在那裏拖延着。這是青年學僧嚣張過甚的結果，同時也是過去中國佛教僧教育失敗的第五點。

以上所説的過去中國佛教僧教育失敗的幾點，是我今天一時所感想得的，同時也是數年來在各方面經驗所得的，並不是我發牢騷，亦不是故意的描寫杜撰。可是當與不當，我也不敢武斷，還請各位批評。過去的僧教育失敗，既是這樣，將來的僧教育又當如何去補救才得發展呢？

我這裏敢大膽的説一句，非復古不可。換句話説，就是依照古人建立叢林的意旨去實行，才有發展的希望。不然只有落後，不會進步，只有失敗，不會發展，這是我敢於斷言的。我們要知道古人建立叢林的宗旨，即以叢林爲學院的，所以，譬叢林爲大冶洪爐，其意義就是熔鑄人才的地方。所以，古來多少大德高僧都在這大冶洪爐裏熔鑄出來的。古人説十方同聚會，個個學無爲，此是選佛場，心歸及第歸。這幾句話解釋叢林即學校的意思，已經透澈無遺了。現在的叢林完全失掉古人的本意，成了變相式的收容所，只知道十方同聚會，不知道個個學無爲，不成一個選佛場，更談不到及第歸了。

所以，我的主張，今後的僧教育要想發展，只有復古的一途。就是以叢林爲學校，以僧众爲學僧，以執事爲教員，以清規爲章程，以寺産爲經費，不務虚名，實事求是，使其寺寺化成學校。僧僧化成學僧，叢林與學校的名稱，完全打成一片，學僧與僧的分别，完全化成一體。照這樣的辦法，既不糜費寺産，又不抵觸佛制，手續簡單，成效又大，無須再去組織什麼學院，無須再去籌劃什麼經費，果能如此辦去，教育没有不發達，人才没有不輩出的。至於學科方面，爲適應潮流計，應取新舊混合制，以佛學爲主，其他科學爲輔，方不致執藥成病，學不應時之譏，這是我對於今後僧教育的一點補救辦法，不知各位以爲何如。

——《諦聞塵影集》，香港炎黄文化出版社，二〇〇八年，第七五—七八頁。

佛學與學佛

報恩佛學院開學日講

（民國）諦聞

我們住的房屋陳腐了，一定要重造，穿的衣服破舊了，一定要新做，這種心理，那是人人相同的。

本院的一切，在過去最近的幾年中，已如陳腐了的房屋，破舊了的衣服，覺得非重造就不能住，非新做就不能穿的樣子。所以本院新任的院長指公和尚，從他進院的那天，即有改組本院的計劃，重訂簡章，增添學額，提高待遇，改進學科，結果終於今日完全實現了。譬如陳腐了的房屋重造過，破舊了的衣服新做過的一樣，這是何等可歌可頌的事呢。

我們是如同一個住煩了陳腐的房屋，穿厭了破舊的衣服的人，一旦遇着有人造間新屋給我住，做套新衣給我穿，那種歡喜愉快的情緒，真有説不出的景況。所以我們今天在這新組的本院，舉行第一次開學典禮的時候，内心除了表示十二分的欣幸外，再也説不出個什麼感想來。可是躬逢這樣殊勝的因緣，不容得我不瞎説幾句來與諸位湊湊熱鬧，今天我把佛學和學佛兩句，分析來講講，有不當的地方，請求各位討論。

我們都是學佛的人，所學的又都是佛學，所以對於佛學和學佛兩句，須有認識清楚的必要。

佛學是一樁事，學佛又是一樁事，表面上好像没有什麽分别的樣子，其實大有不同之点，未可混爲一談。

怎麽叫做佛學呢？佛學是指着學者邊説，能學邊説，就是研求佛所説正確精深的教義，想成一個博學多聞的學者，這種全在知識方面努力的，叫做佛學。

怎麽叫做學佛呢？就是依照佛學裏面所説的話，一一的去實踐修行，以期佛所證的圓理，所謂言顧行，行顧言，這種全在精神方面努力的，叫做學佛。

可是，嚴格來講，佛學和學佛兩樁事，仍是互相聯繫，又不可截作兩橛。何以故呢？大凡學佛的人，必先瞭解佛學的學理，然後始能貫徹其所學，而不致於誤入歧途。故欲學佛，必先究明佛之學理，這是當然必然之事。

而佛學的意義，尤貴在實行實證，假若僅於佛之學理上，作爲一種單純之研究，而不去實行實證，那又違反了佛學的意義，不啻等於科學哲學家之流了。

佛經上有兩句話，如果拿來解釋這兩樁事，那再恰當没有的了。一句叫做「説食不飽」。這就是説一個幾天没有吃飯的人，肚子餓到極點時候，那種想吃想飽的情緒，比任何的心緒來得急切，這時恰有一人，對着牠説了許多山珍海錯佳餚美饌的名目，但無實在的食物可吃，枉使飢餓的人，聽到聽得津津有味，幾乎口涎欲垂，而肚子終不得飽，這個叫做「説食不飽」。譬如我們對於佛學，條分縷析，精研博究，單從知識方面去努力，而不從精神方面去努力，這與「説食不飽」的道理，又有什麽不同呢！

又有一句叫做「盲修瞎煉」。這就是説瞎了眼睛的人，路徑也不熟悉，憑他自己的性格，深更半夜亂撞亂碰，難免有墮塹落坑，喪身失命的危險。譬如我們對於佛的學理，毫了不解，只是盤着腿子，閉起眼睛，去參禪念佛，用盡畢生的心力，而於佛的道理，毫不相應，弄不好還要陷入邪魔外道的漩渦，所謂單知學佛而不知佛學，知其然而不知其所以然，這不是「盲修瞎煉」嗎？

所以我們對於佛學和學佛兩樁事，應該兼籌並顧，雙管齊下的去做，不可畸輕畸重。我認爲這是學佛的基本要則，亦即如來一大藏教的中心動向，所以我今天特地提出來與各位討論，不知各位以爲何如？

——《諦聞塵影集》，香港炎黄文化出版社，二〇〇八年，第八一—八二頁。

世間和出世間之意義

報恩佛學院講

（民國）諦聞

世間即指時空兩間而言，亦即時空兩間組合而成之假名。吾人適生存於時空兩大之間，謂之世間。就時間以言世，則有過去、現在、未來之三世。就空間以言世，則有山河大地、明暗塞空之器界。吾人由異熟業因所感之正報根身，即以此器界爲依止處所，又謂之依報。然此根身器界，若依若正，無不遷流轉變，故世以遷流轉變爲意義也，曰：世何以知其遷流轉變耶？曰：内之根身，則由少而壯，由壯而老，由老而死。外之器界，則由成而住，由住而壞，由壞而空，又復三世，則由過去而現在，由現在而未來，新新不住，念念不停，刹那刹那，生滅無常。豈非遷流轉變耶？

世間又稱塵世，以塵有二義焉。一以此世間爲衆多微塵聚積所成，故眼所見者曰色塵，耳所聞者曰聲塵，鼻所嗅者曰香塵，舌所嘗者曰味塵，身所觸者曰觸塵，意所緣者曰法塵，世間雖廣，不出六塵，故名塵世。

二以此世間爲種種雜染，諸多不淨故。例如吾人之根身，從頭至足，不淨充塞，膿血筋肉，屎尿汗液，長時流注，勤加洗滌，然後可近，否則汙穢四溢，實堪厭惡，假如一旦命終，青瘀胖脹，腐臭壞爛，僅餘白骨，是爲根身不净。

又復器界，高山大海，瓦礫荊棘，烈風暴雨，迅雷震電，嚴寒酷暑，毒蛇猛獸，在在逼人，處處險阻；又有天災人禍，變生不測，刀兵瘟疫，水火盜賊，三界無安，有如火宅，是爲器界不净。如斯根身器界，種種雜染，諸多不净，以不净故名曰塵世。

然一推其此世間之緣起，皆由吾人對於根身器界依正二報，不正了知，反而起心分別所致。

眼見色而貪色，耳聞聲而貪聲，鼻臭香而貪香，乃至意緣法而貪法，美惡之辨戰於中，而去取之擇交乎前，甚或有時分別過去，有時分別現在，有時分別未來，不知過去過去，過去無始；現在現在，現在無邊；未來未來，未來無盡。本無實體，了不可得，不過妄念分別，而有三世之假名耳。故《金剛經》云：「過去心不可得，現在心不可得，未來心不可得。」然則非但三世烏有，即此分別三世之妄心亦不可得，又何有世間之可言哉！

吾人果能出此一念妄心分別，則十方世界悉皆消殞，以諸法所生，唯心所現，故心生則種種法生，心滅則種種法滅。故十世古今，不離當念故。

夫所謂出世云者，非出此世間，入彼世間之義也，乃出此一念妄心分別之義也。出此一念妄心分別，則眼之所見，無非一真法界清淨之色。耳之所聞，無非一真法界清淨之聲。鼻之所臭，無非一真法界清淨之香。乃至意之所緣，無非一真法界清淨之法。所謂溪聲山色，無非般若；翠竹黃花，皆是真如。「山河及大地，全露法王身。羽毛並麟甲，普現諸三昧。」「截瓊枝而寸寸是寶，折旃檀而片片皆香。」即娑婆而極樂，即煩惱而菩提，即生死而涅槃，是即所謂出世之義也。

或者以爲出世云者，離此世間之外，而別有所謂世間者，是誠大謬矣！《教觀綱宗》云：「自有一類大機，即於此土，見華藏界舍那身土常住不滅。」又天台智者大師，亦於此土親見靈山一會，儼然未散。豈非即此世間爲出世間耶？吾人但能出此一念妄心分別，則處處總成華藏界，在在無非舍那身。經云：「心浄則土浄，心穢則土穢。」又曰：「佛法在世間，不離世間覺。」即此之謂也，而必斤斤於出世爲哉？

——《諦聞塵影集》，香港炎黄文化出版社，二〇〇八年，第七二—七三頁。

再版後記

本書的編纂出版，發端於重修《七塔寺志》。早在民國時期，著名華嚴學專家、時任七塔禪寺住持的溥常長老曾延請陳寥士先生編修民國版《七塔寺志》（一九三七年出版）。此後，當代寧波佛教「復興之師」、七塔禪寺前任方丈月西長老又聘請張秉全老居士主編《七塔寺志》（一九九四年出版）。後志雖在前志基礎上有所增補，但囿於當時的條件，在史料鈎沉上仍存不足。鑒於志書在傳承寺院文化中的重要作用，本世紀初，七塔常住曾敦請寧波大學方祖猷先生擔任主編，啓動《七塔寺志》編纂工作，但終因史料缺乏等故，而未能成書。

二〇一六年以來，隨着寺院發展新形成的文獻檔案，以及新挖掘的舊史料的不斷增多，重修《七塔寺志》的條件漸趨成熟，常住遂於第三届天台佛教學術研討會舉辦期間（二〇一九年十一月），組織召開「第一次《七塔寺志》編撰委員會會議」，以聽取專家學者的高見。張風雷教授認爲，重修寺志不宜操之過急，建議先行廣泛搜集有關史料，而後甄選分類，再議修志之事；黄夏年研究員也持相近觀點。遵從學者們建言，本寺決定繼續進行史料搜集工作。爾後三年間（二〇一九年至二〇二一年），本人以己之力，盡己所能，從《宋元四明六志》《（嘉靖）寧波府志》《（乾隆）鄞縣志》《（民國）鄞縣通志》《宋元浙江方志集成》等地方志，到《大正藏》《卍新續藏》等佛教典籍叢書，以及「國學大師網」、「全國報刊索引」、「《申報》寧波史料」、「寧波圖書館館藏地方報紙檢索系統」、「瀚堂近代報刊」等志書與數據庫中，廣泛搜集有關史料。期間樂此不疲，有時甚至通宵達旦。

作爲一本史料性專集，本書所輯内容廣博、歷時久遠。除寺志所載文字外，自開山（唐大中十二年）以來，訖二〇二二年，凡有價值之史料，皆被收攝其中。史料是志書的基礎，若史料不具或不確，則無完備之志書可言。本書源於重修寺志所集，將供於日後重修寺志采擇，爲寺史研究、經驗借鑒、寺院文化建設，以及決策考量之用。

搜集史料固非易事，後續的録入、初校以及分類成章等事，也頗費心神。此類工作主要由浙江大學博士徐爽老師、棲心圖書館辦公室主任高亮等協助完成。寧波大學張偉教授幫助調整了全書的結構佈局，材料的組織形式以及篇章的邏輯關係等内容。上海古籍出版社編審查明昊博士，以其深厚的學術功底和認真負責的態度，爲本書編輯提供了諸多寶貴的意見和建議。作爲住持，由於在本書的史料搜集和文字校對等工作上花費了大量時間和精力，以致無法周全於常住的學修和管理，承蒙班首執事和大衆師的理解和擔待，在此一併向他們謹致最衷心的謝忱！

二〇二三年三月，《栖心伽藍史料集》出版後，受到了社會各界的諸多褒揚，但亦不乏細心的讀者在閱讀過程中發現書中些許文字、標點、史料出處以及版面格式等方面存在的差錯與不足。時隔一年，深感仍有勘正的必要，故而再次印刷，以嘉惠學林。

再版中補録的七則史料，均爲過去一年内新發現的史料，分別是圓瑛大師的《請祖印老法師講經啓》《恭祝朝鮮佛教大會詞》，陳寶奇的《遊七塔寺誌》，報紙所載的《寧波七塔報恩寺舉行禪觀静七得特殊功效者有數十人之多》《寧波七塔報恩禪寺講經通告》，以及［日］來馬琢道《蘇浙見聞録》所載七塔報恩寺（節選）、《圓瑛法師紀念刊》所輯《圓瑛法師示寂》，對本寺而言，皆是歷史價值、史料價值和研究價值兼具之文，彌足珍貴，特附録於書後。

清代彭端淑稱：「天下事有難易乎？爲之，則難者亦易矣；不爲，則易者亦難矣。」看來，「難」「易」並非恒定不變，而是取決於我們的決擇和堅持。本書從史料搜集到出版，就是不畏艱難、努力爲之，由「難」到「易」的過程。

可祥識於浙東佛教文化研究院

二〇二四年五月十九日